高等职业教育骨干校建设物流专业规划教材（项目式）

物流信息技术与应用

张艳华　主　编
徐辉增　副主编

中国财富出版社

图书在版编目（CIP）数据

物流信息技术与应用／张艳华主编．—北京：中国财富出版社，2014.6
（高等职业教育骨干校建设物流专业规划教材·项目式）
ISBN 978－7－5047－5162－1

Ⅰ.①物…　Ⅱ.①张…　Ⅲ.①物流—信息技术—高等职业教育—教材
Ⅳ.①F253.9

中国版本图书馆 CIP 数据核字（2014）第 060949 号

策划编辑　崔　旺　　　**责任印制**　何崇杭
责任编辑　马　军　　　**责任校对**　梁　凡

出版发行　中国财富出版社（原中国物资出版社）
社　　址　北京市丰台区南四环西路 188 号 5 区 20 楼　　**邮政编码**　100070
电　　话　010－52227568（发行部）　　010－52227588 转 307（总编室）
　　　　　　010－68589540（读者服务部）　　010－52227588 转 305（质检部）
网　　址　http://www.cfpress.com.cn
经　　销　新华书店
印　　刷　北京京都六环印刷厂
书　　号　ISBN 978－7－5047－5162－1/F·2125
开　　本　787mm×1092mm　1/16　　**版　　次**　2014 年 6 月第 1 版
印　　张　15.5　　**印　　次**　2014 年 6 月第 1 次印刷
字　　数　321 千字　　**定　　价**　29.80 元

前　言

物流信息技术是应用在物流活动各个作业环节的信息技术，是建立在计算机、网络通信技术平台上的各种应用技术，包括硬件技术和软件技术，如条形码技术、射频技术、电子数据交换技术、全球卫星定位技术、地理信息系统等，以及在这些技术手段支撑下的数据库技术、面向行业的信息系统等软件技术。

东营职业学院为国家骨干高职院校，从 2004 年开设物流管理专业以来，“物流信息技术与应用”一直作为专业核心课程，通过近 10 年的课程建设与改革，取得了较大的成效。2013 年年底“物流信息技术与应用”课程被评为山东省精品课程，本书作为配套教材，旨在反映东营职业学院在物流信息技术方面的教改成果。值得一提的是：课程网站还配套了大量的教学资源。

本教材贯穿了“行动导向”的编写理念，采用了项目导读、引导案例、任务目标、任务示例、任务分析、任务处理等多种方式，以提高学生的学习兴趣和学习效果。全书共分八个项目，分别为物流信息技术认知、物流信息采集及识别技术与应用、物流信息存储技术与应用、物流信息传输技术与应用、物流信息交换技术与应用、GPS 和 GIS 技术在物流领域的应用、物流管理信息系统应用、物流电子商务，全面地介绍了物流业务过程中常用的关键技术的基本原理及其应用。

本教材的特色在于：内容新颖，知识面广，强调新技术应用，实用性强；教学方式采用“基于工作过程”和“一体化教学”相融合的创新教学模式；注重培养学生的动手能力和团队合作精神。

本教材是为了满足高职院校物流信息技术的新型人才培养的需求，为了培养既掌握物流信息技术的基础知识，又具有解决实际问题能力的物流人才而编写。

本教材是校企合作开发，编写团队由东营职业学院具有丰富一线教学经验的教师及合作企业兼职教师组成。本教材由张艳华担任主编，并对全书进行了策划与统稿，徐辉增担任副主编，刘婧、董秀红参编。本教材项目一、项目三、项目五由张艳华编写，项目四、项目六和项目八由徐辉增编写，项目二由刘婧编写，项目七由董秀红参与编写。在此，感谢山东盛运物流有限公司、青岛中远物流东营分公司、胜利油田胜大集团物流中心等企业的兼职教师提供了大量的资料并进行了精心的指导。

教材在编写过程中，融入编者自己主持或参与物流信息类课题实践成果的同时，广泛参考、吸收了国内众多学者的研究成果和实际工作者的经验，在此对本教材所借鉴的参考文献的作者、对撰写过程中提供帮助的单位和个人致以衷心的感谢！同时，有些参考资料由于无法确定来源和作者，因此没有在参考文献中列出，为此表示深深的歉意。

由于编者所掌握的资料和水平有限，书中难免存在不足之处，恳请读者和同行批评指正。

编 者

2014 年 3 月

目　录

项目一　物流信息技术认知

项目导读

现代物流的核心就是信息技术，物流领域是现代信息技术应用和信息化最快的领域之一。面对日益激烈的国内外市场竞争，物流企业必须采取有效的组织和管理模式快速响应市场环境的变化，有效降低成本，提高服务质量，使物流系统具有高度的敏捷性。物流信息化已成为物流企业提供服务的前提条件，更成为物流企业提供第三方物流服务的前提条件，同时也是企业降低物流成本、改进客户服务、提高企业竞争力的重要手段。

知识目标

- 掌握常见的物流信息技术
- 了解物流信息技术应用现状
- 明确物流信息相关岗位工作职责

能力目标

- 能够列举物流信息技术所包含的内容
- 会设计和整理针对物流行业信息技术应用的调查问卷
- 能够设计物流市场信息调研方案

引导案例

沃尔玛物流信息技术的应用

沃尔玛之所以成功，很大程度上是因为它至少提前10年（较竞争对手）将尖端科技和物流系统进行了巧妙搭配。沃尔玛一直崇尚采用最现代化、最先进的系统，进行合理的运输安排，通过电脑系统和配送中心，获得最终的成功。早在20世纪70年代沃尔玛就开始使用计算机进行管理，建立了物流管理信息系统（MIS），负责处理系统报表，加快了运作速度。20世纪80年代初，沃尔玛与休斯公司合作发射物流通信卫星，实现了全球物流通信卫星联网，使得沃尔玛获得了跳跃性的发展。1983年，采用了POS（Point of Sale）机，就是销售时点数据系统。1985年建立了EDI，即电子数据交换系统，进行无纸化作业，所有信息全部在电脑上运作。1986年，又建立了QR，称为快速反应机制，对市场快速拉动需求。20世纪90年代，采用了全球领先的卫星定位系统（GPS），控制公司的物流，提高配送效率，以速度和质量赢得用户的满意度和忠诚度。所有的系统都是基于UNIX的配送系统，并采用传送带和非常大的开放式平台，还采用产品代码，以及自动补货系统和激光识别系统，为沃尔玛节省了相当多的成本。

案例思索

1. 根据案例简述沃尔玛如此成功，物流信息技术应用对该公司所起的作用有哪些？
2. 沃尔玛采用了哪些具体的物流信息技术提高了运作效率和效益？

任务一　物流信息技术应用现状调研

任务目标

- 能够掌握常见的物流信息技术
- 能够了解我国物流企业信息技术应用现状及发展趋势
- 能够分析物流信息技术对传统物流企业管理的影响

任务示例

背景材料：面对信息化浪潮，不同的企业理解认知不同，相应的选择不同，最终的应用效果也不同。对企业来讲，信息化建设不仅是应用一两个软件那么简单，它是企业的一项战略举措。我国企业迟早要走向信息化管理。

任务描述：教师带学生到大中型物流企业调研，了解物流信息的作用、物流企业信息化程度和物流信息技术应用情况。

任务分析

要找到提高我国物流企业信息技术应用水平的对策，首先要了解我国的物流信息技术应用与发展情况，这就需要对企业进行必要的调研，在调研之前，还要掌握一些信息收集的方法。

相关知识

一、物流信息技术的概念

物流信息技术（Logistics Information Technology，LIT）是指物流各环节中应用的信息技术，包括计算机技术、网络技术、信息分类编码、自动识别技术、电子数据交换、全球定位系统、地理信息系统等技术等。在这些技术的支撑下，形成了以移动通信、资源管理、监控调度管理、自动化仓储管理、业务管理、客户服务管理等多宗业务集成的一体化现代物流信息系统。物流信息技术是物流现代化的重要标志，也是物流技术发展最快的领域之一。

从物流数据自动识别与采集的条形码系统，到物流运输设备的自动跟踪；从企业资源计划的优化到各企业、单位间的电子数据交换；从办公自动化系统中的微型计算机、互联网、各种终端设备等硬件到各种物流信息系统软件都在日新月异地发展。同时，随着物流信息技术的不断发展，产生了一系列新的物流理念和物流经营方式，推进了物流的改革。

据统计，物流信息技术的应用，可为传统的运输企业带来以下实效：降低空载率15%～20%；提高对在途车辆的监控能力，有效保障货物安全；网上货运信息发布及网上下单可增加商业机会20%～30%；无时空限制的客户查询功能，有效满足客户对货物在途情况的跟踪监控，可提高业务量40%；对各种资源的合理综合利用，可减少运营成本15%～30%。

对传统仓储企业带来的实效表现在：配载能力可提高20%～30%；库存和发货准确率可超过99%；数据输入误差减少，库存和短缺损耗减少；可降低劳动力成本50%，提高生产力30%～40%，提高仓库空间利用率20%。

因此，物流信息技术在现代企业的经营战略中占有越来越重要的地位。建立物流信息系统，充分利用各种现代信息技术，提供迅速、及时、准确、全面的物流信息是现代企业获得竞争优势的必要条件。

二、物流信息技术的组成

根据物流的功能及特点，现代物流信息技术主要包括自动识别技术（如条形码技术、射频技术、智能标签技术等）、物流信息接口技术（如电子数据交换技术等）、自动跟踪与定位技术（如全球定位系统、地理信息系统等）、数据管理技术（如数据库技术、数据仓库技术等）和计算机网络技术等现代高端信息科技。

在这些高端技术的支撑下，形成了由移动通信、资源管理、监控调度管理、自动化仓储管理、运输配送管理、客户服务管理、财务管理等多种业务集成的现代物流一体化信息管理体系。例如，某第三方物流企业的“物流一体化信息管理平台”，如图1－1所示，是以仓储、运输和配送（配送以保障生产零库存为主）信息系统为基础，以物流信息技术为支撑，实现了生产企业、供应商、第三方物流企业及终端客户在采购、生产、运输、仓储、配送、销售、结算、服务等现代物流过程各环节和管理的全面连接，保证了商流、物流、信息流、资金流的顺畅流动。

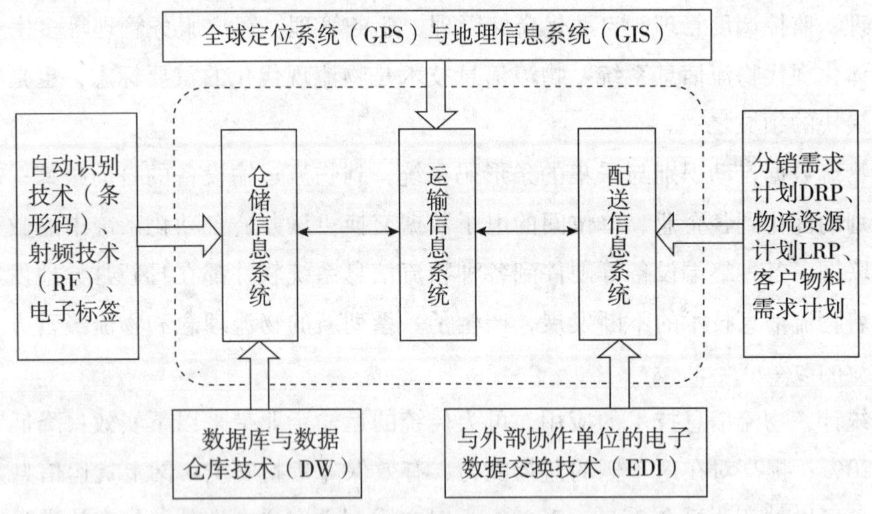

图1－1　某第三方物流企业物流一体化信息管理平台

现代信息技术是物流信息平台建设的基础，也是物流平台的组成部分。当越来越多的现代物流信息技术进入物流领域后，必然使得物流企业架构起更完善的物流管理体系，达到进货、加工、仓储、配车、配送等活动的高效衔接，进一步推动物流业的高效率化，从而使其真正成为现代物流企业。

三、常见的现代物流信息技术

根据物流的功能以及特点，物流信息技术主要包括条形码及射频识别技术、计算机网络技术、多媒体技术、地理信息技术、全球卫星定位技术、自动化仓库管理技术、智能标签技术、电子数据交换技术、数据库技术、数据仓库技术、数据挖掘技术、Web 技术等。在技术的支撑下，形成了以移动通信、资源管理、监控调度管理、自动化仓储管理、业务管理、客户服务管理、财务管理等多种业务集成的一体化现代物流信息系统。

（一）条形码技术

条形码（Barcode）技术是 20 世纪在计算机应用中产生和发展起来的一种自动识别技术，是集条形码理论、光电技术、计算机技术、通信技术、条形码印制技术于一体的综合性技术。条形码作为自动跟踪的最有力工具，被广泛应用。条形码技术具有制作简单、信息收集速度快、准确率高、信息量大、成本低和设备方便易用等优点，在从生产到销售的流通转移过程中，起到了准确识别物品信息和快速跟踪物品移动的重要作用，是整个物流信息管理工作的基础。条形码技术在物流的数据采集、快速响应、运输中的应用极大地促进了物流业的发展。日常生活中条形码应用如图 1－2、图 1－3、图 1－4 所示。

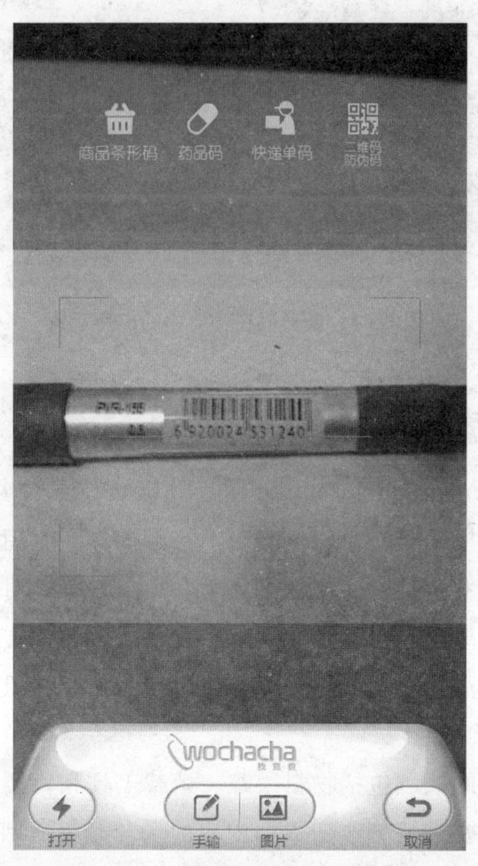

图 1－2　一维条形码应用示例

图 1-3　二维条形码应用示例

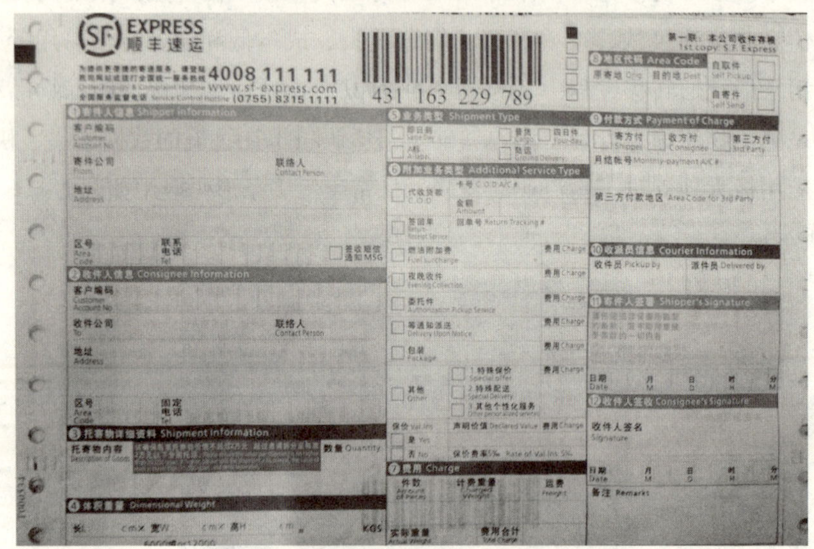

图 1-4　条形码在物流中的应用示例

（二）射频识别技术

射频识别（Radio Frequency Identification，RFID）技术，也称无线射频识别技术，是利用射频方式进行非接触双向通信，实现不接触操作，应用便利，无机械磨损，寿命长；无须可见光源，穿透性好，抗污染能力和耐久性强；对环境要求低，可以在恶劣环境下工作；读取距离远，无须与目标接触就可以得到数据；支持写入数据，无须重新制作新的标签，可重复使用；使用了防冲撞技术，能够识别高速运动的物体，可同时识别多个射频卡。

射频识别技术使用的领域包括物料跟踪、运载工具和货架识别等要求非接触数据采集交换的场合，对于要求频繁改变数据内容的场合尤为适用。例如，我国香港地区的车辆自动识别系统——驾易通。目前，香港地区已经有约 8 万辆汽车装了电子标签，车辆通过装有射频扫描器的专用隧道、停车场或高速公路路口时，无须停车缴费，大大加快了行车速度，提高了效率（见图1-5）。

图1-5　射频识别技术的应用示例

（三）多媒体技术

多媒体技术通常被解释为通过计算机将文字、图像、声音和影视集成为一个具有人机交互功能和可编程环境的技术，其中图像包括图形、动画、视频等，声音包括语音、音乐、音响效果等。目前，多媒体技术在各个领域发挥着引人注目的作用。多媒体技术主要涉及图像处理、声音处理、超文本处理、多媒体数据库、多媒体通信等。

（四）地理信息系统

地理信息系统（Geographic Information System，GIS）是人类在生产实践活动中，为描述和处理相关地理信息而逐渐产生的软件系统。它以计算机为工具，对具有地理特征的空间数据进行处理，能以一个空间信息为主线，将其他各种与其有关的空间位置信息结合起来。它的诞生改变了传统的数据处理方式，使信息处理由数值领域步入空间领域。GIS广泛应用于如交通、能源、农林、水利、测绘、地矿、环境、航空、国土资源综合利用等领域（见图1-6）。

（五）全球卫星定位系统

全球卫星定位系统（Global Positioning System，GPS）的原始内涵是将参考的定

图1-6　GIS的应用示例

位坐标系搬到天际上去，可在任何时候、任何地方提供全球范围内三维位置、三维速度和时间信息服务。使用GPS，可以利用卫星对物流及车辆运行情况进行实时监控，可以实现物流调度的即时接单和即时排单，以及车辆动态实时调度管理。同时，客户经授权后可以通过互联网随时监控运送自己货物车辆的具体位置。如果货物运输需要临时变更线路，也可以随时指挥调动，大大降低了货物的空载率，做到资源的最佳配置（见图1-7）。

图1-7　GPS卫星的空间布局

（六）电子数据交换技术

电子数据交换（Electronic Data Interchange，EDI）技术是按照协议的标准结构格式，将标准的经济信息通过电子数据通信网络，在商业伙伴的电子计算机系统之间进行交换和自动处理。

EDI 的基础是信息，这些信息可以由人工输入计算机，但更好的方法是通过扫描条形码获取数据，不仅速度快，而且准确性高。物流技术中的条形码包含了物流过程所需多种信息与 EDI 技术相结合，确保物流信息的及时可得性（见图 1－8）。

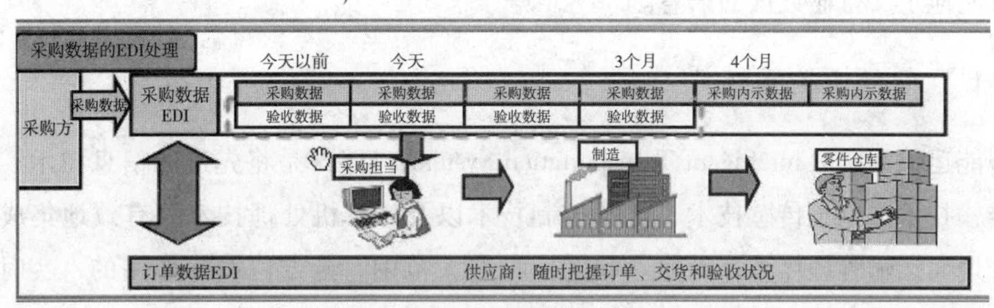

图 1－8　EDI 技术的应用示例

（七）数据管理技术

数据管理技术主要包括数据库技术和数据仓库技术两种。

数据库技术将信息系统中大量的数据按一定的结构模型组织起来，提供存储、维护、检索数据的功能，使信息系统方便、及时、准确地从数据库中获得所需信息，并以此作为行为和决策的依据。

数据仓库（DW）是决策支持系统（DSS）和联机分析应用数据源的结构化数据环境。数据仓库研究和解决从数据库中获取信息的问题。数据仓库技术是一个面向主题、集成化、稳定的、包含历史数据的数据集合，它用于支持经营管理中的决策制定过程。与数据库比较，数据仓库中的信息是经过系统加工、汇总和整理的全局信息，而不是简单的原始信息；系统记录的是企业从过去某一时点到目前各个阶段的实时动态信息，而不仅仅是关于企业当时或某一时点的静态信息。因此，数据仓库的根本任务是将信息加以整理归纳，并及时提供给相应的管理决策人员，支持决策过程，对企业的发展历程和未来趋势做出定量分析和预测。

（八）数据挖掘技术

信息技术的迅速发展，使数据资源日益丰富。但是，“数据丰富而知识贫乏”的问题至今还很严重，数据挖掘（DW）应运而生。DW是一个“从大型数据库浩瀚的数据中抽取隐含的、从前未知的、潜在有用的信息或关系的过程”。

（九）Web技术

Web技术是网络社会中具有突破性变革的技术，是Internet上最受欢迎、最流行的技术。它采用超文本、超媒体的方式进行信息的存储与传递，能把各种信息资源有机地结合起来，是具有图文并茂的信息集成能力及超文本链接能力信息的检索服务程序。Web页面的描述由标识语言（HTML）发展为可扩展的标识语言（XMI），使得Internet可以方便地定义行业数据的语意。

（十）智能运输系统

智能运输系统（Intelligent Transportation System，ITS）是将先进的信息技术、数据通信传输技术、电子传感技术、电子控制技术以及计算机处理技术等有效地集成运用于整个地面运输管理体系，而建立起的一种在大范围、全方位发挥作用的，实时、准确、综合的运输和管理系统，是上述各项技术的集成。这一系统可使营运车辆的运行管理更加合理化，车辆的安全性和营运效率得到提高，公路系统的所有用户都能获益于一个更安全可靠的公路环境。

（十一）遥感技术

遥感技术（Remote Sensing，RS）是从远距离感知目标反射或自身辐射的电磁波、可见光、红外线，对目标进行探测和识别的技术。现代遥感技术主要包括信息的获取、传输、存储和处理等环节，包含这些环节的全套系统称为遥感系统，其核心组成部分是获取信息的遥感器。遥感技术（RS）与地理信息系统（GIS）和全球定位系统（GPS）统称为3S技术。3S技术是空间技术、传感器技术、卫星定位与导航技术和计算机技术、通信技术相结合，多学科高度集成的对空间信息进行采集、处理、管理、分析、表达、传播和应用的现代信息技术。

四、物流信息的收集

（一）相关案例

男人长胡子，因而要刮胡子；女人不长胡子，自然也就不必刮胡子。然而，美国的吉列公司却把“刮胡刀”推销给女人，居然大获成功。

吉列公司创建于1901年，其产品因使男人刮胡子变得方便、舒适、安全而大受欢迎。进入20世纪70年代，吉列公司的销售额已达20亿美元，成为世界著名的跨国公司。然而，吉列公司的领导者并不以此满足，而是想方设法继续拓展市场，争取更多用户。就在1974年，公司提出了面向妇女的专用“刮毛刀”。

这一决策看似荒谬，却是建立在坚实可靠的基础之上的。

吉列公司先用一年的时间进行了周密的市场调查，发现在美国30岁以上的妇女中，有65%的人为保持美好形象，要定期刮除腿毛和腋毛。这些妇女之中，除使用电动刮胡刀和脱毛剂之外，主要靠购买各种男用刮胡刀来满足此项需要，一年在这方面的花费高达7500万美元。相比之下，美国妇女一年花在眉笔和眼影上的钱仅有6300万美元，染发剂5500万美元。毫无疑问，这是一个极有潜力的市场。

根据调查结果，吉列公司精心设计了新产品，它的刀头部分和男用刮胡刀并无两样，采用一次性使用的双层刀片，但是刀架则选用了色彩鲜艳的塑料，并将握柄改为弧形以利于妇女使用，握柄上还印压了一朵雏菊图案。这样一来，新产品立即显示了女性的特点。

为了使雏菊刮毛刀迅速占领市场，吉列公司还拟定几种不同的“定位观念”到消费者之中征求意见。这些定位观念包括：突出刮毛刀的“双刀刮毛”；突出其创造性的“完全适合女性需求”；强调价格的“不到50美分”；表明产品使用安全的“不伤玉腿”等。

最后，公司根据多数妇女的意见，选择了“不伤玉腿”作为推销时突出的重点，刊登广告进行刻意宣传。结果，雏菊刮毛刀一炮打响，迅速畅销全球。

这个案例说明，市场调查研究是经营决策的前提，只有充分认识市场，了解市场需求，对市场做出科学的分析判断，决策才具有针对性，从而拓展市场，使企业兴旺发达。下面我们就来看下市场调研的相关知识。

（二）调查方案的内容

一个完善的市场调查方案一般包括以下几方面内容：

1. 调查目的要求

根据市场调查目标，在调查方案中列出本次市场调查的具体目的要求。例如：本次市场调查的目的是了解某产品的消费者购买行为和消费偏好情况等。

2. 调查对象

市场调查的对象一般为消费者、零售商、批发商，零售商和批发商为经销调查产品的商家，消费者一般为使用该产品的消费群体。在以消费者为调查对象时，要注意到有时某一产品的购买者和使用者不一致，如对婴儿食品的调查，其调查对象应为孩子的母亲。此外，还应注意到一些产品的消费对象主要针对某一特定消费群体或侧重于某一消费群体，这时调查对象应注意选择产品的主要消费群体，如对于化妆品，调查对象主要选择女性；对于酒类产品，调查对象主要为男性。

3. 调查内容

调查内容是收集资料的依据，是为实现调查目标服务的，可根据市场调查的目的确定具体的调查内容。如调查消费者行为时，可按消费者购买、使用、使用后评价三个方面列出调查的具体内容项目。调查内容的确定要全面、具体，条理清晰、简练，避免面面俱到，内容过多，过于烦琐，避免把与调查无关的内容列入其中。

4. 调查表

调查表是市场调查的基本工具，其设计质量直接影响到市场调查的质量。设计调查表要注意以下几点：

（1）调查表的设计要与调查主题密切相关，重点突出，避免可有可无的问题。

（2）调查表中的问题要容易让被调查者接受，避免出现被调查者不愿回答，或令被调查者难堪的问题。

（3）调查表中的问题次序要条理清楚，顺理成章，符合逻辑顺序，一般可遵循容易回答的问题放在前面，较难回答的问题放在中间，敏感性问题放在最后；封闭式问题在前，开放式问题在后。

（4）调查表的内容要简明，尽量使用简单、直接、无偏见的词汇，保证被调查者能在较短的时间内完成调查表。

5. 调查地区范围

调查地区范围应与企业产品销售范围相一致，当在某一城市做市场调查时，调查范围应为整个城市；但由于调查样本数量有限，调查范围不可能遍及城市的每一个地方，一般可根据城市的人口分布情况，主要考虑人口特征中收入、文化程度等因素，在城市中划定若干个小范围调查区域，划分原则是使各区域内的综合情况与城市的总体情况分布一致，将总样本按比例分配到各个区域，在各个区域内实施访问调查。这样可相对缩小调查范围，减少实地访问工作量，提高调查工作效率，减少费用。

6. 样本的抽取

调查样本要在调查对象中抽取，由于调查对象分布范围较广，应制订一个抽样方案，以保证抽取的样本能反映总体情况。样本的抽取数量可根据市场调查的准确程度的要求确定，市场调查结果准确度要求越高，抽取样本数量应越多，但调查费用也越高，一般可根据市场调查结果的用途情况确定适宜的样本数量。实际市场调查中，在一个中等以上规模城市进行市场调查的样本数量，按调查项目的要求不同，可选择

200～1000 个样本，样本的抽取可采用统计学中的抽样方法。具体抽样时，要注意对抽取样本的人口特征因素的控制，以保证抽取样本的人口特征分布与调查对象总体的人口特征分布相一致。

7. 资料的收集和整理方法

市场调查中，常用的资料收集方法有调查法、观察法和实验法。一般来说，前一种方法适宜于描述性研究，后两种方法适宜于探测性研究。企业做市场调查时，采用调查法较为普遍，调查法又可分为面谈法、电话调查法、邮寄法、留置法等。这几种调查方法各有其优缺点，适用于不同的调查场合，企业可根据实际调研项目的要求来选择。资料的整理方法一般可采用统计学中的方法，利用 Excel 工作表格，可以很方便地对调查表进行统计处理，获得大量的统计数据。

（三）调查实施

1. 原始数据收集方法

原始资料是直接从市场环境中获得的、未经加工整理的资料。营销人员就当前研究的项目而收集整理的资料。收集方法主要有观察法、询问法、实验法，如图 1－9 所示。

（1）观察法。分为直接观察和实际痕迹测量两种方法。所谓直接观察，指调查者在调查现场有目的、有计划、有系统地对调查对象的行为、言辞、表情进行观察记录，以取得第一手资料。它最大的特点是：在自然条件下进行，所得材料真实生动，但也会因为所观察的对象的特殊性而使观察结果流于片面。实际痕迹测量是通过某一事件留下的实际痕迹来观察调查，一般用于对用户的流量，广告的效果等的调查。例如，企业在几种报纸、杂志上做广告时，在广告下面附有一张表格或条子，请读者阅后剪下，分别寄回企业有关部门，企业从回收的表格中可以了解在哪种报纸杂志上刊登广告最为有效，为今后选择广告媒介和测定广告效果提供可靠资料。

（2）询问法。是将所要调查的事项以当面、书面或电话的方式，向被调查者提出询问，以获得所需要的资料。它是市场调查中最常见的一种方法，可分为面谈调查、电话调查、邮寄调查、留置询问表四种，它们有各自的优缺点。面谈调查能直接听取对方意见，富有灵活性，但成本较高，结果容易受调查人员技术水平的影响。邮寄调查速度快，成本低，但回收率低。电话调查速度快，成本最低，但只限于在有电话的用户中调查，整体性不高。留置询问表可以弥补以上几种方式的缺点，由调查人员当面交给被调查人员问卷，说明方法，由之自行填写，再由调查人员定期收回。

（3）实验法。它通常用来调查某种因素对市场销售量的影响，这种方法是在一定条件下进行小规模实验，然后对实际结果作出分析，研究是否值得推广。它的应用范围很广，凡是某一商品在改变品种、品质、包装、设计、价格、广告、陈列方法等因素时都可以应用这种方法，调查用户的反应。

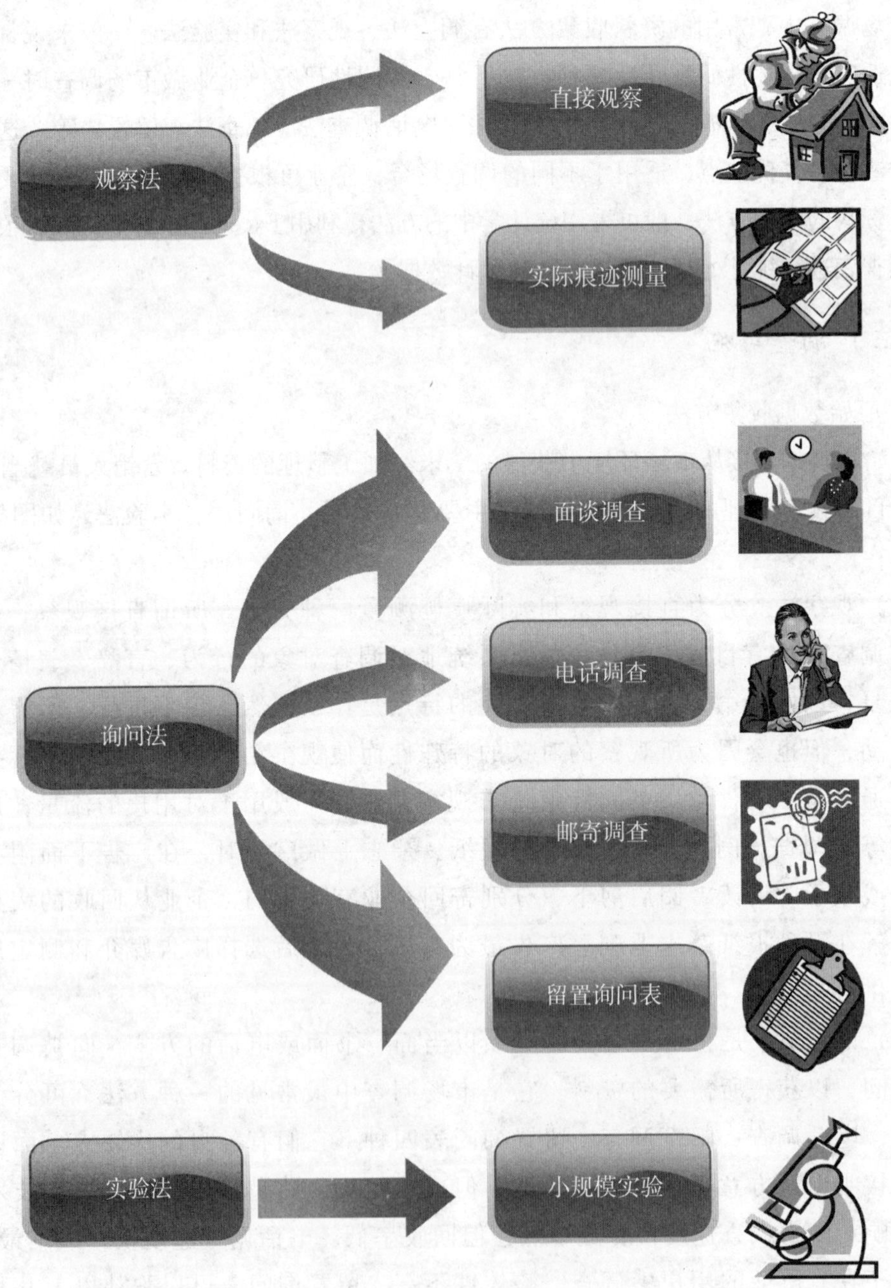

图1-9　原始数据收集方法

2. 第二手数据收集方法

第二手数据指已经被收集、加工整理成型的数据信息。第二手资料的信息来源主要包括：

（1）内部资料来源。内部资料主要是以会计统计为基础的内部报告系统和其他档案资料；企业为了别的目的或别的调研项目所保存的档案资料；企业内部的生产部门、技术部门、营销部门、材料供应部门、人力资源部门和总经理办公室等储存的大量的资料。

（2）外部资料来源。外部资料来源主要有图书馆类、有关统计资料、行业组织、新闻媒体、各级政府部门及其统计机构、信息经营单位等。其中信息经营单位包括：①国家机关所属事业单位设立的独立核算的信息经营机构；②大公司的信息部（二级公司），它们在负责对本公司信息服务之外，也承揽部分对外服务业务；③民营信息经营单位。

第二手资料的收集方法包括：

（1）搜索引擎直接搜索网页：主要通过谷歌搜索引擎（http：//www. google. com）、百度搜索引擎（http：//www. baidu. com）、雅虎搜索引擎（http：//cn. yahoo. com）进行资料搜索。

（2）数据库：主要有万方数据库（http：//www. wanfangdata. com. cn/）、中国知网数据库（http：//www. cnki. net/）、国家统计局（http：//www. stats. gov. cn/）、各地方统计局等。

（3）出版物：《中国统计年鉴》、《中国城市统计年鉴》、《中国工业经济统计年鉴》、《中国工业年鉴》、《中国轻工业年鉴》、《中国商业年鉴》、《中国对外经济贸易年鉴》等权威官方出版物。

（4）商业数据购买：向专业提供商业数据的公司购买。国内已有几家能提供这种数据的公司，其做法是对固定样本家庭的日常消费进行调研，形成一些基础数据，供企业和研究人员参考，我们称之为“数据公交车”（Ominibus）。

3. 资料收集新方式——网络调查法

网络调查法，是指利用互联网直接通过问卷调查等方式收集一手资料，主要采用站点法辅助以电子邮件法通过 Internet 直接进行。与传统的市场调查相同，进行网上调查首先要确定调查目标、方法、步骤，在实施调查后要分析调查的数据和结果，并进行相关的定量分析和定性分析，最后形成调研结论。

网上直接调查的方式主要有电子邮件问卷、网上焦点团体座谈、在网站上设置调查专项等方式。

（1）电子邮件问卷。以较为完整的 E - mail 地址清单作为样本框，使用随机抽样的方法通过电子邮件发放问卷，并请调查对象以电子邮件反馈答卷。这种调查方式较具定量价值。在样本框较为全面的情况下，可以将调查结果用以推论研究总体，一般用于对特定群体网民的多方面的行为模式、消费规模、网络广告效果、网上消费者消费心理特征的研究。

（2）网上焦点团体座谈（Focus Groups）。直接在上网人士中征集与会者，并在约定时间利用网上视频会议系统举行网上座谈会。该方法适合于需要进行深度或探索性研究的主题，通过座谈获得目标群体描述某类问题的通常语言、思维模式以及理解目标问题的心理脉络。该方法也可与定量电子邮件调查配合使用。

（3）在网站上设置调查专项。在那些访问率高的网站或自己的网站上设置调查专项网页，访问者按其个人兴趣，选择是否访问有关主题，并以在线方式直接在调查问卷上进行填写和选择，完成后提交调查表，调查即可完成。此方式所获得的调查对象属于该网页受众中的特殊兴趣群体，它可以反映调查对象对所调查问题的态度，但不能就此推论一般网民的态度。调查专项所在网页的访问率越高，调查结果反映更大范围的上网人士意见的可能性也越大。因此，为获取足够多的样本数量，一般设计成调查问卷网页都要与热门站点进行直接链接，如 CNNIC 的网上调查就与国内著名的站点都进行了链接。由于网上调查的数据可以直接保存到数据库中，调查对象在填写完调查表后，一般就能看到初步的调查结果。这种调查方式适用于对待某些问题的参考性态度研究。目前许多 Web 站点都是通过设置调查专页以征询用户意见、了解受众需求。

在实施网上调查时应充分利用多媒体技术，在调查问卷上附加多种形式的背景资料，可以是文字、图片、图像或声音资料。例如，对每个调查指标附加规范的指标解释，便于调查对象正确理解调查指标的含义和口径，这对于市场调查和民意调查是一项十分重要的功能。

五、我国物流企业信息化发展现状

我国物流企业信息化意识普遍提高，信息化进程正在加快。据调查，在我国大中型的物流企业中建立了信息系统和网站的比例较高，大约 74% 的企业已经建立了信息管理系统，大约 77% 的企业已有自己的网站，企业网站的功能以基础应用为主，主要功能是用于企业宣传，其次是信息服务。信息管理系统的功能主要集中在仓储管理、运输管理和订单管理上，以单点应用为主。但是我国物流企业的信息基础薄弱，经营规模、管理技术和水平相对落后，其服务质量还很难满足一些企业的需求。尤其是加入 WTO 后，国际上一些著名的物流企业进入我国，对国内刚刚起步的物流企业带来较大冲击。虽然我们拥有一些市场优势，但信息化管理水平落后，信息系统不健全，物流专业化和标准化程度不高，势必影响本土企业在市场上的竞争力。

六、物流信息技术对传统物流企业管理的影响

1. 缩短物流过程，降低物流成本

在传统的物流中实现一次物的流动需要投入大量的人力、物力和财力，而物流企业利用现代化的信息技术，对物资采购、销售、存储、运输等物流过程产生的信息进行管理，实现信息共享，大大缩短了物品流通过程，尤其是物流信息系统的建设和应用能够使物流企业充分利用内部资源，以最少的成本取得最大的效益。国际上许多先进的物流管理信息系统通过引入最优化数学模型在车辆配载、运输路线优化、仓储优化等各方面都已经实现了很好的应用，直接为客户带来了经济上的利益。

2. 信息化促使物流企业向标准化发展

随着全球经济一体化进程的加快，标准化工作发挥的作用越来越大，已成为企业竞争的重要手段。国际上一些知名企业，如 IBM、HP、微软等公司十分重视标准化发展。2002 年中国物流与采购联合会举办的“2002 年物流与采购信息化优秀案例暨经验交流大会”上，有 10 个企业被评为优秀案例，它们的共同点就是在标准化建设方面取得了积极的成果。因此，物流信息化促使物流标准化。物流企业应充分利用信息技术，在企业业务流程、信息流和文件格式三个方面实现标准化，其核心任务就是实现数据交换和信息共享，这是信息时代先进企业标准化的一个特点。

3. 信息化管理和建设有利于物流企业提高竞争力

传统物流企业之间的竞争表现在仓储、运输、包装等一些单独的物流环节上，企业非常关注某一物流环节的管理效率和水平的提高。在信息技术不发达的情况下，物流管理的技术手段停留在设施能力和水平的提高上。在供应链形成后，物流企业之间的竞争焦点是提高整个物流过程或供应链管理的效率和水平。随着信息技术的发展和应用，物流企业利用信息技术进行资源整合，提高供应链整体运作效率。信息处理和管理能力决定了物流企业供应链对顾客的响应能力，而这种响应能力是建立在信息技术广泛应用的基础上，如果没有物流企业信息化就谈不上对顾客需求响应能力的提高，就会在竞争中处于劣势。

七、提高我国物流企业信息技术应用水平的对策

1. 物流企业要建立高效畅通的物流信息系统

物流信息系统是物流企业信息化管理的平台，推进信息化建设是加快物流企业发

展的必要前提，在物流信息系统的建设中，一方面利用信息资源和网络等现代化通信工具和信息技术，如条形码、GPS、电视监控等先进技术，提高物流信息管理水平；另一方面要重视物流信息系统和物流管理的互动，物流企业既要根据自己的物流管理流程来选择适合的物流信息系统，也要通过物流信息系统来优化和再造自己的物流管理流程。

物流企业利用系统的方法对物流资源进行整合，将制造商、供应商和用户连接起来，实现信息资源共享。一套完整的物流信息系统为物流企业物流业务运作提供电子化管理，为客户提供个性化的信息服务，为此企业应在自身的软件和硬件配置上加大投资力度，特别是在企业内部网络通信的建设方面进行信息化改造。

2. 物流业务流程重组和实施供应链管理

物流企业信息化建设的首要内容是明确自身的业务流程及其缺陷，业务流程重组能够为企业创造优化的业务流程，提升企业的核心竞争力，同时实施业务流程标准化。物流企业的业务流程主要体现在物流信息系统的软件当中，只有业务流程标准化以后才有利于信息系统与企业的业务相结合。物流企业的核心是为客户提供物流服务，要提高物流服务水平就要运用信息化手段，实现快速反应的供应链管理。上下游企业共享信息、共同协调、风险与利益共担，将信息管理的范围扩大到供应商和客户，将信息化的建设与业务流程的优化、客户的服务结合起来考虑，其结果是优化了流程，提高了效益与客户满意度，增强了企业竞争力。

3. 充分利用公共物流信息平台

基于 Internet 的公共物流信息平台真正实现了物流企业之间、企业与客户之间物流信息和物流功能的共享。平台以最低的成本为客户提供全面的物流信息以及个性化的物流服务。对于中小型物流企业而言，通过会员注册即可加入平台，低成本开展网上业务，共享物流业内信息，拓展业务范围，可以说公共物流信息平台是物流企业信息化的捷径。

4. 政府部门和行业协会的支持

中国物流与采购联合会要充分发挥行业协会作用，加大力度推进行业信息化进程，要与有关政府部门、其他行业协会以及企业代表共同制定行业标准和规范，要开展典型案例推介供物流企业借鉴。物流的一些监管部门，如交通运输部、中国铁路总公司、海关、商检等部门的物流监管系统要实施信息共享，全面向社会开放。

我国物流企业信息化建设近年来迅速发展，但是整体发展水平较低，为了提高物流企业的竞争力，信息化管理和建设势在必行。

任务处理

1. 设计物流信息收集表（见表 1－1）

表 1－1　　　　**物流信息收集**

编号：

<table>
<tr><td>物流信息来源</td><td colspan="3">□ 公司内部　　□公司外部</td></tr>
<tr><td>物流信息类型</td><td colspan="3">□ 订货信息　　□ 库存信息　　□ 采购指示信息
□ 发货信息　　□ 物流管理信息</td></tr>
<tr><td>信息收集人</td><td></td><td>信息收集途径或方式</td><td></td></tr>
<tr><td>信息收集时间</td><td colspan="3"></td></tr>
<tr><td>信息收集内容</td><td colspan="3"></td></tr>
<tr><td>相关说明</td><td colspan="3"></td></tr>
</table>

信息收集人：　　　　　　　　　　　　物流信息部经理：

2. 设计物流信息分析表（见表 1－2）

表 1－2 **物流信息分析**

编号：

<table>
<tr><td>信息名称</td><td></td><td>信息采集来源</td><td></td></tr>
<tr><td>信息采集时间</td><td></td><td>信息分析人员</td><td></td></tr>
<tr><td>信息真实性分析</td><td colspan="3"></td></tr>
<tr><td>信息有效性分析</td><td colspan="3"></td></tr>
<tr><td>信息完整性分析</td><td colspan="3"></td></tr>
<tr><td>信息统计分析</td><td colspan="3"></td></tr>
<tr><td>物流预测分析</td><td colspan="3"></td></tr>
</table>

3. 物流市场信息调研方案

一、调研目的

1. 了解物流市场的行情与处境，探索物流的发展方向。

2. 掌握与本企业和所属行业有关的各种历史资料和发展趋势资料。

3. 了解本企业物流运输情况及主要竞争对手的发展现状。

4. 分析本企业的各种资源和面临的制约因素。

5. 了解消费者的购买行为和企业面临的法律环境、经济环境等。

二、调研对象

本企业、主要竞争对手及消费者。

三、调研内容

（一）公司内部调研

1. 本公司的企业管理模式、企业文化。

2. 本公司的总体发展历程。

3. 本公司的组织结构、部门设置、部门业务等。

4. 分析公司组织结构和每个岗位的岗位职责。

5. 每项业务的操作流程。

6. 本公司物流市场概况、物流运输方式。

（二）主要竞争对手调研

1. 主要竞争对手的优势、劣势。

2. 主要竞争对手的物流运输方式及物流运输策略。

3. 主要竞争对手的物流市场概况。

4. 主要竞争对手的运营状态。

（三）消费者调研

1. 消费者对物流运输的认识。

2. 消费者对物流运输方式的了解。

3. 消费者对本公司和主要竞争对手的观点。

4. 消费者对物流运输费用的认定范围。

5. 消费者理想的物流运输方式。

四、调研时间安排

本次调研时间为 2013 年 5 月 19 日至 2013 年 5 月 25 日，具体时间安排如表 1－3 所示：

表 1-3 调研时间安排

调研活动安排	调研时间安排
工作筹备阶段	2013 年 5 月 19 日至 2013 年 5 月 20 日
调研实施阶段	2013 年 5 月 21 日至 2013 年 5 月 24 日
编制调研报告阶段	2013 年 5 月 25 日

五、调研方法

1. 采访：对相关人员进行问答式的采访。

2. 问卷调查：向相关人员发放调研问卷。

六、调研实施分工

调研实施前应成立调研小组，小组成员及其分工如下所示。

1. 本次调研项目负责人：________。

2. 企业内外部采访人员：________、________。

3. 调研问卷发放及收集人员：________、________、________。

4. 调研资料整理、分析人员：________。

5. 其他工作人员：________、________。

七、调研实施程序

（一）调研立项

物流市场信息调研项目负责人提出调研立项申请，并上报公司领导审批，经批准后编制物流市场信息调研任务书。

（二）拟定调研策划书

物流市场信息调研项目负责人接到调研项目任务书后，仔细研究公司的批复意见，明确调研目的、任务及要求，并制订调研计划。

（三）制订市场调研实施计划

物流市场信息调研项目负责人根据调研计划中的某一具体项目进一步制订调研实施计划。

（四）实施调研、收集历史数据

根据调研实施计划组织安排企业内外部采访人员及调研问卷发放收集人员进行实地调查，并安排人员收集相关的历史资料和二手数据。

（五）调研进程监控

物流市场信息调研项目负责人应对调查过程进行指导、协调、监督，以保证调查结果的客观性、科学性。

（六）信息汇总、分类、整理

调研资料整理、分析人员将调查所得资料按一定的规律进行初步汇总、分类和整理，并审核信息的有效性，剔除无效信息。

（七）数据录入、统计分析

物流市场信息调研项目负责人组织小组成员录入数据，以便利用专业的统计软件进行数据分析，并根据数据分析结果进行策略分析研究。

（八）撰写市场调研报告

八、调研预算

本次调研预算如表 1－4 所示。调研小组应尽量控制调研成本，将各项费用控制在预算范围内。

表 1－4　　调研预算

序号	预算项目	预算经费（元）
1	策划费	1000
2	交通费	1000
3	调研人员培训费	2000
4	公关费	3000
5	访谈费	1000
6	问卷调研费	1000
7	报告费	1000
合计		10000

九、调研问卷

本次调研活动所用的问卷如下所示。

调研问卷

为了了解贵公司的物流运输市场情况，掌握物流市场的整体发展水平，希望您能配合我们回答以下问题，使我们能顺利完成此次调查。您所提供的资料本调研小组将绝对保密，除本次调查外不用于他处。感谢您的支持！

公司名称：______________________填表日期：________年________月________日

1. 贵企业的所有制形式（　　）。

A. 国有企业　　B. 中外合资企业　　C. 合作企业　　D. 外商独资企业

E. 合伙企业　　F. 有限责任公司　　G. 有限股份公司　　H. 个人企业

2. 贵企业的人数为（　　）。

A. 50 人以下　　B. 50～500 人　　C. 501～2000 人　　D. 2000 人以上

3. 贵企业涉足物流行业的时间有（　　）。

A. 少于3年　　B. 3~5年　　C. 6~10年　　D. 11~15年

E. 15年以上

4. 贵企业与客户关系（　　）。

A. 长期合作　　B. 短期合作　　C. 一次性合作

5. 您觉得物流服务中哪种服务最受客户的关注（可多选）（　　）。

A. 仓储服务　　B. 信息服务　　C. 查询服务　　D. 派送服务

E. 外贸服务　　F. 其他

6. 贵企业设施设备的所有权情况（　　）。

A. 贵企业拥有所有权　　B. 租赁　　C. 两者兼有

7. 贵企业自有仓库采用什么运作方式（可多选）（　　）。

A. 以手工作业为主　　B. 机械化作业，但信息处理采用人工

C. 机械化作业，信息处理计算机化　　D. 全自动化无人作业

8. 贵企业营运车辆的利用率是（　　）。

A. 20%以下　　B. 20%~50%　　C. 51%~70%　　D. 71~90%

E. 90%以上

9. 贵企业目前采用了哪些物流信息技术（可多选）（　　）。

A. ASS（自动分拣系统）　　B. 条形码技术

C. RFID（射频识别）　　D. EOS（电子自动订货系统）

E. EDI（电子数据交换系统）　　F. GPS（全球卫星定位系统）

G. GIS（地理信息系统）　　H. 其他（请注明：＿＿＿＿）

10. 您认为贵企业当前最急需解决的问题是（　　）

A. 提高提货准时率　　B. 降低丢失事故发生率

C. 降低破损事故发生率　　D. 提高信息反馈及时率

E. 提高信息化建设力　　F. 改进服务态度和意识

物流信息化是指物流企业运用现代信息技术对物流过程中产生的信息进行一系列的管理活动，以实现对物流成本的控制和物流效益的提高。信息化建设是加快我国物流企业发展的必要前提，实现信息化管理也是我国物流企业提高竞争力，面对现代市场竞争的必然选择。通过调查走访企业，结合网上信息收集的形式，了解到随着社会的发展、科技的进步，现代信息技术已经融入现代文明的方方面面，信息化建设是企业面对信息经济发展的必然选择。无论是工商企业还是物流企业，信息技术的开发和利用都是构成其企业竞争力的重要组成部分和改造传统企业的重要途径与手段。在信息建设的道路上，

我国的海尔集团和美国的沃尔玛公司都为我们提供了很好的借鉴意义。

任务二 物流信息相关岗位认知

任务目标

- 熟知物流信息相关岗位的主要职责及能力要求
- 设计物流信息收集流程及物流信息分析流程

任务示例

背景材料：随着物流企业信息化的不断深入，物流企业对用人的素质要求也越来越高。

任务描述：明确物流信息相关的工作岗位都有哪些，各自有什么样的职责和能力要求。

任务分析

为了完成此任务，需要深入企业调研及查阅相关资料明确物流相关工作岗位职责及分工。

相关知识

1. 物流信息相关岗位职责

通过对企业调研及查阅相关资料得出物流信息相关岗位有物流信息部经理、物流信息分析师、信息采集专员、系统工程师、网络工程师等。岗位职责如下：

（1）物流信息部经理岗位职责（见表1-5）。

表1-5 物流信息部经理岗位职责

岗位名称	物流信息部经理	所属部门	
上级	物流总监	下级	
职责概述	负责企业物流信息系统的规划、建设、开发与运行管理工作，组织相关人员对采购、仓储、配送、运输等物流环节的信息进行实时录入、收集和处理，提升物流服务效率		
工作职责	职责细分		
1. 制定物流信息管理制度	（1）负责组织制定物流信息管理的各项规章制度及必要的操作规程并监督执行 （2）负责建立信息管理规范化制度并监督实施，不断提高本企业的信息化程度		

续 表

工作职责	职责细分
2. 企业信息化进程管理	(1) 根据企业业务模式、IT架构、组织与流程，研究并制定企业信息化建设发展规划 (2) 制订企业年度信息化建设计划和信息系统开发、管理工作计划，加快本企业信息化步伐，全面提高企业的信息运转效率 (3) 加强与各部门的协作配合，促进物流信息系统的有效使用
3. 物流信息系统开发与维护	(1) 组织开展物流信息系统新功能、新模块的设计开发工作并对其进行监督和指导 (2) 组织做好计算机网络维护、管理、数据信息处理等工作，保证物流信息系统的正常运行 (3) 定期组织信息系统维护和重要数据的备份工作
4. 物流信息系统应用	(1) 规划与建设适应企业电子商务业务发展的第三方物流网络体系 (2) 协助业务部开展电子商务业务，组织开展电子商务数据的分析预测工作，及时编写分析预测报告并上报有关领导 (3) 组织部门人员开展物流信息系统的应用指导及计算机应用知识的普及培训工作，提高企业所有工作人员的计算机水平与信息系统应用能力
5. 物流信息统计管理	(1) 组织开展企业物流信息统计和核算管理工作，定期检查部门人员的信息资料整理情况 (2) 定期组织编制并上报统计报表，开展统计分析。做好统计原始记录、统计台账、统计报表的规范化管理工作

(2) 物流信息分析师岗位职责（见表1-6）。

表1-6　物流信息分析师岗位职责

岗位名称	物流信息分析师	所属部门	
上级	物流信息部经理	下级	
职责概述	负责对客户订单信息和物流运作信息等进行整理分析，确保企业主营业务流程中各主要部门的信息畅通，为物流调度和宏观调整提供有力的数据保障		
工作职责	职责细分		
1. 物流数据收集及数据处理	(1) 负责物流系统运作过程中各种原始数据的收集、整理、汇总工作 (2) 负责组织相关人员将物流信息数据录入、存储在数据库中，满足有关人员数据查询与分析的需要		
2. 物流信息分析	(1) 根据订货信息，核对企业的库存、装卸、配送能力 (2) 根据库存日报表按月统计库存盘点信息，分析过剩库存、缺货库存、货物破损等情况，计算保管费和保险费，提出相应库存管理改进建议 (3) 根据企业装卸、包装设备和人员状况，分析企业实际装卸、搬运、包装能		

续　表

工作职责	职责细分
2. 物流信息分析	力，实时了解装卸、搬运及货物包装情况并提交分析报告 （4）根据企业运输车辆、业务分布范围以及人员配置情况计算企业实际运输能力和配送能力，了解企业货物运输和配送情况，为企业改进配送业务提供实际依据
3. 配合领导工作	（1）协助信息部经理完成信息资料的整理与保管工作 （2）及时完成领导临时交办的任务

（3）信息采集专员岗位职责（见表1－7）。

表1－7　　信息采集专员岗位职责

岗位名称	信息采集专员	所属部门	
上级	物流信息部经理	下级	
职责概述	根据物流信息部经理的指示，结合企业发展要求，定期进行客户意见信息、客户需求信息、竞争对手信息及其他市场信息的采集工作，并对信息进行汇总整理		
工作职责	职责细分		
1. 信息采集准备	（1）根据企业发展的需要和物流信息部经理的指示，明确物流信息采集需求 （2）根据信息采集计划设计调查问卷及数据统计表格，确定调研方法和信息采集途径		
2. 收集信息	（1）收集当地、国内乃至国际范围内的市场环境信息，包括物流商情、最新动态、政府政策等 （2）收集客户需求信息以及其他业务方面的信息 （3）收集竞争对手相关信息，分析其价格、业务量、营销手段等		
3. 分析处理信息及制作统计表	（1）分析产品或服务的潜在市场与客户需求及购买信息 （2）确定调研方法，制作数据统计表格 （3）审核、分析相关数据，预测市场趋势和市场潜力 （4）分析客户对本企业服务的意见反馈，以便相关部门改善相应的物流服务		

（4）系统工程师岗位职责（见表1－8）。

表1－8　　系统工程师岗位职责

岗位名称	系统工程师	所属部门	
上级	物流信息部经理	下级	
职责概述	负责物流信息系统项目的系统分析、开发与组织实施工作，加快企业信息化步伐，并协助做好网络订单的处理工作		

续 表

工作职责	职责细分
1. 信息系统开发	（1）在物流信息部经理的指导下开展物流信息系统的构建工作或物流信息系统采购的前期调研工作 （2）根据企业业务范围和主导业务流程进行信息化系统规划，开发符合企业业务需求的程序及软件
2. 物流信息系统维护与改进	（1）对物流信息系统的软、硬件进行日常的维护，保证物流信息系统的有效运行 （2）按照各业务部门提供的数据及时对系统数据进行维护与更新，确保客户通过物流信息系统可以查询到订单的实际情况 （3）依据企业发展需要及时修改已有的系统方案，努力维持优良的操作性能及正常的信息沟通，从而提高系统的运行效率 （4）做好物流信息系统的安全维护与防范工作，数据的安全管理与日常备份工作
3. 网络订单处理	（1）回答客户通过网络系统提出的问题，与客户进行沟通，挖掘潜在客户 （2）针对客户通过网络发出的订单意向，及时与业务部门沟通，确定并及时受理订单
4. 物流信息系统应用培训与技术支持	（1）推广并不断完善本企业的物流信息系统，编制系统帮助手册和用户手册，经领导审批后及时下发到相关部门 （2）在物流信息系统的运行过程中及时向各业务部门提供技术指导，促进系统操作技术的有效使用，提高系统的运行效率

（5）网络工程师岗位职责（见表1－9）。

表1－9　　网络工程师岗位职责

岗位名称	网络工程师	所属部门	
上级	物流信息部经理	下级	
职责概述	负责企业计算机网络系统平台的管理、维护和完善工作，确保计算机网络系统稳定、可靠运行，以实现信息系统带动业务系统的良性运转		
工作职责	职责细分		
1. 业务分析与总结	（1）定期对相关业务部门的需求进行调研并整理形成开发文档 （2）总结阶段性工作成果，形成文档记录并上报物流信息部经理		
2. 日常网络管理	（1）负责网络安全防护，在受到病毒攻击时及时进行处理并总结经验教训 （2）保养、维护机房计算机网络设备和通信线路 （3）对网络系统进行故障检测和升级优化，确保各服务器的正常运行 （4）根据物流业务运营人员、客户服务人员提出的反馈意见，制定相应的改善措施或方案		

续　表

工作职责	职责细分
3. 企业网站建设与日常管理	（1）建立并完善企业门户网站 （2）定期提供门户网站的访问量等统计数据 （3）向各部门收集资料，并及时更新网站信息

2. 流程设计

（1）物流信息收集流程设计（见表1－10）。

表1－10　　物流信息收集流程设计

步骤＼部门	物流信息部经理	物流信息分析师	信息采集专员	其他部门或人员

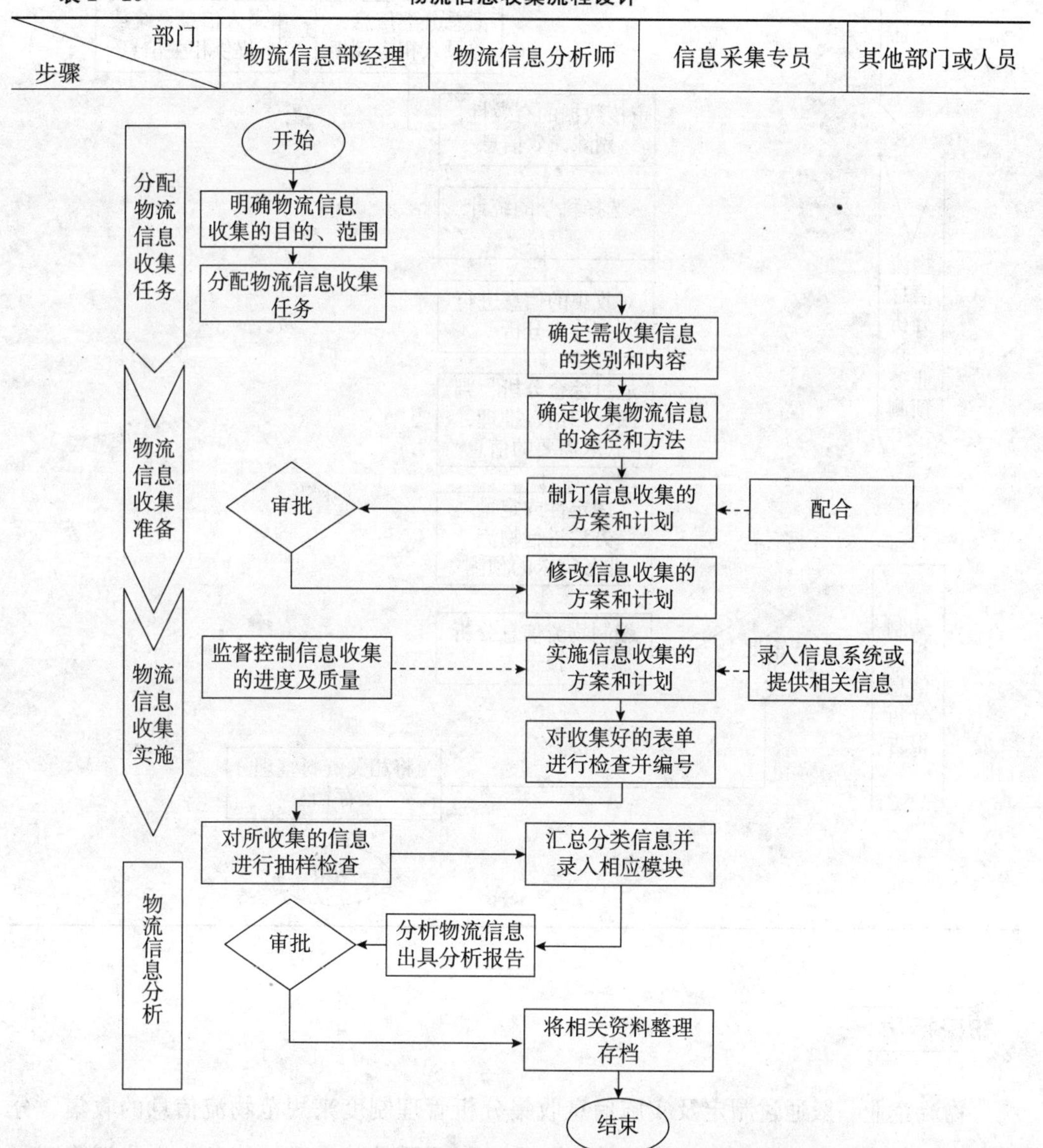

（2）物流信息分析流程设计（见表1－11）。

表1－11　物流信息分析流程设计

步骤＼部门	物流信息部经理	物流信息分析师	信息采集专员	其他部门或人员

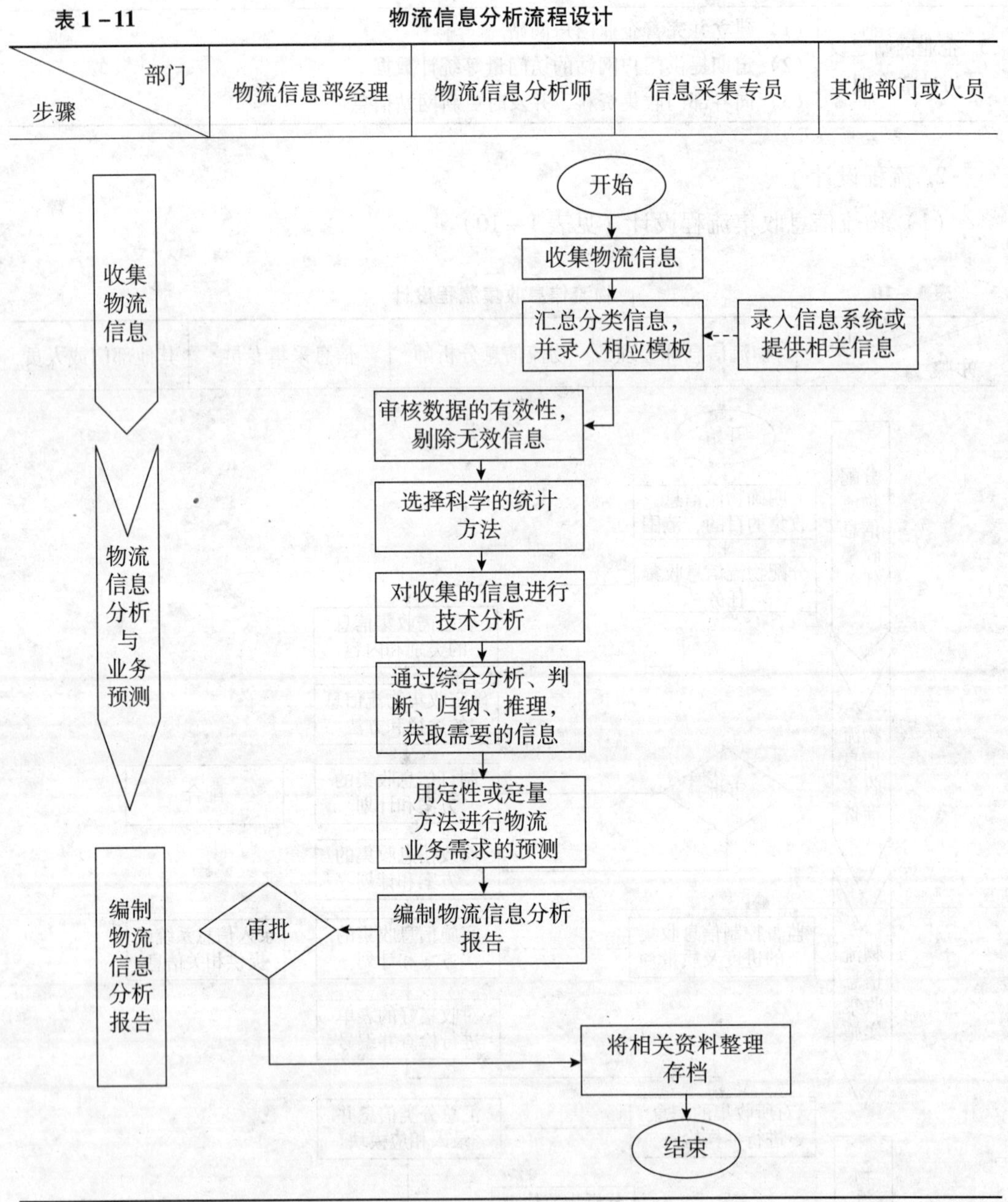

知识拓展

物流企业一般通过制定及实施信息收集分析管理制度来规范物流信息的收集、分析工作，提高信息收集分析工作的效率和质量。下面是某企业的信息收集分析管理制度，供读者参考。

信息收集分析管理制度

第 1 章　总则

第 1 条　目的

为了规范公司物流信息的收集及分析工作，提高信息收集分析工作的效率和质量，保证物流服务的有效运行，结合本公司的实际情况，特制定本制度。

第 2 条　适用范围

本制度适用于物流信息的收集、整理、分析等相关工作。

第 3 条　职责划分

1. 物流信息部经理负责监控物流信息收集的进度和质量。

2. 信息收集分析人员负责物流信息采集方案和计划的制订及物流信息的收集、整理、分析工作。

第 2 章　物流信息收集管理

第 4 条　物流信息收集的定义

物流信息收集即应用各种手段、通过各种途径收集物流信息，以反映物流系统及其所处的环境情况，为物流信息管理提供素材和依据。物流信息收集在整个物流信息管理中工作量最大、最费时间、最占人力。

第 5 条　物流信息收集的原则

1. 可靠性原则。

2. 完整性原则。

3. 经济性原则。

第 6 条　物流信息收集的要点

在收集物流信息时应注意把握以下三个要点，具体如图 1－10 所示。

第 7 条　物流信息的获取途径

物流信息的获取途径主要有以下三种。

1. 从订单中获取。从订单中获得的信息是全部物流活动的基本信息。

2. 从资料文档中获取。具体来说，经常用到的资料文档有原始记录、技术档案及网络信息资源等。

3. 从经验和预测中获取。即从物流从业人员的经验中获取相关信息。

第 8 条　物流信息的收集技术

物流信息的收集主要采取条形码技术及无线射频识别技术两种。具体使用何种方式，由信息收集分析人员视各方法的特点及具体情况而定。

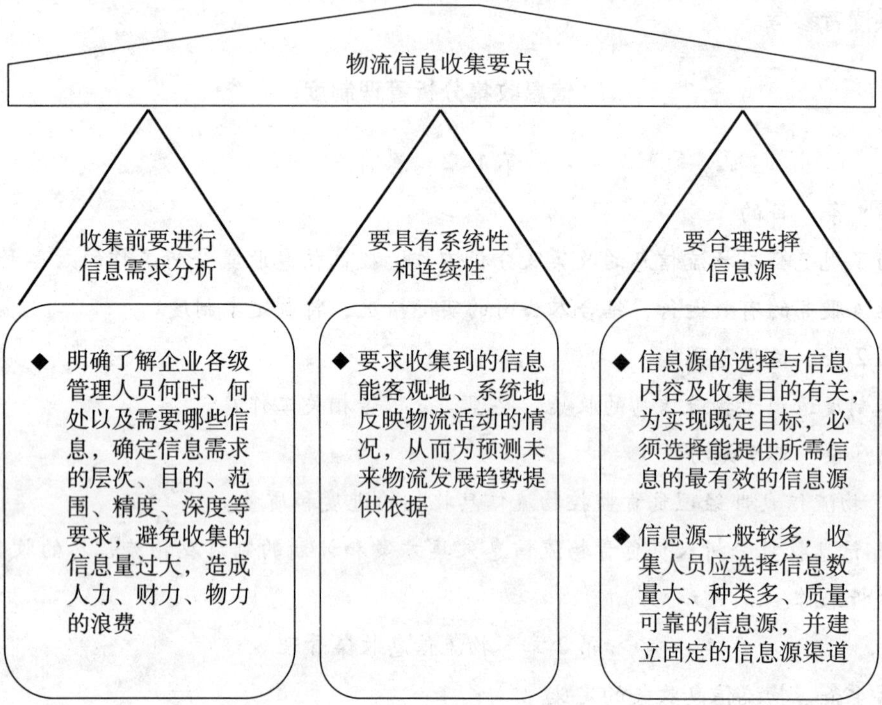

物流信息收集要点

收集前要进行信息需求分析

◆ 明确了解企业各级管理人员何时、何处以及需要哪些信息，确定信息需求的层次、目的、范围、精度、深度等要求，避免收集的信息量过大，造成人力、财力、物力的浪费

要具有系统性和连续性

◆ 要求收集到的信息能客观地、系统地反映物流活动的情况，从而为预测未来物流发展趋势提供依据

要合理选择信息源

◆ 信息源的选择与信息内容及收集目的有关，为实现既定目标，必须选择能提供所需信息的最有效的信息源

◆ 信息源一般较多，收集人员应选择信息数量大、种类多、质量可靠的信息源，并建立固定的信息源渠道

图 1－10　物流信息收集要点

第 9 条　物流信息收集的准备工作

1. 物流信息部经理明确物流信息收集的目标、范围。

2. 物流信息部经理明确物流信息收集人员的职责、任务。

3. 信息收集分析人员制订物流信息收集的方案和计划，并报物流信息部经理审批。

4. 信息收集分析人员设计、编制符合信息收集目标和范围的调查问卷、表单。

第 10 条　实施物流信息收集

1. 信息收集分析人员按照分配的职责、任务进行信息收集。

2. 运输、配送等部门人员用某种方式记录下物流内外的相关数据及信息，并通过各种途径及时将其传递给物流信息收集分析人员。

3. 仓储、配送等部门人员利用条形码、GPS（全球定位系统）等技术工具，将一部分物流信息自动录入物流信息管理系统。

4. 物流信息部经理督导信息收集的过程，控制信息收集的进度和质量。

5. 信息收集分析人员应严格控制信息收集的实施过程，在收集过程中如发现方案设计有问题要及时修正，以免出现错误的结论。

第 3 章　物流信息分析管理

第 11 条　物流信息整理

1. 物流信息收集分析人员需对收集好的表单进行逐份检查，将合格表单统一编号，以便于统计数据。

2. 物流信息部经理对收集的表单进行抽样检查，核对所收集信息的质量。

3. 物流信息收集分析人员将所有收集来的资料加以编辑、汇总分类并录入相应的模板。

4. 物流信息收集分析人员对运输、配送等部门人员提供的信息进行整理，将其转化为物流信息系统能够接受和识别的形式后输入到系统中。

第 12 条　物流信息的分类

按照作用的不同，物流信息可分为物流系统内信息和物流系统外信息。

1. 物流系统内信息：它是伴随着物流活动而发生的信息，主要包括订货信息、库存信息、物流信息、发货信息、物流管理信息等。

2. 物流系统外信息：它是在物流活动以外发生、提供给物流活动使用的信息，主要包括供货人信息、顾客信息、交通运输信息、市场信息和政策信息等。

第 13 条　物流信息分析

1. 物流信息收集分析人员选择科学的统计方法对收集的信息进行技术分析，审核数据的有效性，剔除无效信息，通过综合分析、判断、归纳、推理来获取需要的信息，为物流决策提供重要依据。

2. 物流信息收集分析人员根据分析得到的数据，用定性或定量的方法进行物流预测。

3. 物流信息收集分析人员编制物流信息分析报告，并报物流信息部经理审批。

第 4 章　附则

第 14 条　本制度由物理信息管理部负责解释和修改。

第 15 条　本制度自颁布之日起实施。

检测与实训

一、简答题

1. 什么是物流信息、物流信息化、信息技术、物流信息技术？

2. 简述物流信息的分类。

3. 物流信息化的内容和作用分别是什么？

4. 目前，我国物流信息化的现状是怎样的？举例说明如何做好物流信息化建设工作。

5. 物流信息技术如何分类？举例说明目前物流信息技术在物流中的应用。

二、案例分析

现代物流信息技术构筑 UPS 核心竞争力

成立于 1907 年的美国联合包裹服务公司（United Parcel Service，UPS）是世界上最大的配送公司。2000 年，UPS 年收入接近 300 亿美元，其中包裹和单证流量大约 35 亿件，平均每天向遍布全球的顾客递送 1320 万件包裹。公司向制造商、批发商、零售商、服务公司以及个人提供各种范围的陆路和空运的包裹和单证的递送服务，以及大量的增值服务。

表面上，UPS 的核心竞争优势来源于其由 15. 25 万辆卡车和 560 架飞机组成的运输队伍，而实际上 UPS 今天的成功并非仅仅如此。

20 世纪 80 年代初，UPS 以其大型的棕色卡车车队和及时的递送服务，控制了美国路面和陆路的包裹速递市场。然而，到了 80 年代后期，随着竞争对手利用不同的定价策略以及跟踪和开单的创新技术对 UPS 的市场进行蚕食，UPS 的收入开始下滑。许多大型托运人希望通过单一服务来源提供全程的配送服务，进一步，顾客们希望掌握更多的物流信息，以利于自身控制成本和提高效率。随着竞争的白热化，这种服务需求变得越来越迫切。正是基于这种服务需求 UPS 从 90 年代初开始致力于物流信息技术的广泛利用和不断升级。今天，提供全面物流信息服务已经成为包裹速递业务中的一个至关重要的核心竞争要素。

UPS 通过应用三项以物流信息技术为基础的服务提高了竞争能力。

第一，条形码和扫描仪使 UPS 能够有选择地每周 7 天、每天 24 小时地跟踪和报告装运状况，顾客只需拨打免费电话号码，即可获得“地面跟踪”和航空递送这样的增值服务。

第二，UPS 的递送驾驶员会携带着以数控技术为基础的笔记本电脑到排好顺序的线路上收集递送信息。这种笔记本电脑使驾驶员能够用数字记录装运接收者的签字，以提供收货核实。通过电脑协调驾驶员信息，减少了差错，加快了递送速度。

第三，UPS 最先进的信息技术应用，是创建于 1993 年的一个全美无线通信网络，该网络使用了 55 个蜂窝状载波电话。蜂窝状载波电话技术使驾驶员能够把适时跟踪的信息从卡车上传送到 UPS 的中央电脑。无线移动技术和系统能够提供电子数据储存，并能恢复跟踪公司在全球范围内的数百万笔递送业务。通过安装卫星地面站和扩大系统，到 1997 年适时包裹跟踪成为了现实。

以 UPS 为代表的企业应用和推广的物流信息技术是现代物流的核心，是物流现代化的标志。尤其是飞速发展的计算机网络技术的应用使物流信息技术达到新的水平，物流信息技术也是物流技术中发展最快的领域，从数据采集的条形码系统，到办公自动化系统中的微机、互联网，各种终端设备等硬件以及计算机软件等都在日新月异地发展。同时，随着物流信息技术的不断发展，产生了一系列新的物流理念和新的物流经营方式，推进了物流的变革。今天来看，物流信息技术主要由通信、软件、面向行业的业务管理系统三大部分组成。包括基于各种通信方式基础上的移动通信手段、全球卫星定位（GPS）技术、地理信息（GIS）技术、计算机网络技术、自动化仓库管理技术、智能标签技术、条形码及射频技术、信息交换技术等现代尖端科技。在这些尖端技术的支撑下，形成了以移动通信、资源管理、监控调度管理、自动化仓储管理、业务管理、客户服务管理、财务处理等多种信息技术集成的一体化现代物流管理体系。譬如，运用卫星定位技术，用户可以随时“看到”自己的货物状态，包括运输货物车辆所在的位置（某座城市的某条道路上）、货物名称、数量、重量等，不仅大大提高了监控的“透明度”，降低了货物的空载率，做到资源的最佳配置；而且有利于顾客通过掌握更多的物流信息，以控制成本和提高效率。

UPS 通过在三方面推广物流信息技术发挥了核心竞争优势。

在信息技术上，UPS 已经配备了第三代速递资料收集器——Ⅲ型 DIAD，这是业界最先进的手提式计算机，可几乎同时收集和传输实时包裹传递信息，也可让客户及时了解包裹的传送现状。这台 DIAD 配置了一个内部无线装置，可在所有传递信息输入后立即向 UPS 数据中心发送信息。司机只需扫描包裹上的条形码，获得收件人的签字，输入收件人的姓名，并按动一个键，就可同时完成交易并送出数据。Ⅲ型 DIAD 的内部无线装置还在送货车司机和发货人之间建立了双向文本通信。专门负责某个办公大楼或商业中心的司机可缩短约 30 分钟的上门收货时间。每当接收到一个信息，DIAD 角上的指示灯就会闪动，提醒司机注意。这对消费者来说，不仅意味着所寄送的物品能很快发送，还可随时“跟踪”到包裹的行踪。通过这一过程速递业真正实现了从点到点，户对户的单一速递模式，除为客户提供传统速递服务外，还包括库房、运输及守候服务等全方位物流服务的发展，从而大大地拓展了传统物流概念。

在信息系统上，UPS 将应用在美国国内运输货物的物流信息系统，扩展到了所有国际运输货物上。这些物流信息系统包括署名追踪系统及比率运算系统等，其解决方案包括自动仓库、指纹扫描、光拣技术、产品跟踪和决策软件工具等。这些解决方案从商品原起点流向市场或者最终消费者的供应链上，帮助客户改进了业绩，真正实现了双赢。

在信息管理上，最典型的应用是 UPS 在美国国家半导体公司（National Semiconductor）位于新加坡仓库的物流信息管理系统，该系统有效的减少了仓储量及节省了货品运送时间。今天我们可以看到，在 UPS 物流管理体系中的美国国家半导体公司新加坡仓库，一位管理员像挥动树枝一样将一台扫描仪扫过一箱新制造的电脑芯片。随着这个简单的举动，他启动了高效和自动化、几乎像魔术般的送货程序。这座巨大仓库是由 UPS 的运输奇才们设计建造的。UPS 的物流信息管理系统将这箱芯片发往码头，而后送上卡车和飞机，接着又是卡车，在短短的 12 小时内，这些芯片就会送到国家半导体公司的客户——远在万里之外硅谷的个人电脑制造商手中。在整个途中，芯片中嵌入的电子标签将让客户以高达三英尺的精确度跟踪订货。

由此可见，物流信息技术通过切入物流企业的业务流程来实现对物流企业各生产要素（车、仓、驾等）进行合理组合与高效利用，降低了经营成本，直接产生了明显的经营效益。它有效地把各种零散数据变为商业智慧，赋予了物流企业新型的生产要素——信息，大大提高了物流企业的业务预测和管理能力，通过“点、线、面”的立体式综合管理，实现了物流企业内部一体化和外部供应链的统一管理，有效地帮助物流企业提高了服务质素，提升了物流企业的整体效益。具体地说，它有效地为物流企业解决了单点管理和网络化业务之间的矛盾、成本和客户服务质量之间的矛盾、有限的静态资源和动态市场之间的矛盾、现在和未来预测之间的矛盾等。

思考题：

1. 联合包裹服务公司通过使用哪些物流信息技术提高了竞争力？

2. 简述联合包裹服务公司物流信息技术的应用情况。

三、实训

网上收集并实地参观离你最近的沃尔玛超市，完成以下问题：

1. 描述一下沃尔玛超市的特点。

2. 沃尔玛使用了哪些新技术改善并提高了其物流效率。

项目二　物流信息采集及识别技术与应用

项目导读

信息网络是现代物流的核心，当各项仓储物流设备由机械化/人工化进入自动化阶段时，如何处理设备与系统的连接及实物与信息的对应成了软件系统需要解决的问题。因此，采用自动识别与数据采集技术变得尤为必要。

自动识别与数据采集（AIDC）是一项通用的技术手段，它不通过键盘而把数据直接录入到计算机系统，包括条形码扫描、射频识别、声音识别及其他技术。

知识目标

- 掌握商品条形码的编码知识和条形码符号的体系
- 掌握物流单元条形码的编码知识和条形码符号的体系
- 了解条形码自动识读识别的工作原理
- 了解二维条形码及其应用
- 了解射频技术及其应用

能力目标

- 具有根据商品特性进行通用商品条形码制作和应用的能力
- 具有根据储运单元特性进行储运条形码制作和应用的能力
- 具有根据不同物流标识选择不同设备进行物流信息采集的能力

引导案例

条形码在商业流通系统中的应用

商品条形码是实现商业现代化的基础，是商品进入超级市场、POS 扫描商店的入场券。在扫描商店，当顾客采购商品完毕在收银台前付款时，收银员只要拿着带有条形码的商品在装有激光扫描器的台上轻轻掠过，就把条形码下方的数字快速输入电子计算机，通过查询和数据处理，机器可立即识别出商品制造厂商、名称、价格等商品信息并打印出购物清单。这样不仅可以实现售货、仓储和订货的自动化管理，而且通过产、供、销信息系统，使销售信息及时为生产厂商所掌握。目前条形码已成为商品进入超市的必备条件，商品条形码化是企业提高市场竞争力、扩大外贸出口的必由之路，是实现生产流通环节自动化的前提条件，同时也是制造商适时调整产品结构的技术保障。近年来，我国许多地区（如北京、上海、福建等）已有文件规定，所有无条形码商品不得进入超市。条形码的应用在现代的大型超市管理中不可或缺。像沃尔玛、易初莲花等大型超市，从纵向到横向，从商品的流通、供应商的选择到客户及员工的管理，都已充分使用条形码。

案例思索

1. 结合案例及日常生活中见到的条形码，说明什么是条形码。

2. 根据案例及日常生活中见到的条形码，说明条形码对这些领域起什么作用，与传统人工方式相比有哪些变化?

任务一　一维条形码的制作与应用

任务目标

- 能够设计、制作和打印一维条形码
- 能够使用条形码扫描系统对条形码进行扫描和识别

任务示例

背景材料：在物流信息系统繁忙处理各种业务信息的同时，系统外的信息采集和处理也在紧张运作中。某公司非常清楚要提高整个公司的运作效率，提高物流作业的准确性，必须及时捕捉并熟练地使用自动化的信息采集技术对于公司是非常必要的。

任务描述：安装条形码打印机和条形码编制软件，按照条形码编制规则，为盛放无条形码商品的托盘编制一套条形码，该条形码应该能够体现公司所需要的信息。要求设计、制作和打印出一维条形码，并能够使用条形码扫描系统对条形码进行扫描和识别。

任务分析

目前，公司使用的是业内普遍采用的条形码技术。在使用条形码采集商品信息时，入库操作是采集信息的源头，物流公司一般会遇到两种情况：一种是商品本身印有条形码，公司只需扫描条形码后，对应分配好的货位入库即可；另一种是商品本身没有条形码，如没有包装的裸品等，需要公司为其编制条形码，或为存放其的托盘编制条形码，以此对应货位，便于管理。

相关知识

一、条形码基础知识

条形码自动识别技术是20世纪中叶发展并广泛应用的集光、机、电和计算机技术为一体的高新技术，它解决了计算机应用中数据采集的“瓶颈”，实现了信息快速、准确的获取与传递。就经济活动而言，物流和信息流是其重要的两个方面，条形码解决了商品、产品、物流单元的标识，为实物流和信息流的同步提供了技术手段，既经济又适用，近乎零成本，受到各国青睐。

20世纪70年代，条形码自动识别技术为POS的自动扫描结算和信息的快速获取提供了方便、快捷、准确、可靠的途径，引领了一场商业革命。目前，在全球范围内，已经有100多个国家采用条形码自动识别技术实施商业POS结算，全球已有上百万家公司或企业采用了条形码自动识别技术。条形码技术作为一种关键的信息标识和信息采集技术，不仅在商业POS中得到应用，而且已经广泛地应用在全球各个行业，成为各国信息化建设中的一个重要部分。

（一）条形码技术的产生与发展

早在20世纪40年代后期，美国人就发明了“公牛眼”条形码，形状为同心靶环。60年代后期，北美铁路系统开始采纳条形码系统。1967年，美国超市出现了第一套条形码扫描零售系统。1973年，美国统一代码委员会（UCC）建立了UPC商品条形码应用系统。同年，UPC条形码标准宣布。1977年，欧洲在12位的UPC－A商品条形码的基础上，开发出与UPC－A商品条形码兼容的欧洲物品编码系统，简称EAN系统，并正式成立了欧洲物品编码协会，简称EAN。UCC/EAN－128条形码于1981年被推荐应用，以标识物流单元。这样，EAN和UCC将条形码技术从单独的物品标识推向整个供应链管理和服务领域。20世纪80年代，人们开始研制二维条形码。目前，条形码技术已应用在计算机管理的各个领域。

（二）条形码的基本术语

1. 条形码

条形码是由一组排列规则的条、空及其对应字符组成的标记，用以表示一定的信息。条形码通常用来对物品进行标识，这个物品可以是一个贸易单元，如一个杯子；也可以是一个物流单元，如一个托盘。

2. 码制

码制指条形码符号的类型，每种类型的条形码符号都是由符合特定编码规则的条和空组合而成。每种码制都具有固定的编码容量和所规定的条形码字符集，适用于不同的场合。常用的一维条形码码制包括：EAN 条形码、UPC 条形码、UCC/EAN－128 条形码、交叉 25 条形码、39 条形码、93 条形码、库德巴条形码等。

3. 字符集

字符集是指某种码制的条形码符号可以表示的字母、数字和符号的集合。例如：EAN 条形码仅能表示 0～9 十个数字字符；39 条形码可表示数字字符 0～9、26 个英文字母 A～Z 以及一些特殊符号。

4. 连续性与非连续性

连续性指每个条形码字符之间不存在间隔；而非连续性是指每个条形码字符之间存在间隔。

5. 定长条形码与非定长条形码

定长条形码是仅能表示固定字符个数的条形码；非定长条形码是指能表示可变字符个数的条形码。例如：EAN 条形码是定长条形码，39 条形码则为非定长条形码。一般而言，定长条形码由于限制了表示字符的个数，其译码的平均误读率相对较低；非定长条形码具有灵活、方便等特点，但在识读过程中可能产生因信息丢失而引起错误的译码。

6. 双向可读性

条形码符号的双向可读性是指从左、右两侧开始扫描都可被识别的特性。绝大多数码制都具有双向可读性，对于双向可读的条形码，识读过程中译码器要判别扫描方向。

7. 自校验特性

自校验特性是指条形码字符本身具有校验特性。若在一种条形码符号中，一个印刷缺陷（例如，因出现污点把一个窄条错认为宽条，而相邻宽空错认为窄空）不会导致替代错误，那么这种条形码就具有自校验功能。如 39 条形码、交叉 25 条形码都具有自校验功能，而 EAN 条形码、93 条形码等没有自校验功能。自校验功能只能校验出一个印刷缺陷。

8. 条形码密度

条形码密度是指单位长度条形码所表示条形码字符的个数。各单元的宽度越小，条形码符号的密度就越高，所需扫描设备的分辨率也就越高。

9. 条形码质量

条形码质量指的是条形码的印制质量，其判定主要从外观、条（空）反射率、条（空）尺寸误差、空白区尺寸、条高、数字和字母的尺寸、校验码、译码正确性、放大系数、印刷厚度、印刷位置几个方面进行。

（三）条形码符号结构

一个完整的条形码符号由两侧静区、起始字符、数据字符、校验字符（可选）和终止字符组成。条形码符号结构如图 2－1 所示。

图 2－1　条形码符号结构

1. 静区

没有任何印刷符或条形码信息，它通常是白的，位于条形码符号的两侧。静区的作用是提示阅读器即扫描器准备扫描条形码符号。

2. 起始字符

条形码符号的第一位字符是起始字符，它的特殊条、空结构用于识别一个条形码符号的开始。阅读器首先确认此字符的存在，然后处理由扫描器获得的一系列脉冲。

3. 数据字符

由条形码字符组成，用于代表一定的原始数据信息。

4. 终止字符

条形码符号的最后一位字符是终止字符，它的特殊条、空结构用于识别一个条形码符号的结束。阅读器识别终止字符，便可知道条形码符号已扫描完毕。

5. 校验字符

在条形码制中定义了校验字符。有些码制的校验字符是必需的，有些码制的校验字符则是可选的。校验字符是通过对数据字符进行一种算术运算而确定的。

（四）条形码的分类

条形码可分为一维条形码和二维条形码。就一维条形码来说，按条形码的长度来分，可分为定长和非定长条形码；按排列方式来分，可分为连续型和非连续型条形码；从校验方式来分，可分为自校验和非自校验型条形码等。二维条形码根据构成原理、结构形状的差异，可分为行排式二维条形码、矩阵式二维条形码和邮政码。

目前使用频率最高的几种码制是：

（1）统一产品 UPC 条形码：商品流通（北美）。

（2）国际商品 EAN 条形码：商品流通（欧洲）。

（3）交叉 25 条形码（Interleaved 2 of 5 Code）。

（4）39 条形码（Code 3 of 9）：内部管理。

（5）库德巴码（Codebar）：医疗、图书。

（6）EAN/UCC－128 条形码：物流系统。

此外，还有一些码制主要适用于某些特殊场合。

（五）条形码技术的特点

条形码作为一种图形识别技术与其他识别技术相比有如下特点：经济便宜、数据输入速度快、易于制作、可靠准确、灵活、实用、自由度大、设备结构简单。

二、物流编码

在现代物流企业内部，通常是用条形码符号来表示物流标识的编码。这种以条形码符号的形式表示的编码，在日常工作中，对产品有自动识别的能力，使原来烦琐的人工劳动转为自动化识别，从而使整个物流作业达到快速、准确的效果。

表示物流标识编码的条形码符号有不同的码制，有的码制只能标识一个内容，有的码制则能标识很多内容，本文着重介绍专门用于表示物流编码的条形码码制，现行通用的主要有商品条形码、储运单元条形码以及贸易单元 128 码等。

（一）EAN 通用商品编码

通用商品代码的结构包括 13 位代码结构（标准版）、8 位代码结构（缩短版）。

1. EAN－13 商品条形码的符号结构（见图 2－2）

标准版商品条形码所表示的代码由 13 位数字组成：厂商识别代码、商品项目代码和校验码。具体组成如下：

（1）厂商识别代码。厂商识别代码由国家（或地区）编码组织统一分配管理，由 7～9 位数字组成，用于对厂商的唯一标识。厂商识别代码是 EAN 编码组织在 EAN 分配的前缀码（$X_{13}X_{12}X_{11}$）的基础上分配给厂商的代码。前缀码是标识 EAN 编码组织的代码，由 EAN 统一管理和分配，其中某些会员组织的前缀码如表 2－1 所示。

图 2－2　EAN－13 商品条形码的符号结构

表 2－1　EAN 某些会员组织的前缀码

前缀码	编码组织所在国家（或地区）/应用领域	前缀码	编码组织所在国家（或地区）/应用领域
000 ~ 019 030 ~ 039 060 ~ 139	美国	700 ~ 709	挪威
020 ~ 029 040 ~ 049 200 ~ 299	店内码	730 ~ 739	瑞典
050 ~ 059	优惠券	754 ~ 755	加拿大
300 ~ 379	法国	760 ~ 769	瑞士
400 ~ 440	德国	789 ~ 790	巴西
450 ~ 459 490 ~ 499	日本	800 ~ 839	意大利
460 ~ 469	俄罗斯	840 ~ 849	西班牙
471	中国台湾	870 ~ 879	荷兰
480	菲律宾	900 ~ 919	奥地利
489	中国香港特别行政区	930 ~ 939	澳大利亚
500 ~ 509	英国	940 ~ 949	新西兰
540 ~ 549	比利时和卢森堡	958	中国澳门特别行政区
570 ~ 579	丹麦	977	连续出版物
600 ~601	南非	978、979	图书
640 ~ 649	芬兰	980	应收票据
690 ~ 695	中国	981、982	普通流通券

（2）商品项目代码。由3~5位数字组成，由厂商自行编码。在编制商品项目代码时，厂商必须遵守商品编码的基本原则的唯一性和无含义性。在EAN系统中，商品编码仅仅是一种识别商品的手段，而不是商品分类的手段。

（3）校验码。最后1位数字，用于校验厂商识别代码和商品项目代码的正确性。

2. 商品条形码编码原则

在编码时必须遵守唯一性、稳定性及无含义性原则。

（1）唯一性。唯一性原则是商品编码的基本原则，是指同一商品项目的商品应分配相同的商品代码，不同商品项目的商品必须分配不同的商品代码。基本特征相同的商品应视为同一商品项目。商品的基本特征项是划分商品所属类别的关键因素，包括商品名称、商标、种类、规格、数量、包装类型等。不同行业的商品，其基本特征往往不尽相同；同一行业，不同的单个企业，可根据自身的管理需求，设置不同的基本特征项。

（2）稳定性。稳定性原则是指商品代码一旦分配，只要商品的基本特征没有发生变化，就应保持不变。同一商品项目，无论是长期连续生产，还是间断式生产，都必须采用相同的商品代码。即使该商品项目停止生产，其商品代码应至少在4年之内不能用于其他商品项目上。

（3）无含义性。无含义性原则是指商品代码中的每一位数字不表示任何与商品有关的特定信息。有含义的编码，通常会导致编码容量的损失。厂商在编制商品项目代码时，最好使用无含义的流水号。

对于一些商品，在流通过程中可能需要了解其他附加信息，如生产日期、有效期、批号及数量等，此时可采用应用标识符（AI）来满足附加信息的标注要求。应用标识符由2~4位数字组成，用于标识其后数据的含义和格式。

3. 我国商品条形码结构

（1）当前缀码为690、691时，EAN/UCC-13的代码结构如图2-3所示。

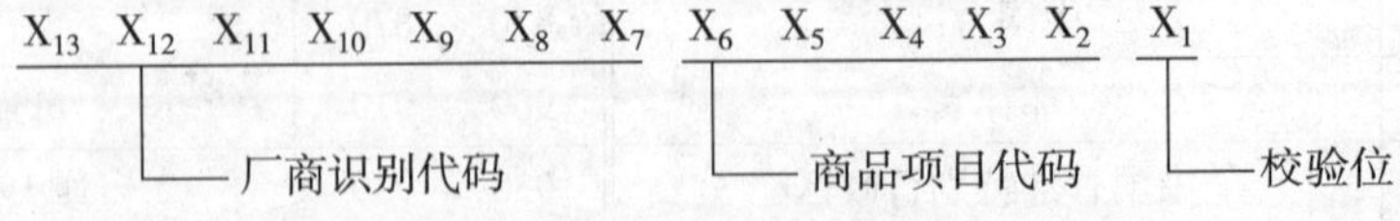

图2-3 前缀为690、691时我国商品条形码结构

（2）当前缀码为692~694时，EAN/UCC-13的代码结构如图2-4所示。

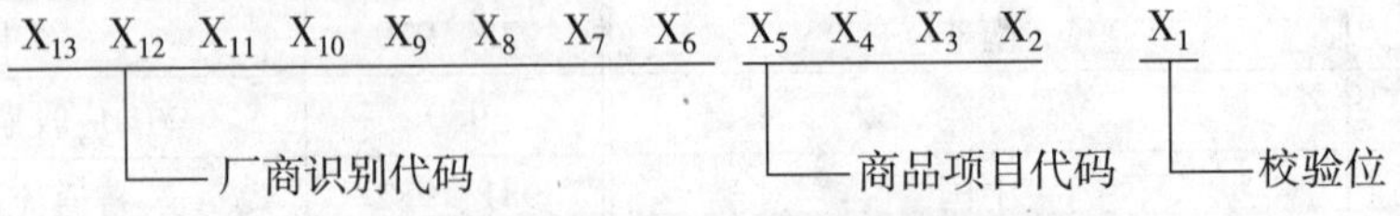

图2-4 前缀为692~694时我国商品条形码结构

（二）储运单元的编码

储运单元条形码是专门表示储运单元编码的一种条形码，通俗地说就是商品外包装箱上使用的条形码标识，它可以在全球范围内唯一地识别某一包装单元的物品，从而做到在物品的运输、配送、订货收货中方便地跟踪、统计，保证数据的准确性和及时性。储运单元一般由消费单元组成的商品包装单元构成。在储运单元条形码中，又分为定量储运单元（由定量消费单元组成的储运单元）和变量储运单元（由变量消费单元组成的储运单元）。使用储运单元条形码可以使企业方便地实现进、销、存自动化管理，商业批发、零售则可以实现物流、配送的自动化，大大提高工作效率，降低企业成本。

定量储运单元一般采用13位或14位数字编码。当定量储运单元同时又是定量消费单元时，应按定量消费单元进行编码，如电冰箱等家用电器，其定量消费单元的编码等同于通用商品编码。当含相同种类的定量消费单元组成定量储运单元时，可给每一定量储运单元分配一个区别于它所包含的消费单元代码的13位数字代码，也可用14位数字进行编码。

定量储运单元包装指示符（V）用于指示定量储运单元的不同包装，取值范围为V=1，2，…，8。定量消费单元代码是指，包含在定量储运单元内的定量消费单元代码去掉校验字符后的12位数字代码。定量储运单元代码的条形码标识可用14位交叉25条形码（ITF－14）标识定量储运单元。当定量储运单元同时又是定量消费单元时，应使用EAN－13条形码表示。也可用EAN－128条形码标识定量储运单元的14位数字代码。EAN/UCC－14代码结构如表2－2所示。指示符N1的赋值区间为1～9，其中1～8用于定量，9用于变量；此后的N2～N14分别表示厂商识别代码、商品项目代码和校验位。

表2－2　　EAN/UCC－14代码结构

指示符	内含贸易项目的EAN/UCC标识代码	校验码
N1	N2 N3 N4 N5 N6 N7 N8 N9 N10 N11 N12 N13	N14

变量储运单元编码由14位数字的主代码和6位数字的附加代码组成。附加代码是指包含在变量储运单元内，按确定的基本计量单位（如公斤，米等）计量取得的商品数量。变量储运单元的编码符号表示：EAN/UCC－14结构的编码符号表示一般是用ITF－14或UCC/EAN－128条形码符号表示，附加代码用ITF－6（6位交叉25条形码）标识。变量储运单元的主代码和附加代码也可以用EAN－128条形码标识。

最常见的储运单元为ITF－14条形码，用14位数字代码进行标识。其信息结构如

图 2 - 5 所示。

图 2 - 5 ITF - 14 条形码信息结构

（三）贸易单元 128 条形码

贸易单元 128 条形码（以下简称 128 条形码）是一种连续型、非定长、有含义的高密度代码，其字符集包括全部 ASC II 字符，通过应用标识符可标识所有物流信息。128 条形码是物流条形码实施的关键，它能够更多地标识贸易单元的信息，如产品批号、数量、规格、生产日期、有效期、交货地等，使物流条形码成为贸易中的重要工具。EAN - 128 条形码信息结构。如图 2 - 6 所示。

图 2 - 6 EAN - 128 条形码信息结构

三、条形码应用系统

（一）条形码应用系统的组成与流程

1. 条形码应用系统的组成

条形码应用系统就是将条形码技术应用于某一系统中，充分发挥条形码技术的优点，使应用系统更加完善。条形码应用系统一般由数据源、识读器、计算机、应用软件和输出设备几部分组成，如图 2 - 7 所示。

（1）数据源标志着客观事物的符号集合，是反映客观事物原始状态的依据，其准确性直接影响着系统处理的结果。因此，完整准确的数据源是正确决策的基础。在条形码应用系统中，数据源是用条形码表示的，如零售商店里商品的代码、物流企业运

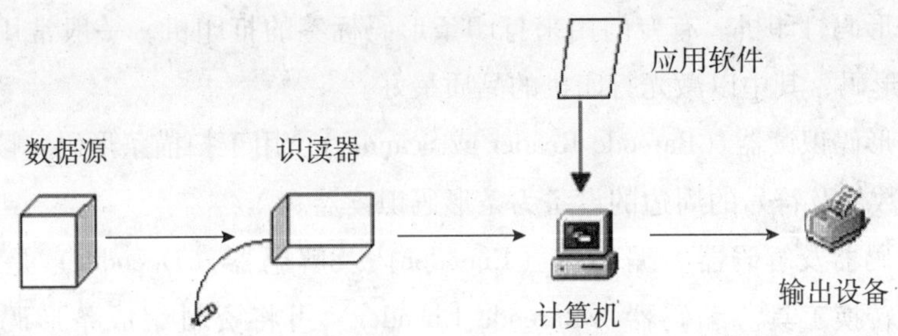

图 2－7　条形码应用系统的组成

输仓储的货物代码等。

(2) 条形码识读器是条形码应用系统的数据采集设备，它可以快速准确地捕捉到条形码表示的数据源，并将这一数据送给计算机处理。

(3) 计算机是条形码应用系统中的数据存储与处理设备。由于计算机存储容量大，运算速度快，使许多烦冗的数据处理工作变得方便、迅速、及时。

(4) 应用软件是条形码应用系统的一个组成部分。它是以系统软件为基础为解决各类实际问题而编制的各种程序。应用程序一般是用高级语言编写的，把要被处理的数据组织在各个数据文件中，由操作系统控制各个应用程序的执行，并自动地对数据文件进行各种操作。在条形码管理系统中，应用软件包括以下功能：定义数据库；管理数据库；建立和维护数据库；数据通信。

(5) 输出设备。信息输出是把数据经过计算机处理后得到的信息以文件、表格或图形方式输出，供管理者及时、准确地掌握这些信息，制定正确的决策。组成系统的每一部分都影响着条形码应用系统的质量。

2. 条形码应用系统运作流程

条形码应用系统运作流程如图 2－8 所示。

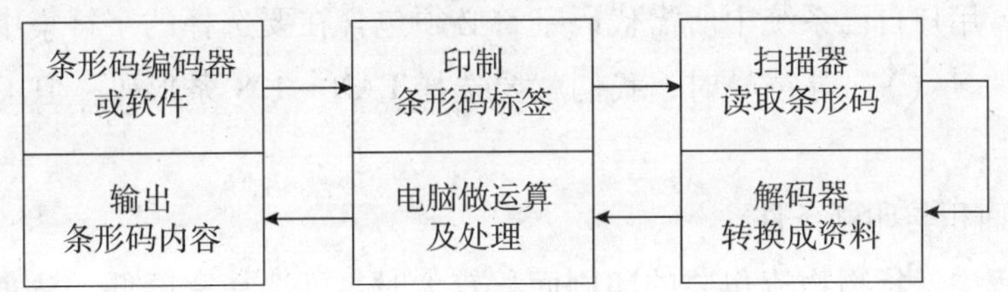

图 2－8　条形码应用系统运作流程

根据上述流程，条形码系统主要由下列元素构成：

(1) 条形码编码方式。依不同需求选择适当的条形码编码标准，如使用最普遍的 EAN、UPC，或地域性的 CAN、JAN 等，一般以最容易与交易伙伴流通的编码方式为最佳。

（2）条形码打印机。有专门用来打印条形码标签的打印机，一般常用的打印机也可以打印条形码，其中以激光打印机的品质最好。

（3）条形码识读器（Barcode Reader 或 Scanner）。用于扫描条形码，读取条形码所代表字符、数值及符号的周边的设备为条形码识读器。

（4）编码器及解码器。编码器（Encoder）及解码器（Decoder）是介于资料与条形码间的转换工具。编码器（Barcode Encoder）可将资料编成条形码。而解码器（Decoder）原理是由传入的条形码扫描信号分析出黑、白线条的宽度，然后根据编码原则，将条形码资料解读出来，再经过电子元件的转换后，转成电脑所能接受的数位信号。

（二）码制的选择

用户在设计自己的条形码应用系统时，码制的选择是一项十分重要的内容。选择合适的码制会使条形码应用系统充分发挥其快速、准确、成本低等优势，选择的码制不适合会使自己的条形码应用系统丧失其优点，有时甚至导致相反的结果。影响码制选择的因素很多，如识读设备的精度、识读范围、印刷条件及条形码字集中包含字符的个数等。在物流条形码应用系统中选择码制时通常遵循以下原则。

1. 使用国家标准的码制

选择码制时必须优先从国家（或国际）标准中选择。例如，通用商品条形码（EAN 条形码），它是一种在全球范围完全通用的条形码，所以我们在自己的商品上印制条形码时，不得选用 EAN/UPC 码制以外的条形码，否则无法在流通中通用。物流应用系统条形码选择一般采用 EAN · UCC 系统 128 条形码或是交叉 25 条形码。

2. 条形码字符集

条形码字符集的大小是衡量一种码制优劣的重要标志。每一种码制都有特定的条形码字符集，用户自己系统中所需代码字符必须包含在要选择的字符集中。比如货物代码中出现“＊（）”等符号时，我们就要选择 EAN－128 条形码，但不能选择交叉 25 条形码。

3. 印刷面积与印刷条件

物流过程中，货物物流包装的印刷面积较大时，可选择密度低、易实现印刷精确的码制。反之，若印刷条件允许，可选择密度较高的条形码。当印刷条件较好时，可选择高密度条形码，反之，则选择低密度条形码。

4. 识读设备

不同的识读设备可以阅读的码制也不尽相同，选择码制的时候要考虑到条形码符号与识读器的匹配问题。

5. 尽量选择常用码制

即使用户所涉及的条形码应用系统是封闭系统，考虑到设备的兼容性和将来系统的延拓，最好还是选择常用码制。当然，对于一些保密系统，用户可选择自己设计的码制。

需要指出的是，任何一个条形码系统，在选择码制时，都不能顾此失彼，需根据以上原则综合考虑，择优选择，以达到最好的效果。

（三）识读设备选择

1. 条形码识读器种类

条形码识读设备由条形码扫描和译码两部分组成，现在绝大多数的条形码识读器都将扫描器和译码器集成为一体。人们根据不同的用途和需要设计了各种类型的扫描器。商业条形码扫描器常用的主要有 CCD 扫描器、激光手持式扫描器、卡槽式扫描器和全角度激光扫描器。

（1）激光扫描器。激光手持式扫描器是利用激光二极管作为光源的单线式扫描器。商业企业在选择激光扫描器时，最重要的是注意扫描速度和分辨率。优秀的手持激光扫描器应当是高扫描速度，固定景深范围内很高的分辨率。激光扫描器，如图 2－9 所示。

（2）CCD 扫描器。CCD 扫描器是利用光电耦合原理，对条形码印刷图案进行成像，然后再译码。它的优势是：无转轴，无马达，使用寿命长，价格便宜。CCD 扫描器，如图 2－10 所示。

图 2－9　激光扫描器

图 2－10　CCD 扫描器

（3）卡槽式扫描器。卡槽式扫描器是一种将带有条形码符号的卡片在卡槽中通过即可实现读取的扫描器，如图 2－11 所示。

（4）全角度激光扫描器。全角度激光扫描器是通过光学系统使激光二极管发出的

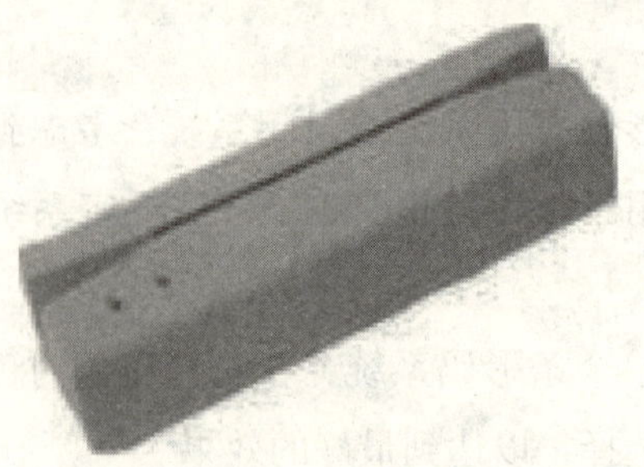

图 2－11　卡槽式扫描器

激光折射，或发出多条扫描线的条形码扫描器，如图 2－12 所示。其主要目的是减轻收款人员录入条形码数据时对准条形码的劳动量，选择时应着重注意其扫描线的分布。

图 2－12　全角度激光扫描器

2. 条形码识读器选择

一般来讲，开发条形码应用系统时，选择条形码识读器可以从如下几个方面来考虑。

（1）适用范围。条形码技术应用在不同的场合，应选择不同的条形码识读器。开发条形码仓储管理系统时，工作内容往往需要在仓库内清点货物，相应要求条形码识读器能方便携带，并能把清点的信息储存下来，而不局限于在计算机前使用。因此，选用便携式条形码识读器较为合适。这种识读器可随时将采集到的信息，供计算机分析处理。在生产线上使用条形码采集信息时，一般需要在生产线的某些固定位置安装条形码识读器，而且生产线上的零部件应与条形码识读器保持一定距离。在这种场合，选择非接触固定式条形码识读器比较合适，如激光枪式。在会议管理系统和企业考勤系统中，可选用卡槽式条形码识读器，需要签到登记的人员将印有条形码的证件刷过识读器卡槽，识读器便自动扫描并给出阅读成功信号，从而实现实时自动签到。当然，对于一些专用场合，还可以开发专用条形码识读器装置以满足需要。

（2）译码范围。译码范围是选择条形码识读器的又一个重要指标。目前，各家生产的条形码识读器的译码范围有很大差别，有些识读器可识别几种码制，而有些识读器可识别十几种码制。正如第一部分介绍的那样，开发某一种条形码应用系统应选择对应的码制。同时，在为该系统配置条形码识读器时，要求识读器具有正确识读码制符号的功能。在物资流通领域中，往往采用 UPC/EAN 码。在血员、血库管理系统中，医生工作证、献血证、血袋标签及化验试管标签上都贴有条形码，工作证和血袋标签上可选用库德巴码或 39 条形码，而化验试管由于直径小，应选用高密度的条形码，如交叉 25 条形码。这样的管理系统配置识读器时，要求识读器既能阅读库德巴码或 39 条形码，也能阅读交叉 25 条形码。在邮电系统内，我国目前使用的是交叉 25 条形码，选择识读器时，应保证识读器能正确阅读码制的符号。一般来说，作为商品出售的条形码识读器都有一个阅读几种码制的指标，选择时应注意是否能满足要求。

（3）接口能力。识读器的接口能力是评价识读器功能的一个重要指标，也是选择识读器时重点考虑的内容。目前，条形码技术的应用领域很多，计算机的种类也很多。开发应用系统时，一般是先确定硬件系统环境，而后选择适合该环境的条形码识读器。这就要求所选识读器的接口方式符合该环境的整体要求。通用条形码识读器的接口方式有如下两种：串行通信；键盘仿真。

（4）对首读率的要求。首读率是条形码识读器的一个综合性指标，它与条形码符号印刷质量、译码器的设计和光电扫描器的性能均有一定关系。在某些应用领域可采用手持式条形码识读器由人来控制对条形码符号的重复扫描，这时对首读率的要求不太严格，它只是工作效率的量度。而在工业生产、自动化仓库等应用中，则要求有更高的首读率。条形码符号载体在自动生产线或传送带上移动，并且只有一次采集数据的机会，如果首读率不能达到百分之百，将会发生丢失数据的现象，造成严重后果。因此，在这些应用领域中要选择高首读率的条形码识读器，如 CCD 扫描器等。

（5）条形码符号长度的影响。条形码符号长度是选择识读器时应考虑的一个因素。有些光电扫描器由于制造技术的影响，规定了最大扫描尺寸，如 CCD 扫描器、移动光束扫描器等均有此限制。有些应用系统中，条形码符号的长度是随机变化的，如图书的索引号、商品包装上条形码符号长度等。因此，在变长度的应用领域中，选择识读器时应注意条形码符号长度的影响。

（6）识读器的价格。选择识读器时，其价格也是关心的一个问题。识读器由于其功能不同，价格也不一致，因此在选择识读器时，要注意产品的性能价格比，应以满足应用系统要求且价格较低作为选择原则。

（7）特殊功能。有些应用系统由于使用场合的特殊性，对条形码识读器的功能有特殊要求。如会议管理系统，会议代表需从几个入口处进入会场，签到时，不可能在每个入口处放一台计算机，这时就需要将几台识读器连接到一台计算机上，使每个入口处识读器采集到的信息送给同一台计算机，因而要求识读器具有联网功能，以保证计算机准确接收信息并及时处理。当应用系统对条形码识读器有特殊要求时，应进行特殊选择。

任务处理

1. 选择条形码制作软件

选择一款条形码制作软件进行安装，可选择常用的 Bartender 7. 75 软件进行安装，也可选择网络在线条形码制作软件，我们这里选择 Label mx 通用条形码标签软件，按照安装说明进行正确安装。

2. 设计一维条形码

设计一个商品条形码（6921734900180），可按如下步骤进行操作：

（1）新建标签，单击工具栏左上角的新建按钮，或是点击左上角标签，选择“新建”，得到如图 2－13 所示界面。

图 2－13　软件界面

（2）选择“确定”，在下图左边菜单选择一维条形码，如图 2－14 所示。

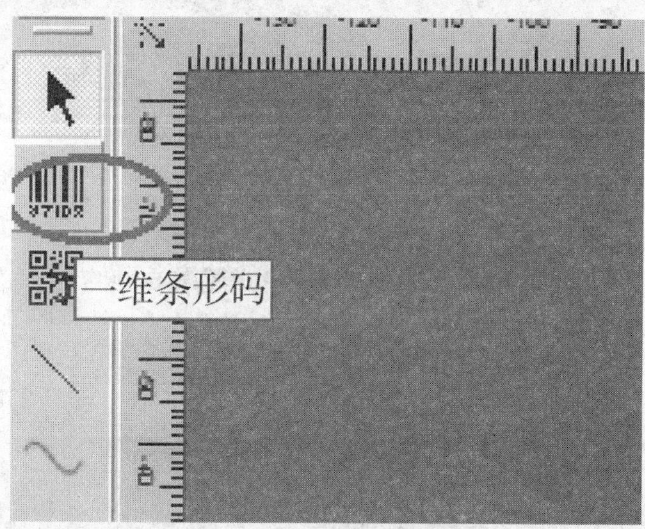

图 2－14 一维条形码设计

（3）点击中间空白处，得到如图 2－15 所示的条形码。

图 2－15 条形码标签

（4）在左侧属性栏可以选择条形码类型，写入条形码字符，如图 2－16 所示。

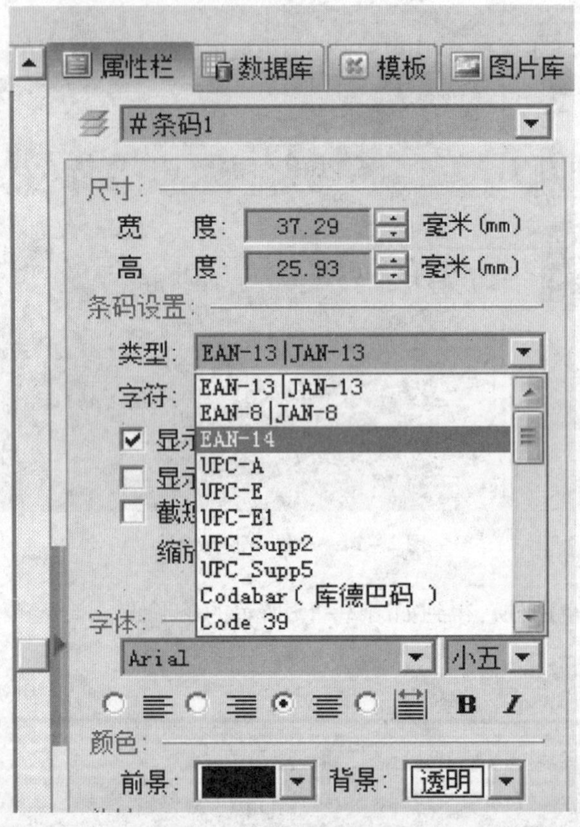

图 2－16 选择所需条形码类型

（5）在字符栏写入 6921734900180，就得到如图 2－17 所示条形码。

图 2－17 一维条形码标签设计完成

3. 扫描器的安装

一维条形码可用扫描器进行扫描，扫描器的安装和使用步骤如下。

我们以 USB 接口的 Symbol LS 2106 型扫描器为例，如图 2－18 所示。

（1）将接口电缆方形连接器插入扫描器柄底部的电缆接口端口，如图 2－19 所示。

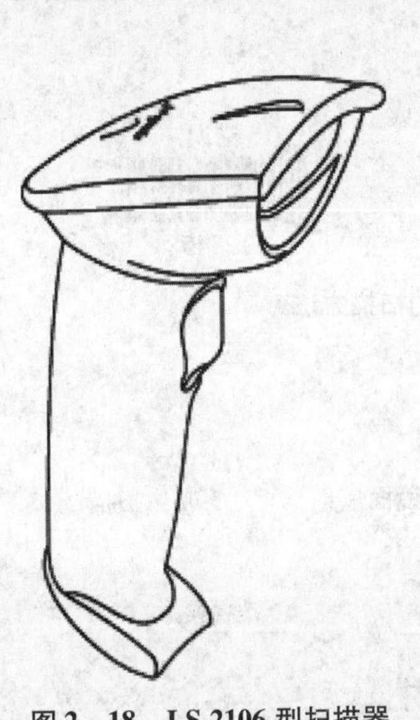

图 2-18　LS 2106 型扫描器

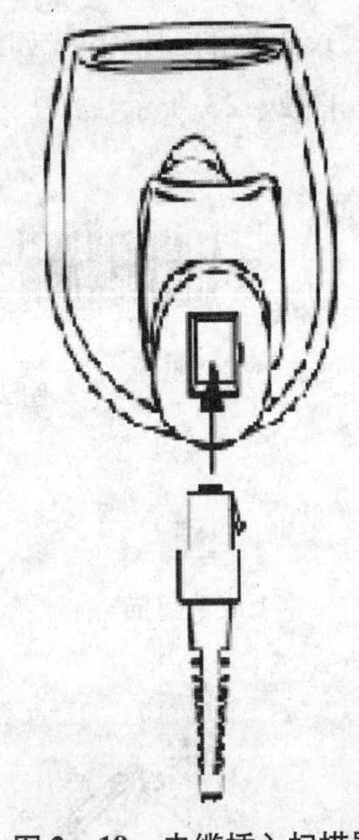

图 2-19　电缆插入扫描器

（2）将接口的另一端插入计算机的 USB 接口（见图 2-20），安装好后，可按下条形码扫描器触发开关，观察扫描器窗口的灯是否正常亮。如果接的不是计算机而是收银机，连接方式如图 2-21 所示。

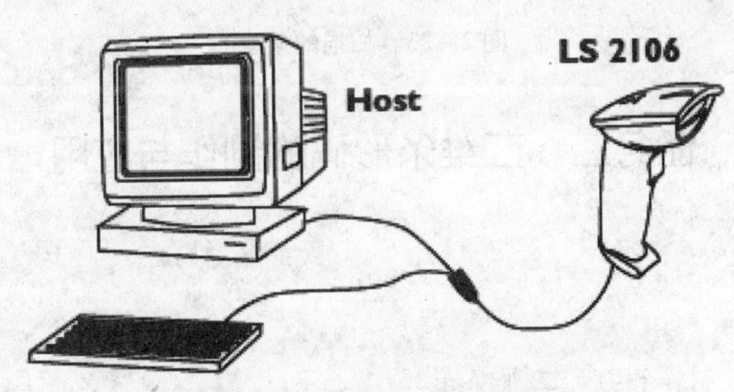

图 2-20　扫描器接入计算机

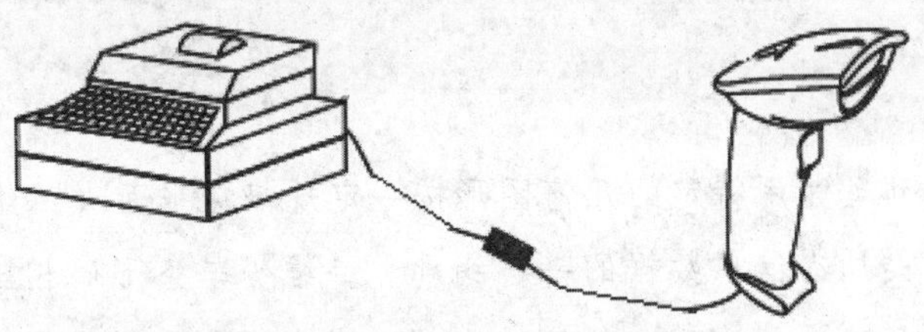

图 2-21　扫描器接入收银机

（3）安装成功后，扫描器会发出蜂鸣声且发光管发出绿光。打开记事本，将扫描器对准条形码，正确的扫描方法如图 2－22 所示，确保扫描线扫过符号的所有条和空。扫描的角度如图 2－23 所示。

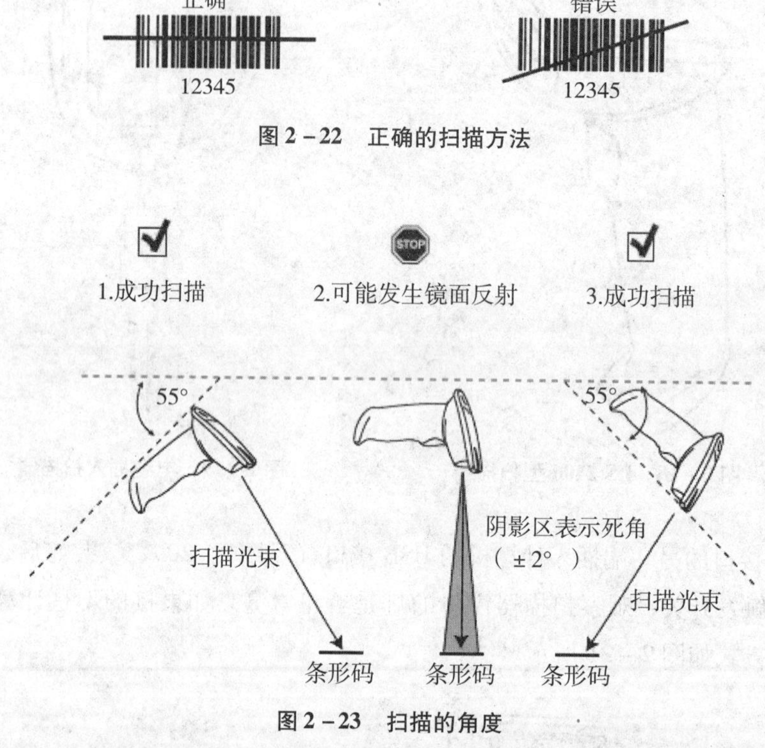

图 2－22　正确的扫描方法

图 2－23　扫描的角度

任务二　二维条形码的制作与应用

任务目标

- 能够设计、制作和打印二维条形码
- 能够使用条形码扫描系统对条形码进行扫描和识别

任务示例

背景材料：二维码是用特定的几何图形按一定规律在平面（二维方向）上分布的黑白相间的图形，是所有信息数据的一把钥匙。二维码与条形码相比具有包含更多的信息量；编码范围广；译码准确；保密性更好；成本低、易制作等优点。在现代商业活动中，应用范围十分广泛，如产品防伪/溯源、广告推送、网站链接、数据下载、商品交易、定位/导航、电子凭证、车辆管理、信息传递、名片交流、WiFi 共享等。

任务描述： 按照要求设计、制作和打印出二维条形码，并能够使用条形码扫描系统对条形码进行扫描和识别。

任务分析

要完成此任务，也可选用 Label mx 通用条形码标签软件。

相关知识

一、二维条形码

（一）二维条形码的产生

二维条形码技术是在一维条形码无法满足实际应用需求的前提下产生的。一维条形码通常是对物品的标识，二维条形码是对物品的描述。信息量容量大、安全性高、读取率高、错误纠正能力强等特性是二维条形码的主要特点。

（二）二维条形码的分类

1. 行排式二维条形码

行排式二维条形码（又称堆积式二维条形码或层排式二维条形码），其编码原理是建立在一维条形码基础之上，按需要堆积成两行或多行。它在编码设计、校验原理、识读方式等方面继承了一维条形码的一些特点，识读设备与条形码印刷和一维条形码技术兼容。具有代表性的行排式二维条形码是 PDF417 条形码，如图 2－24 所示。

图 2－24　PDF417 条形码

2. 矩阵式二维条形码

矩阵式二维条形码（又称棋盘式二维条形码），是在一个矩形空间通过黑、白像素在矩阵中的不同分布进行编码。在矩阵相应元素位置上，用点（方点、圆点或其他形状）的出现表示二进制“1”，点的不出现表示二进制“0”，点的排列组合确定了矩阵式二维条形码所代表的意义。矩阵式二维条形码是建立在计算机图像处理技术、组合编码原理等基础上的一种新型图形符号自动识读处理码制。具有代表性的矩阵式二维条形码有：QR Code（见图2－25）、Data Matrix、MaxiCode、龙贝码等。

图2－25 QR条形码

（三）二维条形码的应用

1. 二维条形码在证件上的应用

证件采用二维条形码可以实现数据的自动采集；提高证件的防伪能力；成本低，符合身份证、驾驶证、暂住证等证件的成本要求；具有自动纠错能力，使用寿命长；不需要和数据库连接就可获得所需数据。二维条形码在证件上的应用示例如图2－26所示。

注意事项

一、持证人必须随时携带此卡备查

二、有效期满继续暂住，主动到管辖所登记办卡

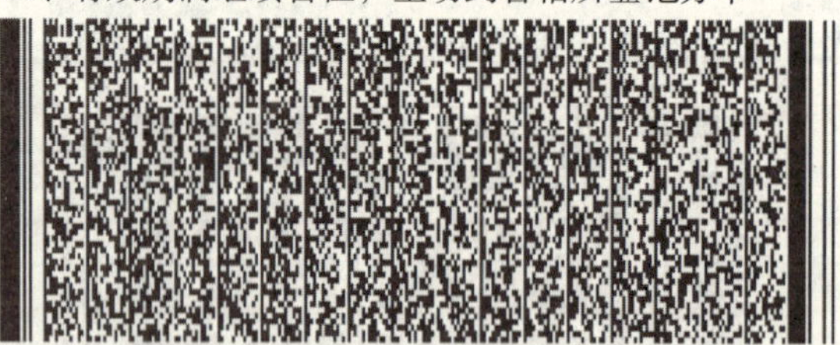

管辖派出所：北坝派出所　　发证单位：三台县公安局

图2－26 二维条形码在证件上的应用示例

2. 二维条形码在数据表单中的应用

数据表单中使用二维条形码可以解决以下问题：数据的重复录入需要花费大量的时间；多次录入数据增加了数据的出错率；报表的防伪能力差；如采用磁盘传递，可能感染计算机病毒，导致系统甚至整个网络的瘫痪。二维条形码在墨西哥海关报关单的应用，如图2－27所示。

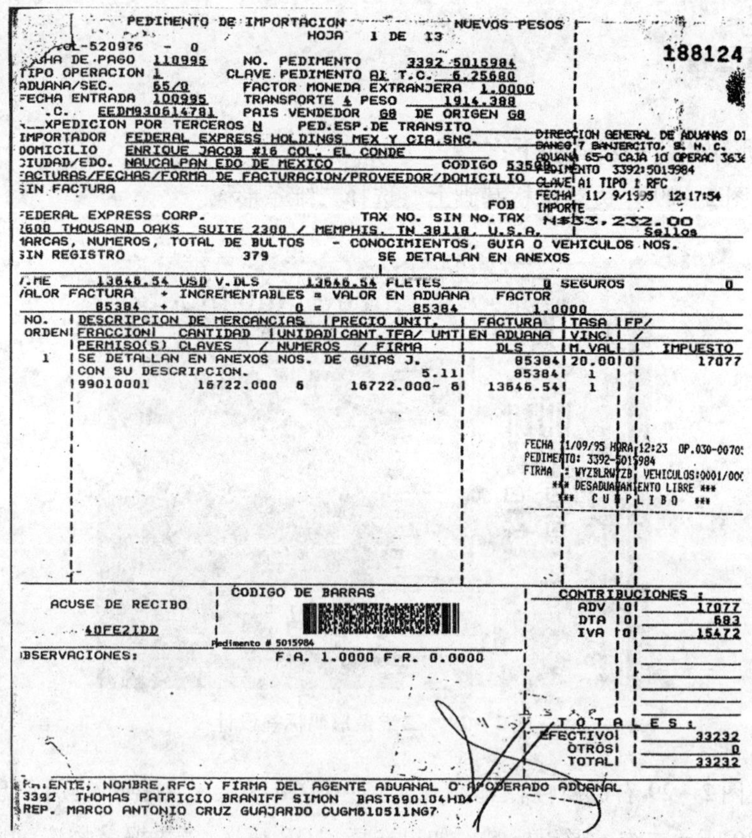

PEDIMENTO DE IMPORTACION NUEVOS PESOS
HOJA 1 DE 13
188124
L-520976 - 0
HA DE PAGO 110995 NO. PEDIMENTO 3392 5015984
TIPO OPERACION 1 CLAVE PEDIMENTO A1 T.C. 6.25680
ADUANA/SEC. 65/0 FACTOR MONEDA EXTRANJERA 1.0000
FECHA ENTRADA 100995 TRANSPORTE 4 PESO 1914.388
.C. EEDM930614781 PAIS VENDEDOR G8 DE ORIGEN G8
XPEDICION POR TERCEROS N PED.ESP.DE TRANSITO
IMPORTADOR FEDERAL EXPRESS HOLDINGS MEX Y CIA.SNC.
DOMICILIO ENRIQUE JACOB #16 COL. EL CONDE
CIUDAD/EDO. NAUCALPAN EDO DE MEXICO CODIGO 53500
FACTURAS/FECHAS/FORMA DE FACTURACION/PROVEEDOR/DOMICILIO
SIN FACTURA
FOB
FEDERAL EXPRESS CORP. TAX NO. SIN No.TAX
2600 THOUSAND OAKS SUITE 2300 / MEMPHIS, TN 38118, U.S.A.

DIRECCION GENERAL DE ADUANAS DI
BANCO 7 BANJERCITO, S. N. C.
ADUANA 65-0 CAJA 10 OPERAC 363
PEDIMENTO 3392:5015984
CLAVE A1 TIPO I RFC
FECHA 11/ 9/1995 12:17:54
IMPORTE
N$33,232.00
Sellos

MARCAS, NUMEROS, TOTAL DE BULTOS - CONOCIMIENTOS, GUIA O VEHICULOS NOS.
SIN REGISTRO 379 SE DETALLAN EN ANEXOS

V.ME 13646.54 USD V.DLS 13646.54 FLETES 0 SEGUROS 0
VALOR FACTURA + INCREMENTABLES = VALOR EN ADUANA FACTOR
85384 + 0 = 85384 1.0000

NO. ORDEN	DESCRIPCION DE MERCANCIAS / FRACCION / CANTIDAD / UNIDAD / PERMISO(S) CLAVES / NUMEROS	PRECIO UNIT. / CANT.TFA/ UMT / FIRMA	FACTURA EN ADUANA DLS	TASA VINC. M.VAL	FP/ /	IMPUESTO
1	SE DETALLAN EN ANEXOS NOS. DE GUIAS J.		85384	20.00	0	17077
	CON SU DESCRIPCION.	5.11	85384	1		
	99010001 16722.000 6	16722.000- 6	13646.54	1		

FECHA 11/09/95 HORA 12:23 OP.030-0070
PEDIMENTO: 3392-5015984
FIRMA : WYZBLRWYZB VEHICULOS:0001/000
*** DESADUANAMIENTO LIBRE ***
*** CUMPLIDO ***

ACUSE DE RECIBO
40FE2IDD
CODIGO DE BARRAS
Pedimento # 5015984
OBSERVACIONES: F.A. 1.0000 F.R. 0.0000

CONTRIBUCIONES :
ADV 0 17077
DTA 0 683
IVA 0 15472
TOTALES:
EFECTIVO 33232
OTROS 0
TOTAL 33232

PATENTE, NOMBRE, RFC Y FIRMA DEL AGENTE ADUANAL O APODERADO ADUANAL
3392 THOMAS PATRICIO BRANIFF SIMON BAST690104HD
REP. MARCO ANTONIO CRUZ GUAJARDO CUGM610511NG7

图 2－27　二维条形码在墨西哥海关报关单的应用

3. 二维条形码在物流快递中的应用

在包裹或快递单中使用二维条形码可以实现包裹或快件的全程追踪；不再需要手工重复录入数据；不需要和数据库连接就可随时获取客户的详细信息；带来高品质服务。二维条形码在西班牙 VASPEX 包裹详情单的应用，如图 2－28 所示。

图 2－28　二维条形码在西班牙 VASPEX 包裹详情单的应用

任务处理

二维条形码设计的步骤如下：

（1）在图 2－29 左边菜单栏基础上，选择二维条形码。

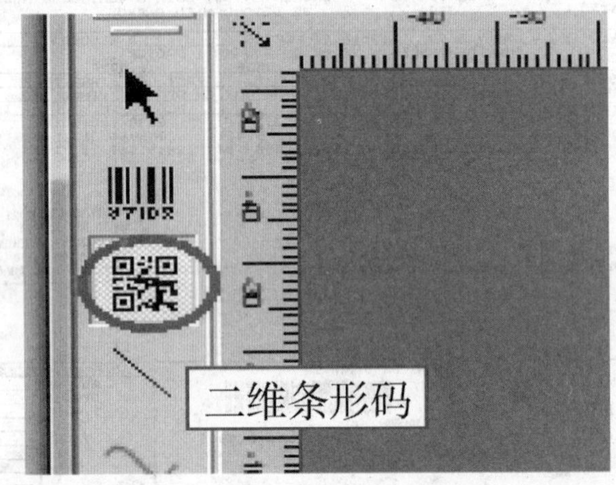

图 2－29　二维条形码标签设计

（2）在图 2－29 右边属性栏选择“类型：PDF417”、“数据：物流信息技术”，得到如图 2－30 所示二维条形码标签；如果选择“QR 码”、“数据：物流信息技术”，得到如图 2－31 所示二维条形码标签。

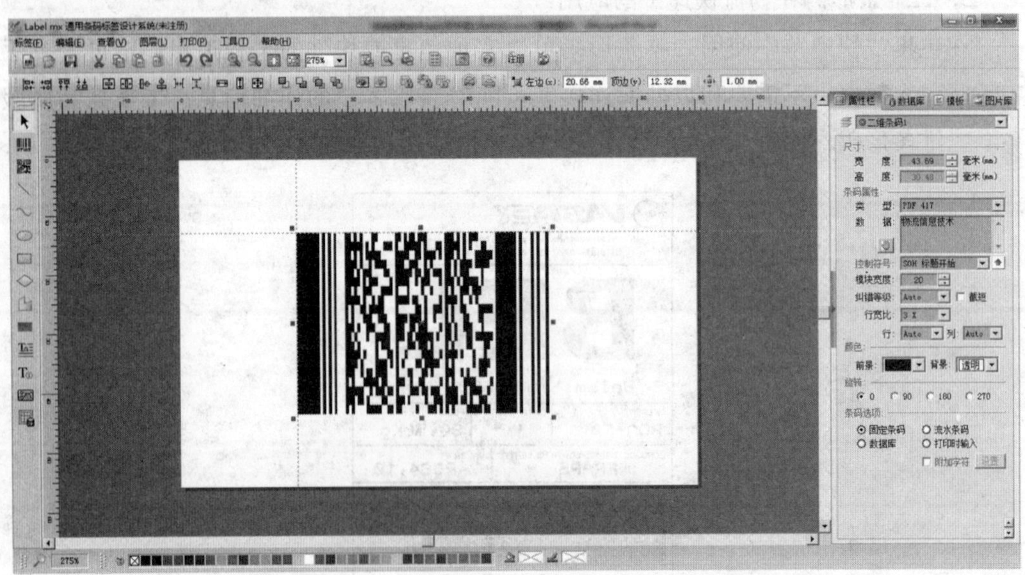

图 2－30　二维条形码标签内容设计（PDF417）

图 2－31　二维条形码标签内容设计（QR）

一维条形码和二维条形码均可用装了二维码扫描软件的智能手机进行扫描，也可用微信软件中的“扫一扫”功能直接扫描一维码和二维码进行识读。

任务三　RFID 技术应用

任务目标

- 了解 RFID 的概念、分类、特点、结构等知识
- 掌握 RFID 和条形码使用方面的区别，明确它们各自具有的优势
- 通过调研了解 RFID 目前的发展状况及未来的发展趋势

任务示例

背景材料： 某物流公司在采购条形码识读设备时，卖方为其介绍了一些射频识读设备。公司认为射频识别技术非常具有发展前景，将来会广泛应用于物流领域。

任务描述： 物流信息人员深入研究一下射频技术，结合本公司的实际分析是否具有必要性和可行性。

任务分析

分析射频技术的识读原理和设备组成；结合该物流公司的具体业务分析射频技术

的应用领域；调研使用 RFID 设备的成本投入。

相关知识

一、射频识别技术基础知识

（一）射频识别技术含义

RFID 射频识别是一种非接触式的自动识别技术，它通过射频信号自动识别目标对象并获取相关数据，识别工作无须人工干预，可工作于各种恶劣环境。RFID 技术可识别高速运动物体并可同时识别多个标签，操作快捷方便。

（二）射频识别技术的特点和应用领域

射频识别技术的特点：具有可非接触识别（识读距离可以从十厘米至几十米），可识别高速运动物体、抗恶劣环境、保密性强，可同时识别多个对象等。

RFID 应用的领域非常广泛，除了物流管理、医疗领域、货物和危险品的监控追踪管理、民航的行李托运及路桥的不停车收费等方面，图书馆、洗衣房和各种票务机构、邮政包裹识别、行李识别、动物身份标识、电子门票、RFID 门禁控制识别、企事业单位员工识别等各行各业的发展都将离不开 RFID 技术。

射频识别技术与其他自动识别技术的比较如表 2－3 所示。

表 2－3　射频识别技术与其他自动识别技术的比较

比较项目＼自动识别技术	条形码	光字符	磁卡	IC 卡	射频识别
信息载体	纸或物质表面	物质表面	磁条	存储器	存储器
信息量	小	小	较小	大	大
读写性	只读	只读	读/写	读/写	读/写
读取方式	光电扫描转换	光电转换	磁电转换	电路接口	无线通信
人工识读性	受制约	简单容易	不可能	不可能	不可能
保密性	无	无	一般	最好	最好
智能化	无	无	无	有	有
受污染/潮湿影响	很严重	很严重	可能	可能	没有影响
光遮盖	全部失效	全部失效			没有影响

续　表

比较项目＼自动识别技术	条形码	光字符	磁卡	IC 卡	射频识别
受方向和位置影响	很小	很小		单向	没有影响
识读速度	低（约4s）	低（约3s）		低（约4s）	很快（约0.5s）
识读距离	近	很近	接触	接触	远
使用寿命	较短	较短	短	长	最长
国际标准	有	无	有	不全	制定中
价格	最低		低	较高	较高

（三）RFID 组成

RFID 的基本组成部分有标签、阅读器和天线。

1. RFID 标签

RFID 标签俗称电子标签，也称应答器（Tag），如图 2－32 所示。根据工作方式可分为主动式（有源）和被动式（无源）两大类，目前在物流中应用较多的是被动式标签。被动式 RFID 标签由标签芯片和标签天线或线圈组成，利用电感耦合或电磁反向散射耦合原理实现与读写器之间的通信。RFID 标签中存储一个唯一编码，通常为 64bits、96bits 甚至更高，其地址空间大大高于条形码所能提供的空间，因此可以实现单品级的物品编码。

图 2－32　射频标签

2. 读写器

读写器也称阅读器、询问器（Reader），如图 2－33 所示，是对 RFID 标签进行读/写操作的设备，通常由耦合模块、收发模块、控制模块和接口单元组成。读写器是 RFID 系统中最重要的基础设施，一方面，RFID 标签返回的微弱电磁信号通过天线进入读写器的射频模块中转换为数字信号，再经过读写器的数字信号处理单元对其进行必要的加工整形，最后从中解调出返回的信息，完成对 RFID 标签的识别或读/写操作；另一方面，上层中间件及应用软件与读写器进行交互，实现操作指令的执行和数据汇总上传。未来的读写器呈现出智能化、小型化和集成化趋势，还将具备更加强大的前端控制功能。在物联网中，读写器将成为同时具有通信、控制和计算（Communication，Control，Computing）功能的核心设备。

图 2－33　读写器

3. 天线

天线（Antenna）是 RFID 标签和读写器之间实现射频信号空间传播和建立无线通信连接的设备，如图 2－34 所示。RFID 系统中包括两类天线，一类是 RFID 标签上的天线，另一类是读写器天线，既可以内置于读写器中，也可以通过同轴电缆与读写器的射频输出端口相连。目前的天线产品多采用收发分离技术来实现发射和接收功能的集成。

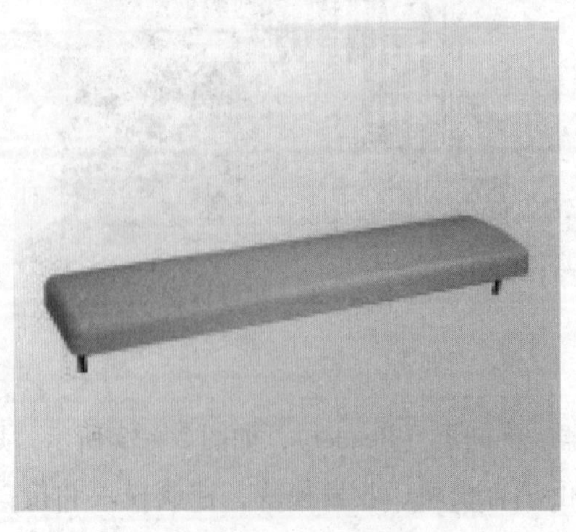

图 2－34　天线

（四）RFID 技术的工作原理

RFID 技术的基本工作原理并不复杂：标签进入磁场后，接收读写器发出射频信号，凭借感应电流所获得的能量发送出存储在芯片中的产品信息（Passive Tag，无源标签或被动标签），或者主动发送某一频率的信号（Active Tag，有源标签或主动标签）；解读器读取信息并解码后，送至中央信息系统进行有关数据处理。

从电子标签到读写器之间的通信和能量感应方式来看，RFID 系统一般可以分为电感耦合（磁耦合）系统和电磁反向散射耦合（电磁场耦合）系统。电感耦合系统是通过空间高频交变磁场实现耦合，依据的是电磁感应定律；电磁反向散射耦合，即雷达原理模型，发射出去的电磁波碰到目标后反射，同时携带回目标信息，依据的是电磁波的空间传播规律。

电感耦合方式一般适合于中、低频率工作的近距离 RFID 系统；电磁反向散射耦合方式一般适合于高频、微波工作频率的远距离 RFID 系统。

二、射频识别技术标准体系

（一）RFID 标准概述

由于 RFID 的应用牵涉众多行业，因此其相关的标准非常复杂。从类别看，RFID 标准可以分为以下四类：技术标准（如 RFID 技术、IC 卡标准等）；数据内容与编码标准（如编码格式、语法标准等）；性能与一致性标准（如测试规范等）；应用标准（如船运标签、产品包装标准等）。具体来讲，RFID 相关的标准涉及电气特性、通信频率、数据格式和元数据、通信协议、安全、测试、应用等方面。

与 RFID 技术和应用相关的国际标准化机构主要有：国际标准化组织（ISO）、国际电工委员会（IEC）、国际电信联盟（ITU）、世界邮联（UPU）。此外，还有其他的区域性标准化机构（如 EPC Global、UID Center、CEN）、国家标准化机构（如 BSI、ANSI、DIN）和产业联盟（如 ATA、AIAG、EIA）等也制定了与 RFID 相关的区域、国家、产业联盟标准，并通过不同的渠道提升为国际标准。

总体来看，目前 RFID 存在三个主要的技术标准体系：总部设在美国麻省理工学院（MIT）的自动识别中心（Auto - ID Center）、日本的泛在 ID 中心（Ubiquitous ID Center，UID）和 ISO 标准体系。注：“泛在”是无所不在的意思，或称普适。

（二）主要技术标准体系

1. EPC Global

EPC Global 是由美国统一代码协会（UCC）和国际物品编码协会（EAN）于 2003

年9月共同成立的非营利性组织，其前身是1999年10月1日在美国麻省理工学院成立的非营利性组织Auto－ID中心。Auto－ID中心以创建物联网为使命，与众多成员企业共同制定一个统一的开放的技术标准。旗下有沃尔玛集团、英国Tesco等100多家欧美零售流通企业，同时有IBM、微软、飞利浦、Auto－ID Lab等公司提供技术研究支持。目前，EPC Global已在加拿大、日本、中国等国建立了分支机构，专门负责EPC码段在这些国家的分配与管理、EPC相关技术标准的制订、EPC相关技术在本国的宣传普及以及推广应用等工作。

EPC Global物联网体系架构由EPC编码、EPC标签及读写器、EPC中间件、ONS服务器和EPCIS服务器等部分构成。EPC赋予物品唯一的电子编码，其位长通常为64 bit或96 bit，也可扩展为256 bit。对不同的应用规定有不同的编码格式，主要存放企业代码、商品代码和序列号。最新的Gen2标准的EPC编码可兼容多种编码。

2. Ubiquitous ID

日本在电子标签方面的发展，始于20世纪80年代中期的实时嵌入式系统TRON，T－Engine是其中核心的体系架构。在T－Engine论坛领导下，泛在ID中心于2003年3月成立，并得到日本政府经产和总务省以及大企业的支持，目前包括微软、索尼、三菱、日立、日电、东芝、夏普、富士通、NTT DoCoMo、KDDI、J－Phone、伊藤忠、大日本印刷、凸版印刷、理光等重量级企业。

泛在ID中心的泛在识别技术体系架构由泛在识别码（uCode）、信息系统服务器、泛在通信器和uCode解析服务器四部分构成。

uCode采用128 bit记录信息，提供了340×1036编码空间，并可以以128 bit为单元进一步扩展至256 bit、384 bit或512 bit。uCode能包容现有编码体系的元编码设计，以兼容多种编码，包括JAN、UPC、ISBN、IPv6地址，甚至电话号码。uCode具有多种形式，包括条形码、射频标签、智能卡、有源芯片等。泛在ID中心把标签进行分类，设立了9个级别的不同认证标准。

信息系统服务器存储并提供与uCode相关的各种信息。

泛在通信器主要由IC标签、标签读写器和无线广域通信设备等部分构成，用来把读到的uCode送至uCode解析服务器，并从信息系统服务器获得有关信息。

uCode解析服务器确定与uCode相关的信息存放在哪个信息系统服务器上。uCode解析服务器的通信协议为uCodeRP和eTP，其中eTP是基于eTron（PKI）的密码认证通信协议。

3. ISO标准体系

国际标准化组织（ISO）以及其他国际标准化机构，如国际电工委员会（IEC）、国际电信联盟（ITU）等是RFID国际标准的主要制定机构。大部分RFID标准都是ISO

（或与 IEC 联合组成）的技术委员会（TC）或分技术委员会（SC）制定的。

（三）RFID 频率标准

就 RFID 的频率特性来看，RFID 系统可以简单地分为：低频（0～300kHz）、高频（3MHz～30MHz）和超高频（300MHz～960 MHz）以及微波系统（2.45GHz～1000GHz）。

低频系统一般工作在 100kHz～500kHz，常见的工作频率有 125kHz、134.2kHz；高频系统工作在 10MHz～15MHz，常见的高频工作频率为 13.56MHz；超高频工作频率为 433MHz～960MHz，常见的工作频率为 433MHz、869.5MHz、915.3MHz；有些射频识别系统工作在 5.8GHz 的微波段。

在低频段，常见的应用是航空与航海导航系统、定时信号系统以及军事上的应用。此外，在普通门禁上，低频系统也得到了非常广泛的应用。高频应用范围为新闻广播、电信服务、电感射频识别、遥控系统、远距离控制模拟系统、无线电演示设备以及传呼台等，目前国内较大型的应用为二代身份证的应用和学生火车优待证的应用。超高频 RFID 产品被推荐应用在供应链管理上。但是，超高频技术对于金属等可导媒介完全不能穿透。实践证明，由于高湿物品、金属物品对超高频无线电波的吸收与反射特性，超高频 RFID 产品对于此类物品的跟踪与识读是完全失败的。微波主要应用于射频识别、遥测发射器与计算机的无线网络。采用双频技术的射频识别系统同时具有低频和高频系统各自的优点，能够广泛地运用在动物识别，导体材料干扰的环境及潮湿的环境等，诸如托盘、集装箱、水果箱、食品罐头等物流供应链场合、动物识别、人员门禁、运动计时等。

任务处理

1. 以小组为单位，查阅和学习 RFID 的相关理论知识。

2. 项目小组采取网络和实地相结合的方式围绕 RFID 展开调查，并写出调查报告，调查内容如下：

（1）RFID 目前的发展状况及未来的发展趋势；

（2）RFID 在物流领域中的应用状况和使用效果；

（3）使用 RFID 设备的成本投入。

检测与实训

一、简答题

1. 与其他自动识别技术相比较，条形码技术的优点体现在哪里？

2. 试述 EAN－13 码的编码规则。

3. 试述二维码的特点与应用。

4. 简述条形码的识读原理。

5. 一维条形码与二维条形码的区别有哪些?

6. 简述 RFID 系统的组成和工作过程。

二、实训

通过网络和实地调查，了解不同品牌、不同规格、型号扫描器的性能，选出 10 种常用的或有代表性的扫描器，写出其特点及应用领域。

项目三　物流信息存储技术与应用

项目导读

数据库作为目前各信息系统的基础，其地位显得越来越重要。数据库管理就是指对数据库的保护。数据库在运行过程中由数据库管理系统进行管理和监控，以保证整个数据库系统的正常运转。

知识目标

- 掌握数据库的定义、类型等基本概念
- 了解数据库建立、存储和查询等基本功能

能力目标

- 具有根据物流信息特性进行数据库设计和建立的能力
- 具有利用数据库进行物流信息存储、查询等能力

引导案例

Sybase 数据库在某连锁超市 POS 系统中的应用

连锁零售业为适应市场的变化，已从单纯的商品管理即被动管理商品转变为对顾客消费的分析，实现以每个门店超市为利润中心的目的。对于连锁超市来讲，商品信息和交易记录是必须进行存储的内容，但庞大的信息量会对企业的数据中心提出更高的挑战。某超级市场有限公司为更好适应业务发展的需要，开发了连锁商业信息前台 POS 管理系统。

该系统能够将总部基本商品信息资料和特价、改价信息实时传递到各个超市，统

一管理各超市销售；将促销产生的损失分摊，真正实现单品核算，管理上明细到单店和单人；总部实时接收各个超市销售档案，统筹分货及配送。该公司连锁商业信息前台POS管理系统每天数据处理量巨大，要求数据更新速度及时，所以对核心数据库技术要求非常严格。公司通过认真的市场调研，反复的考证之后，最终采用了Sybase Adaptive Server Anywhere Studio7.0作为信息系统的数据存储工具。

该系统采用以太网、Client/Server结构，适应多种主流机型；可以灵活地按需配置POS数量；可实时进行数据查询统计；不依赖服务器，出现故障时POS可独立工作。系统配置门店服务器可以采用普通主流PC，采用Windows系列操作系统。数据库采用Sybase Adaptive Server Anywhere数据库产品，具有对软硬件要求不高、维护方便等特点，可以选用多种业界主流的POS机品牌。

在数据库支持下，系统可以对服务端进行实时控制与统计，前台可以采取灵活的销售方式，支持手工与自动式数据输入，可以设置丰富多彩的组合促销模式，对单品销售价格精确核算，并且可以预定义多种付款方式。

在数据管理方面，提供强大的数据复制与容错和数据保存与灾难恢复机制。在数据复制与容错方面，POS建立本地数据库，手工或者自动向POS本地复制档案功能，销售数据即时自动复制到服务器，后台进程控制的数据复制无须用户操作，开机自动同步参数档案，POS自动同步服务器时间，自行判断网络、服务器在线情况，POS可脱离服务器独立工作，自行校验和整理本地数据库，流水日志记录所有操作，服务端保留13个月的销售数据，POS提供32个日结天数备份空间。在数据保存与灾难恢复方面，数据存放本地和服务器两个副本，数据以流水和明细两种格式冗余存放，为服务器致命故障提供完全恢复保障，自动维护网络故障和服务器故障，遇到硬件故障可以采取屏蔽策略，日结备份采用先进先出策略。

该系统基于Sybase强大的数据管理能力，能够有效地帮助企业对商品及消费者数据的管理与分析，实现了超市与总部之间信息共享，从而保障总部对下属各超市的控制管理。

案例思索

根据此案例说明什么是数据库，并简述数据库的作用是什么？

任务一　利用数据库存储物流信息

任务目标

- 根据物流信息特性设计数据库及数据表

- 根据物流信息特性填充数据

任务示例

背景材料：物流信息系统的建立，必须有数据库作为支撑。很多企业和部门需要使用物流信息系统进行业务管理，需要根据企业的规模与实际需求选择适合的数据库。

任务描述：为进一步提高效率，某物流公司的经理要求各部门将公司所有业务往来的单证全部输入计算机，建立客户业务数据库，便于今后更好地开展物流业务。

任务分析

掌握数据库的相关知识，会建立数据库。

相关知识

一、数据库的定义和特点

（一）数据库的定义

数据库（Database，DB）是按照数据结构来组织、存储和管理数据的仓库，它产生于距今50年前，随着信息技术和市场的发展，特别是20世纪90年代以后，数据管理不再仅仅是存储和管理数据，而转变成用户所需要的各种数据管理的方式。数据库有很多种类型，从最简单的存储有各种数据的表格到能够进行海量数据存储的大型数据库系统都在各个方面得到了广泛的应用。

（二）数据库的特点

1. 实现数据共享

数据共享包含所有用户可同时存取数据库中的数据，也包括用户可以用各种方式通过接口使用数据库，并提供数据共享。

2. 减少数据的冗余度

同文件系统相比，由于数据库实现了数据共享，从而避免了用户各自建立应用文件。减少了大量重复数据与数据冗余，维护了数据的一致性。

3. 数据的独立性

数据的独立性包括逻辑独立性（数据库中数据库的逻辑结构和应用程序相互独立）

和物理独立性（数据物理结构的变化不影响数据的逻辑结构）。

4. 数据实现集中控制

文件管理方式中，数据处于一种分散的状态，不同的用户或同一用户在不同处理中其文件之间毫无关系。利用数据库可对数据进行集中控制和管理，并通过数据模型表示各种数据的组织以及数据间的联系。

5. 数据一致性和可维护性，以确保数据的安全性和可靠性

主要包括：

（1）安全性控制：以防止数据丢失、错误更新和越权使用；

（2）完整性控制：保证数据的正确性、有效性和相容性；

（3）并发控制：在同一时间周期内，允许对数据实现多路存取，又能防止用户之间的不正常交互作用。

6. 故障恢复

由数据库管理系统提供一套方法，可及时发现故障和修复故障，从而防止数据被破坏。数据库系统能尽快恢复数据库系统运行时出现的故障，可能是物理上或是逻辑上的错误，比如对系统的误操作造成的数据错误等。

二、数据库管理系统

数据库管理系统（Database Management System，DBMS）是一种操纵和管理数据库的大型软件，用于建立、使用和维护数据库。它对数据库进行统一的管理和控制，以保证数据库的安全性和完整性。用户通过 DBMS 访问数据库中的数据，数据库管理员也通过 DBMS 进行数据库的维护工作。它可使多个应用程序和用户用不同的方法在同时或不同时刻去建立，修改和询问数据库。大部分 DBMS 提供数据定义语言 DDL（Data Definition Language）和数据操作语言 DML（Data Manipulation Language），供用户定义数据库的模式结构与权限约束，实现对数据的追加、删除等操作。

三、数据库技术

数据库技术是信息系统的一个核心技术，是一种计算机辅助管理数据的方法，主要研究如何组织和存储数据，如何高效地获取和处理数据。

四、常用数据库介绍

1. DB2

IBM 公司研制的一种关系型数据库系统。DB2 主要应用于大型应用系统，具有较好的可伸缩性，可支持从大型机到单用户环境，应用于 OS/2、Windows 等平台下。

DB2 提供了高层次的数据利用性、完整性、安全性、可恢复性，以及小规模到大规模应用程序的执行能力，具有与平台无关的基本功能和 SQL 命令。DB2 采用了数据分级技术，能够使大型机数据很方便地下载到 LAN 数据库服务器，使得客户机/服务器用户和基于 LAN 的应用程序可以访问大型机数据，并使数据库本地化及远程连接透明化。

2. Sybase

美国 Sybase 公司研制的一种关系型数据库系统，是一种典型的 UNIX 或 Windows NT 平台上客户机/服务器环境下的大型数据库系统。Sybase 提供了一套应用程序编程接口和库，可以与非 Sybase 数据源及服务器集成，允许在多个数据库之间复制数据，适于创建多层应用。系统具有完备的触发器、存储过程、规则以及完整性定义，支持优化查询，具有较好的数据安全性。Sybase 通常与 Sybase SQL Anywhere 用于客户机/服务器环境，前者作为服务器数据库，后者作为客户机数据库，采用该公司研制的 Power Builder 为开发工具，在我国大中型系统中具有广泛的应用。

3. ORACLE

ORACLE 数据库系统是美国 ORACLE 公司（甲骨文）提供的以分布式数据库为核心的一组软件产品，是目前最流行的客户/服务器（CLIENT/SERVER）或 B/S 体系结构的数据库之一。比如，Silver Stream 就是基于数据库的一种中间件。ORACLE 数据库是目前世界上使用最为广泛的数据库管理系统，作为一个通用的数据库系统，它具有完整的数据管理功能；作为一个关系数据库，它是一个完备关系的产品；作为分布式数据库，它实现了分布式处理功能。但它的所有知识，只要在一种机型上学习了 ORACLE 知识，便能在各种类型的机器上使用它。

4. SQL Server

SQL Server 是一个关系数据库管理系统。它最初是由 Microsoft、Sybase 和 Ashton - Tate 三家公司共同开发的，于 1988 年推出了第一个 OS/2 版本。在 Windows NT 推出后，Microsoft 与 Sybase 在 SQL Server 的开发上就分道扬镳了，Microsoft 将 SQL Server 移植到 Windows NT 系统上，专注于开发推广 SQL Server 的 Windows NT 版本。Sybase 则较专注于 SQL Server 在 UNIX 操作系统上的应用。

5. Access

Access 是由微软发布的关联式数据库管理系统。它结合了 Microsoft Jet Database Engine 和 图形用户界面两项特点，是 Microsoft Office 的系统程式之一。

Access 的用途体现在两个方面：

（1）用来进行数据分析：Access 有强大的数据处理、统计分析能力，利用 Access 的查询功能，可以方便地进行各类汇总、平均等统计，并可灵活设置统计的条件。比如，在统计分析上万条记录、十几万条记录及以上的数据时速度快且操作方便，这一点是Excel无法与之相比的。这一点体现在：会用Access，提高了工作效率和工作能力。

（2）用来开发软件：Access用来开发如生产管理、销售管理、库存管理等各类企业管理软件，其最大的优点是：易学。非计算机专业的人员也能学会。低成本地满足了那些从事企业管理工作的人员的管理需要，通过软件来规范同事、下属的行为，推行其管理思想。（VB. net、C语言等开发工具对于非计算机专业人员来说太难了，而Access则很容易）。这一点体现在：实现了管理人员（非计算机专业毕业）开发出软件的“梦想”，从而转型为“懂管理+会编程”的复合型人才。

另外，在开发一些小型网站Web应用程序时，用来存储数据，例如，ASP+Access。这些应用程序都利用ASP技术在Internet Information Services运行，比较复杂的Web应用程序则使用PHP/MySQL或者ASP/Microsoft SQL Server。

6. VFP

Visual FoxPro，是Microsoft公司从Fox公司的FoxBase数据库软件经过数次改良，并且移植到Windows之后，得来的应用程序开发软件，主要用于开发数据管理与运算等方面的软件。VFP是Microsoft公司推出的最新可视化数据库管理系统平台，是功能特别强大的32位数据库管理系统。它提供了功能完备的工具、极其友好的用户界面、简单的数据存储方式、独一无二的跨平台技术，具有良好的兼容性、真正的可编译性和较强的安全性，是目前最快捷、最实用的数据库管理系统软件之一。

任务处理

根据所调研的仓库物资管理所涉及的信息进行数据库设计。以仓库管理中物资信息为例，如调研的物资相关信息有物资编码、品名、规格、型号、质量技术标准、计量单位、数量等，结合相关信息进行数据库表的设计，可选用VFP数据库软件。

（1）启动VFP，如图3－1所示。

图3－1　启动VFP软件

（2）新建一个名为“仓储管理数据库”的数据库，如图 3－2 所示。

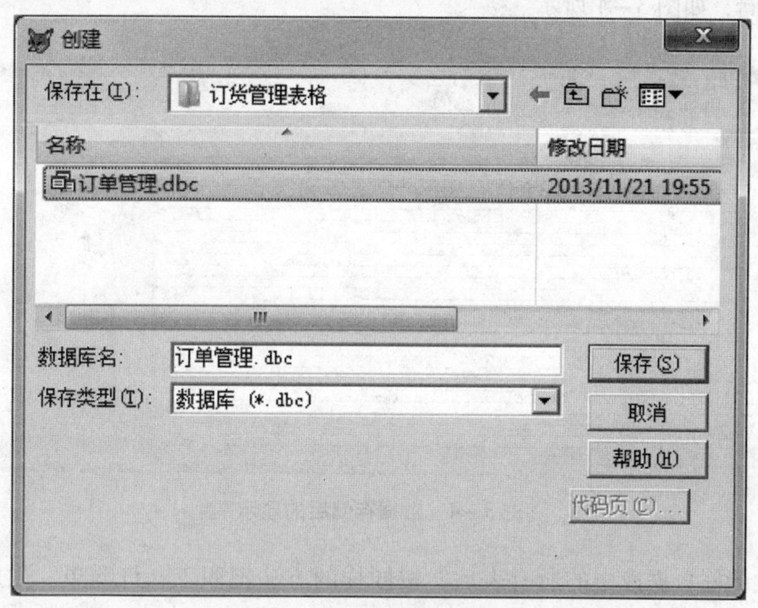

图 3－2　创建仓储管理数据库

（3）使用 VFP 中的表设计器进行表的设计，将调研的相关信息设计到数据库表中，如图 3－3 所示。

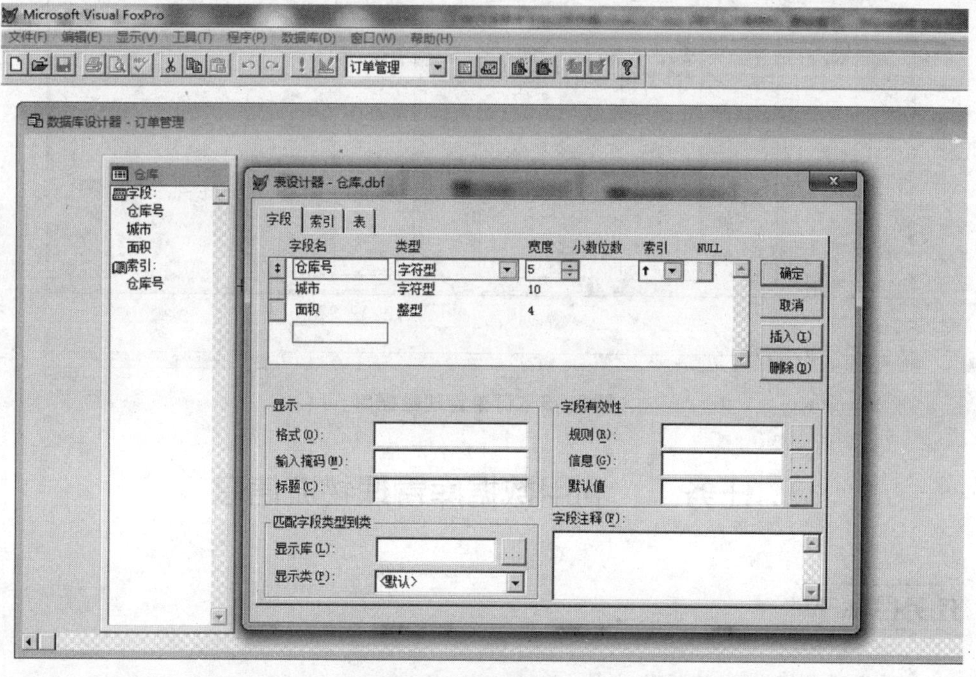

图 3－3　创建物资信息表

（4）表中所有字段设计完成后，将调研的具体物资信息录入到设计好的物资信息表中进行存储，如图 3 –4 所示。

图 3 –4　数据存储后的显示

（5）设计好数据库中的所有表后，按同样的方法把职工、订购单、供应商三个数据表也填充好数据添加到订单管理数据库中，如图 3 –5 所示。

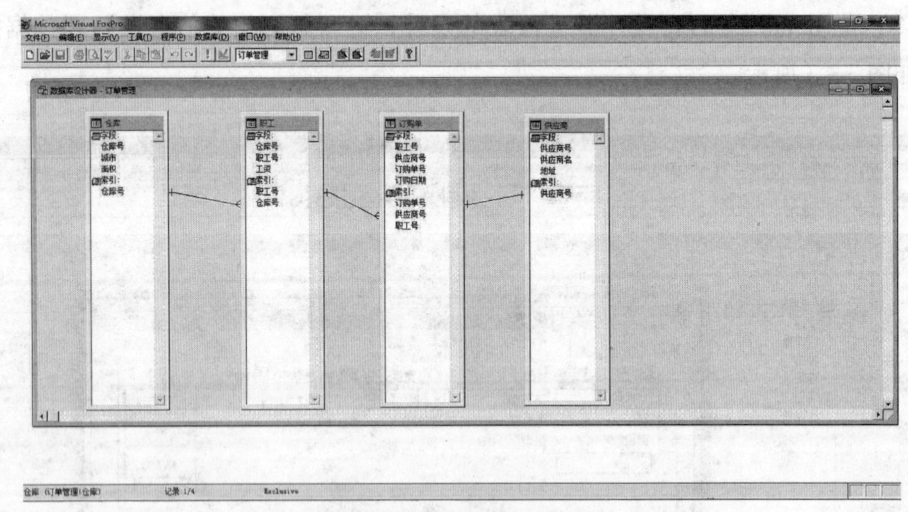

图 3 –5　订单管理数据库

任务二　利用数据库管理物流信息

任务目标

- 掌握数据库查询的操作方法

● 掌握数据表的基本操作

任务示例

背景材料：根据实际业务的具体情况，用户需要对数据库进行查询，需要对其结构、数据库中的记录进行浏览、修改。

任务描述：将任务一完成的对调研的物流订单的结果进行有效查询分析。

任务分析

要完成任务要求，需要掌握数据库的查询知识及常用的操作方法。

任务处理

（1）打开任务建好的订单管理数据库，新建查询，如图 3－6 所示。

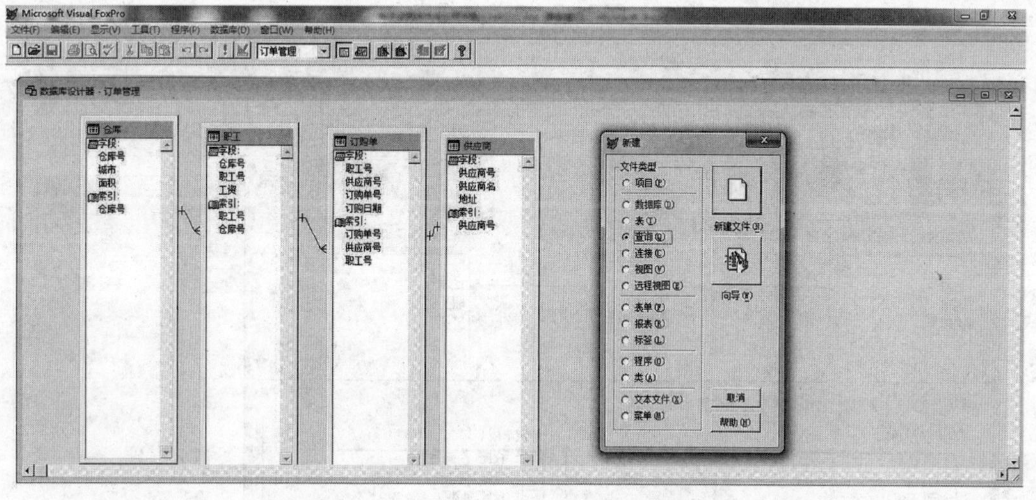

图 3－6　新建查询

（2）打开查询设计器，进行查询数据源（仓库、订购单、供应商、职工）的选择，如图 3－7 所示。

（3）如选择仓库、职工两张表进行查询设计，选择输出字段，如图 3－8 所示。

（4）填写筛选条件，运行查询，如图 3－9 所示。

（5）生成查询文件，进行保存，如图 3－10 所示。用该方法可按照要求进行多个

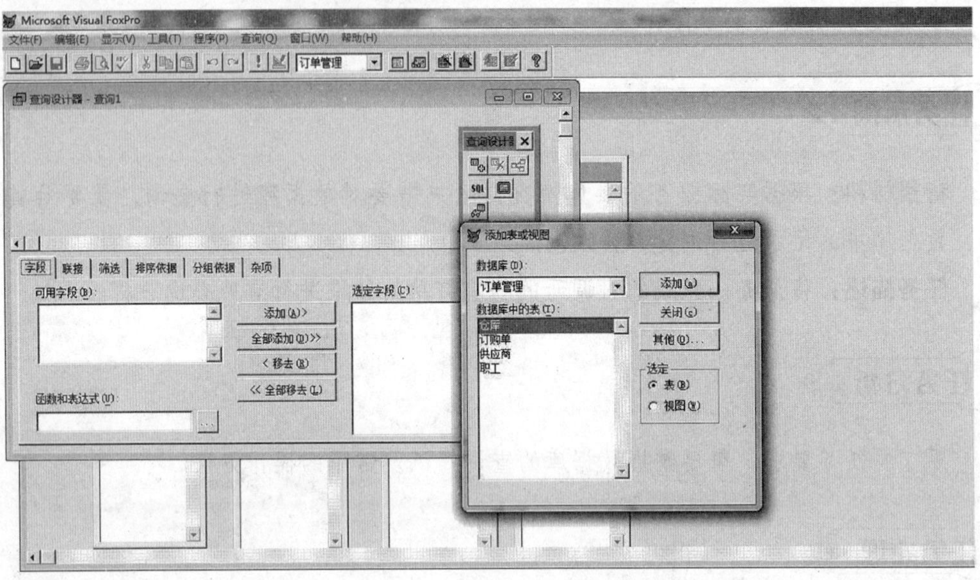

图 3－7　查询数据库

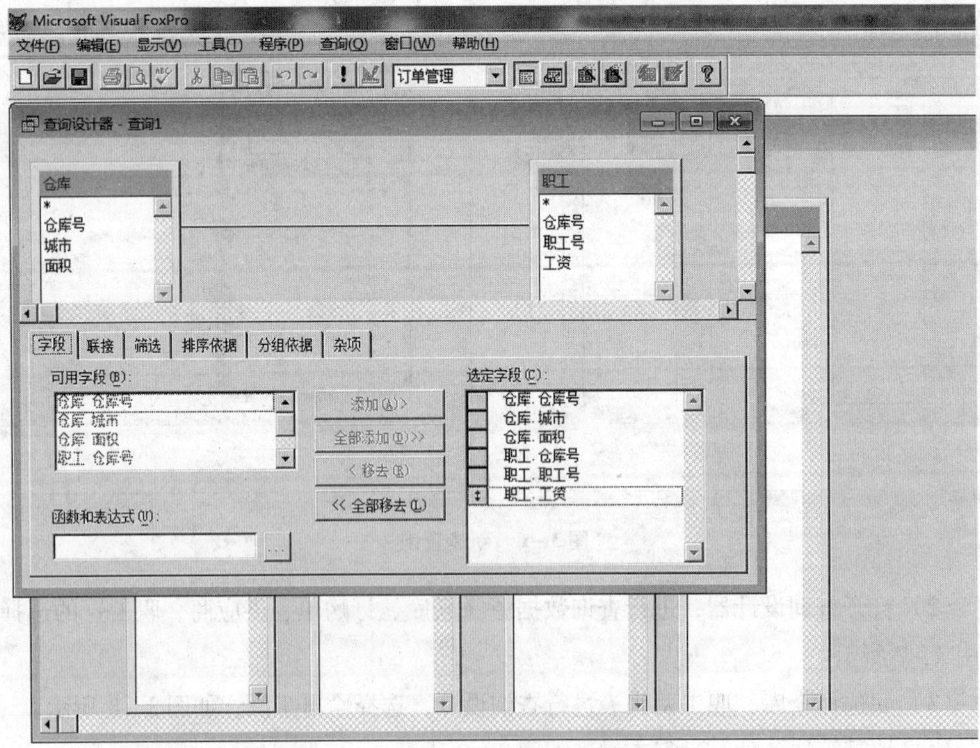

图 3－8　查询设计器

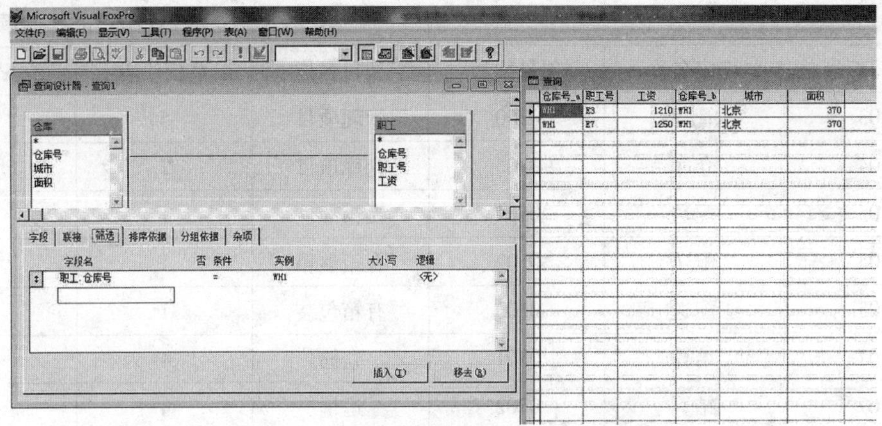

图 3－9　运行查询

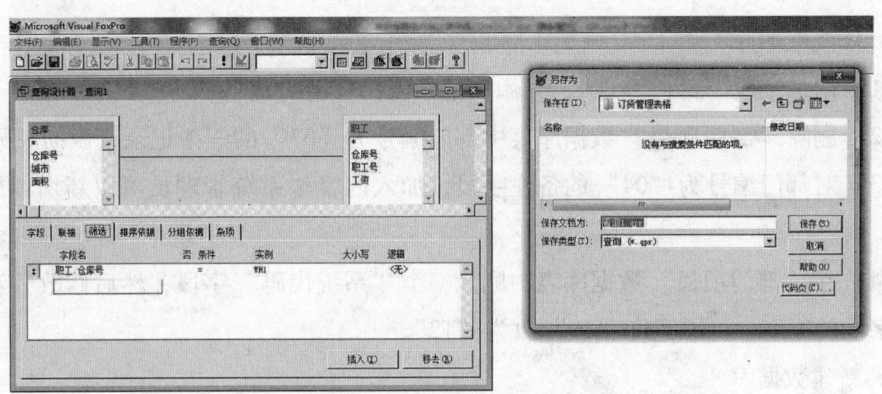

图 3－10　保存生成的查询文件

表之间的查询。

检测与实训

1. 建立数据库表

资料见表 3－1。

表 3－1　　部门项目

部门编号	部门名称	项目编号	项目名称	系统代码	备注
00	超级部门	0000	所有项目	0	
01	商务	0101	商务项目	6	
02	运输	0201	国内	3	
02	运输	0202	中港	3	

续 表

部门编号	部门名称	项目编号	项目名称	系统代码	备注
03	管理	0300	管理项目	5	
04	仓库	0405	仓库项目	2	
05	配送	0501	无箱部件	1	
05	配送	0502	有箱整箱	1	
05	配送	0503	有箱包装	1	
07	结算	0701	仓储	4	
07	结算	0702	运输	4	
07	结算	0703	货代	4	

2. 修改数据库

（1）增加字段“部门经理”，并添加记录值：自己的姓名。

（2）删除“部门项目”数据库表中部门编号为“07”的三条记录，做彻底删除。

（3）对部门编号为“04”的备注字段，加入内容“系统管理员可以新增或删除部门”。

（4）在“部门项目”数据库表中删除一个“系统代码”字段，然后修改“项目名称”字段的宽度，将原宽度“10”改为“12”。

3. 新建数据库

利用所学到的建立、修改数据库的知识，建立一个本班全体学生的学习成绩数据库。

项目四　物流信息传输技术与应用

项目导读

随着互联网技术的迅速发展，在物流信息系统的设计过程中广泛地应用了网络化技术。通过 Internet 将分散在不同地理位置的物流分支机构、供应商、客户等联结起来，形成了一个信息传递与共享的信息网络，便于各方实时了解各地业务的运作情况，提高了物流活动的运作效率。网络化也是现代物流的基本特征之一。网络化有两层含义：一是物流配送系统的计算机通信网络，包括物流配送中心与供应商或制造商的联系要通过计算机网络，另外与下游顾客之间的联系也要通过计算机网络通信；二是组织的网络化，即所谓的企业内部网（Intranet）主要用于企业内部各部门之间的信息传输。物流的网络化是物流信息化的必然。当今世界 Internet 等全球网络资源的可用性及网络技术的普及为物流网络提供了良好的外部环境，物流网络化势不可当。在物流信息系统中，物流信息传输技术为网络化运行提供保障。

知识目标

- 掌握物流信息网络化
- 了解网络安全知识

能力目标

- 会检测网络中计算机中唯一的 IP 地址及网络中计算机之间通信是否畅通
- 会通过计算机共享打印机、刻录机

引导案例

安得物流展翅飞翔

2000 年 1 月，芜湖安得物流有限公司成立。公司一成立，便定位于市场化的第三方物流公司，发展策略是成为一家综合物流提供商，毅然走向了发展综合物流之路。作为脱胎于“美的”的第三方物流公司，一方面要与其他第三方物流公司站在同一平台上竞争，另一方面又要承受来自其他家电制造企业的排斥，但安得物流专业化、规模化的第三方物流形象使其迅速跻身于行业前列。

如今，安得的客户既包括像美的、TCL、志高、海信、康佳等家电制造企业，更向众多领域进行了拓展，伊利牛奶、海螺型材等众多客户与安得结成战略合作伙伴。

为适应现代化、国际化发展理念，2006 年，安得物流引入国际战略投资者——新加坡吉宝物流有限公司，此举被视为安得国际化的重要里程碑。安得物流在国内大中城市已拥有 160 多个物流服务平台，结成高效的物流网络，为客户提供快准运输、高效仓储、精准配送、冷链物流等一体的综合物流服务，并提供方案策划、物流咨询、条形码管理、库存分析、批次管理、包装加工等增值服务。针对不同客户的物流需求，以及客户的实际运作情况，安得为客户提供个性化的整体物流方案和全面物流解决方案，借助物流功能集成和社会物流集成服务。

（一）网络为王

如果只用一个词描述网络布局在物流服务过程中所扮演的角色，那么“先行者”无疑是最合适的，谁能把货流到细枝末梢上谁才能体现真正的实力。没有完备且集约化的网络布局，企业所提供的物流服务将成为一纸空谈。尤其在当前网络为王的布局时代，销售要讲终端、要讲末梢，从而致使物流服务也要讲终端、讲末梢。

安得物流目前管理仓库总面积达 150 万平方米，年运输量 40 亿吨公里，配送 80 万票次。分布在 60 多个战略城市的 160 多个物流平台在功劳簿上写下了浓重的一笔。安得的网络分布广泛，辐射区域广阔，并且每个服务网点都具备综合服务能力，提供 7 天 ×24 小时的物流服务。

公司的各个物流平台，在信息系统的统一协调下，按照统一的流程与标准向客户提供优质的物流服务，完美地实现了网点间的实时互动，保证业务运作流畅。与此同时，全国范围内的动态资源配置，能够满足客户的弹性需求，为安得物流的市场开拓做出了巨大贡献。

安得物流自组建之初就身兼开拓市场的重任，在开拓自身实力强的家电物流市场的同时，决心进攻家电制造市场之外的新型建材和快速消费品等领域，去开辟新的领地。安得对分布在全国的仓储资源进行了重新规划，在制造业集中的顺德、杭州、郑州、芜湖建造了大型仓储基地，在北京、上海、南京、西安、重庆等商流发达的城市设立了 10 多个物流中心，还在全国的各个战略城市铺就了营业网点。网络资源优势立即赢得企业的青睐，也为安得业务拓展及持续发展提供了稳健的基础。早在 2002 年，安得已同 TCL、海螺、可耐福等建立了战略合作伙伴关系。安得设立的业务网点和遍布全国的仓库，为客户进军全国市场提供了先决条件。

值得一提的是，安得网络是建立在高效与精准基础之上的多效网络。随着市场竞争格局的不断向前推进，各行各业都在降低库存、渠道扁平化上做文章，循着这样一条发展之路，现在的安得在全国省会城市及部分二、三级城市设立总面积达 150 多万平方米的仓储网点，可以提供普通货品仓储服务、银行金融监管仓储服务、零配件仓储服务，并能提供库存库龄分析、条形码管理、退换货管理等增值服务。公司掌握了各地大量的仓储资源，满足客户变化着的需求，实行 7 天 ×24 小时全天候物流服务，仓储管理的全面信息化使客户查询实时收发存信息。

安得依靠布局完整、配置合理、管理一体化的全国仓储网络，为客户提供跨地域、多元化的业务打下了良好的仓储网络平台，使客户的库存管理实现中央一体化管理成为可能。

（二）信息化先锋

当安得在铺设全国各地网点这个“地网”的时候，信息系统这个“天网”也在紧锣密鼓地进行中，“天网”与“地网”的结合效应正是安得在成立之初提出的网络概念，为全国物流需求的大中制造企业提供物流服务。

在同行眼里，安得物流在信息化方面捷足先登，高效的信息处理手段，始终保持在行业前列。目前，公司拥有“安得物流供应链管理信息系统（ALIS)”，其中包括“远程视频监控系统”“GPS 车辆管理系统”“安得网络办公平台”“安得物流知识平台”“人力资源管理平台”等多个模块。

安得网络化实体运作，160 多个物流服务平台遍布全国，信息系统的应用就是将众多网点一体化运作的一大命脉。在最初由软件开发商开发信息系统，不能满足客户随需而为的要求，于是，为了开发适合于自身需求的信息系统，安得决心自己组建开发团队。

安得的信息化始终以框架为基础，坚持整体设计、分布开发、分步实施的原则，采用模块设计方式，开发完成一个模块实施一个模块，避免求大求全。软件开发坚持以实用为本，避免片面追求功能或技术先进，以免导致投资浪费、项目周期加长、应用性降低等问题。

2004 年 7 月，由安得人自主研发、具有自主知识产权的安得物流供应链管理信息系统（ALIS2.0）——仓储系统正式上线启用。至今，安得物流供应链管理信息系统已有订单系统、运输系统、配送系统、财务系统、人力资源系统、合同管理、保险管理、接口系统决策分析、计划管理等多个模块先后使用。

ALIS 在运用过程中追求信息准确性、全面性和实时性。在公司信息的快捷传递中功不可没，成为网络化运营不可或缺的工具。ALIS 不但很好地解决了自身内部的信息互联互通的需要，还能与客户、供应商、GPS系统等外部信息系统进行电子数据交换。另外，ALIS的决策分析模块也是其独特的地方，为自身内部管理效率提升和客户服务方面不断创造价值。

但这只是安得信息化展现的一角，随后，“远程视频监控系统”、“GPS车辆管理系统”、“安得物流资源管理系统”等相继推出，为提升管理效率与提高客户服务价值的方方面面保驾护航。

“远程视频监控系统”和“GPS车辆管理系统”是公司远程运营监控和管理的重要系统。目前，“远程视频监控系统”和“GPS车辆管理系统”已经完成了与ALIS的无缝对接。针对物流信息的特点，在不能完全GPS电子手段的情况下，安得物流建立了综合信息处理的呼叫中心，呼叫中心成立案例荣获了“美国供应链管理专业协会最佳案例奖”。

“网络办公平台”作为公司内部管理的有效手段，通过集成短信，文件审批等功能，为公司信息的快捷传递起到了十分重要的作用，如今已是公司文化传播的重要载体，是网络化管理的重要屏障。

“知识平台”是安得物流为员工提供的实时知识管理平台，基于此平台，可以随时查询和分享公司相关信息，从而使公司的知识得以沉淀。

在信息化中起个大早的安得并未停止向前的脚步，一直以“向前看”的眼光来看待物流企业的信息化，这源于物流市场的瞬息万变。客户需求在不停地变化，开发的系统往往需要不停地修改。建立适合自身业务向前发展需求的信息化，正是安得信息化“量体裁衣”追求完美的动力所在，这足以诠释多年来安得物流在信息化建设上的大手笔。

案例思索

1. 安得物流成功的最重要的原因有哪些？
2. 你怎么理解案例中的“网络为王”？

任务一　现代物流信息网络技术应用

任务目标

- 掌握物流信息网络化相关知识
- 利用搜索引擎进行相关信息搜索

- 会通过局域网计算机共享打印机、刻录机

任务示例

背景材料：随着 Internet 的普及，越来越多的人参与到这种交互式的网络运用中。网络不但丰富了我们的生活，而且便捷办公、提高效率。在一个网络中，不可能每个人的计算机都有配置齐全的外设，打印机、扫描仪、刻录机、DVD 光驱、传真机、音箱……只要有一台外设，把它联入局域网，我们就能轻松拥有使用权。

任务描述：物流公司的领导交给小刘一项工作，将公司的总结表彰材料全部打印成册，并将受到表彰的先进人物的影像资料刻录成光盘，一并交上级有关部门。小刘所用的计算机没有接入外部设备打印机和刻录机，所以当小刘对完成此项工作一筹莫展时，小刘的同事小张提示她说“我们公司不是刚刚建好局域网吗?”小刘顿时有办法了。

任务分析

物流企业需要通过互联网，借助电子商务平台、EDI 系统开展物流业务，也需要利用局域网进行内部管理，这些都依赖于现代物流信息网络技术。我们将以节约成本、提高效率为宗旨，把榨干局域网的理念变为现实。人多力量大，让我们一起共享外设吧。

相关知识

一、物流信息网络化

物流信息网络化是实现物流信息化的基础，从构成要素分析，主要包括物流信息资源网络化、物流信息通信网络化和计算机网络化三方面内容。其中，物流信息资源网络化，是指各种物流信息库和信息应用系统实现联网运行，从而使运输、储存、加工、配送等信息子系统汇成整个物流信息网络系统，以实现物流信息资源共享；物流信息通信网络化，是指建立能承担传输和交换物流信息的高速、宽带、多媒体的公用通信网络平台；计算机网络化，是指把分布在不同地理区域的计算机与专门的外围设备通信线路互联成一个规模大、功能强的网络系统。

物流信息网络是指将物流各子系统的计算机管理信息系统，通过现代通信设备和线路连接起来，且以功能完善的网络软件实现网络资源共享的系统。物流信息网络是

一个巨型系统，包括运输、储存、装卸搬运、流通加工、包装、配送等各子系统信息网络。每个子系统本身就构成一个大型信息网络。例如，运输系统内部分为 5 种运输方式，每一种运输方式又形成各自的信息网络。要建立这样一个综合性、巨型物流信息网络是很困难的。因此，一般来说，国内外的做法都是选择一些最急需解决的工作为目标，并确定网络的种类。目前，已开发的物流信息网络主要有以下几种：综合信息网络，其中包括物流费用管理信息系统、综合信息系统、进销存综合信息系统等；运输信息系统，主要处理各种运输问题；库存信息系统；配送信息系统；订货及进货系统等。

二、物流信息网络的特点及作用

物流信息网络具有以下几个特点：网络专业性强；信息来源广；地区覆盖面大；网上信息实时性、动态性强。物流信息网的网络化可以缩短物流的管道长度，增加流通管道的透明度，因为借助于电子计算机，存货可以更快地随着需求信息面减少，从而减少周转时间。

三、物流信息网络体系结构及其特点

计算机的迅速普及、网络通信技术及社会经济发展的相互作用，支持着企业网络体系结构的普及与发展。Internet/Intranet 网络体系已成为当今企业网络的基本构架和趋势。物流信息网络建设和使用的主要主体是物流企业，因此，可以说物流信息网络的体系结构主要是物流企业的 Internet/Intranet 体系结构。

1. 物流企业的 Internet/Intranet 基本结构

物流企业的 Internet/Intranet 是 Internet/Intranet 技术在物流企业的应用，它是物流企业利用 Internet 技术建立的物流企业信息网络，是物流企业信息管理和交换的基础设施和平台。根据物流企业的特性，在物流企业的 Intranet（企业内部网）建设中，又可按不同部门和结构来构建物流企业特有的 Intranet。

Intranet 的所有服务是基于客户机/服务器模型的，Intranet 计算模式是客户机/服务器模式的高度扩展，是由客户机/服务器模型发展而来的，在该结构中，客户端的任何计算机只要安装了浏览器就可以访问应用程序。

在物流企业的 Internet 和 Intranet 之间采用防火墙或路由器连接，这与一般企业的 Internet/Intranet 基本相同。而在物流企业的 Intranet 内，则依不同的部门划分为运输配送部门、订货采购部门、库存控制部门，而分别配备 Web 数据服务器和网络浏览器，构建相应的信息子系统。

2. 物流企业的 Intranet 的特点

企业管理信息系统可以简便地实现信息共享、协调作业及网络处理和计算。Intranet 革命性地解决了传统 MIS 开发中不可避免的缺陷，打破了信息共享的障碍，实现了大范围的协作，形成了一个开放、分布、动态的双向多媒体信息交流环境，是对现有网络平台应用技术和信息资源的重组与集成。同时，用户端在一定的工作平台通过 NT 系统网络集成实现对整个网络的透明操作与控制，用户网络协议可以应对用户对整个网络的管理请求和服务请求，通过不同协议与不同的 Server 实现用户的操作请求和数据库信息流的调用。

Intranet 是一种较为先进的企业网络连接的解决方案，对于现有的 MIS 网络系统来讲，有着无法比拟的优势，可以将复杂的网络连接等问题标准化。Intranet 以通信协议（TCP/IP）、域名服务（DNS）和邮件传输协议（POP3）为基础，以 www 和 FTP 服务为支撑，使多平台和多服务器的网络连接成为现实。

以简单的超文本标记语言 HTTP 和公共关系应用接口 CGI 或 API 为主要工具，使企业内各类应用和数据库以统一的界面在网络上应用，是用户网络各个站点取向的事实标准。由于采用了统一的界面浏览器，使应用系统的界面统一和应用界面友好。利用 CGI 或 API 等程序对数据进行读取操作、维护修改及应用功能添加。

任务处理

1. 通过局域网共享打印机

（1）安装打印机并将打印机设置为共享。按照打印机使用说明书成功安装打印机后（如果已有打印机可以忽略此步），点击“开始菜单”选择右边的“打印机和传真”，右键点击图标带有黑勾的默认打印机（通常安装打印机成功后，会自动将其设置为默认打印机），选择“共享”，点击“如果您了解在安全方面的风险，但又不想运行向导就共享打印机，请点击这儿”，在弹出的“启用打印机共享”对话框中选择“只启用打印机共享”，点击“确定”退出，这台已经安装好打印机并共享的计算机，我们叫它“主机”。如图 4－1、图 4－2 所示。

（2）局域网共享设置。首先将局域网内所有使用此打印机的计算机设置为统一的工作组（包括安装打印机的主机），右键点击“我的电脑”，选择“属性”，选择“计算机名”，点击最下方的“更改”，将需要共享的所有计算机工作组设置为统一的名称（如：WORKGROUP），点击“确定”退出，如图 4－3、图 4－4 所示。注意：要想实现打印机共享，前提是工作组必须一致。你还可以参照本站的文章“局域网共享设置”来进行设置。

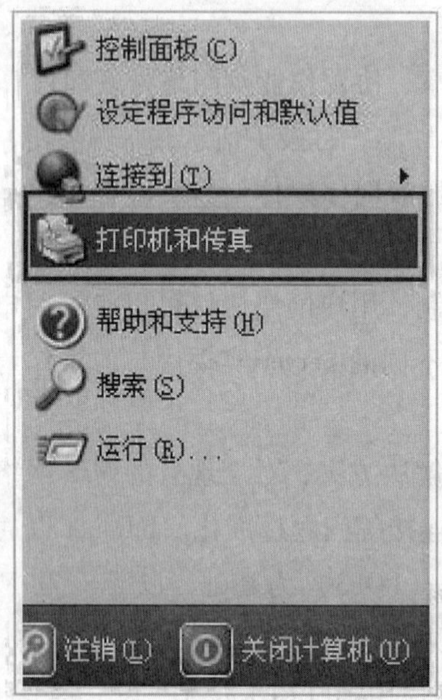

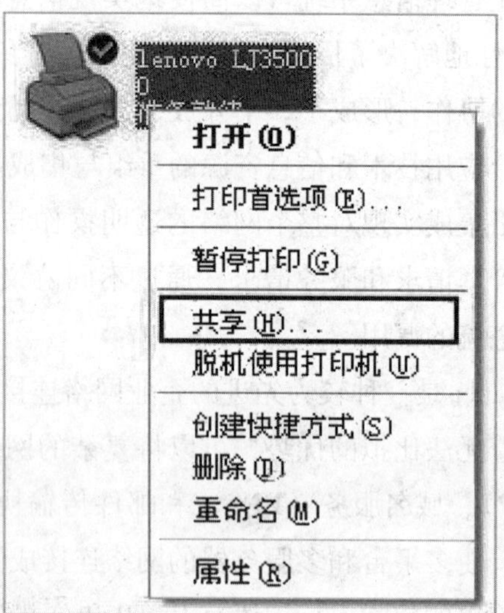

图 4－1　设置打印机共享步骤 1

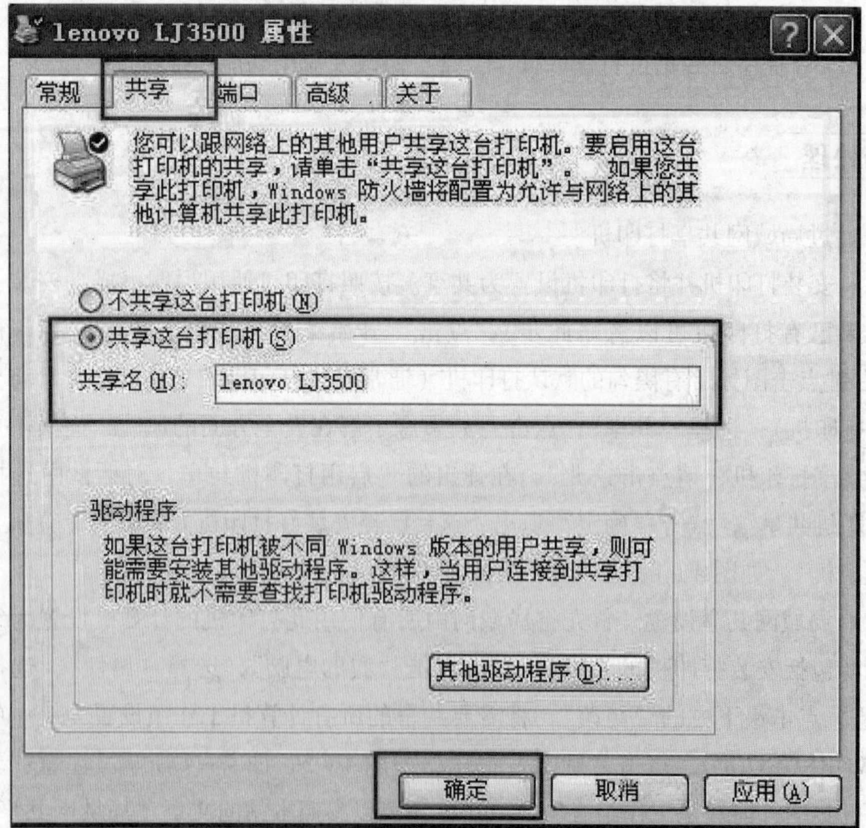

图 4－2　设置打印机共享步骤 2

系统属性
常规
计算机名
硬件
高级
自动更新
远程
Windows 使用以下信息在网络中标识这台计算机。
计算机描述(D):
举例："Kitchen Computer" 或 "Mary's Computer"。
完整的计算机名称：　SY-2010662350.
工作组：　WORKGROUP
要使用网络标识向导去加入域并创建本地用户帐户，请单击"网络 ID"。
网络 ID(N)
要重新命名此计算机或加入域，单击"更改"。
更改(C)...
确定
取消
应用(A)

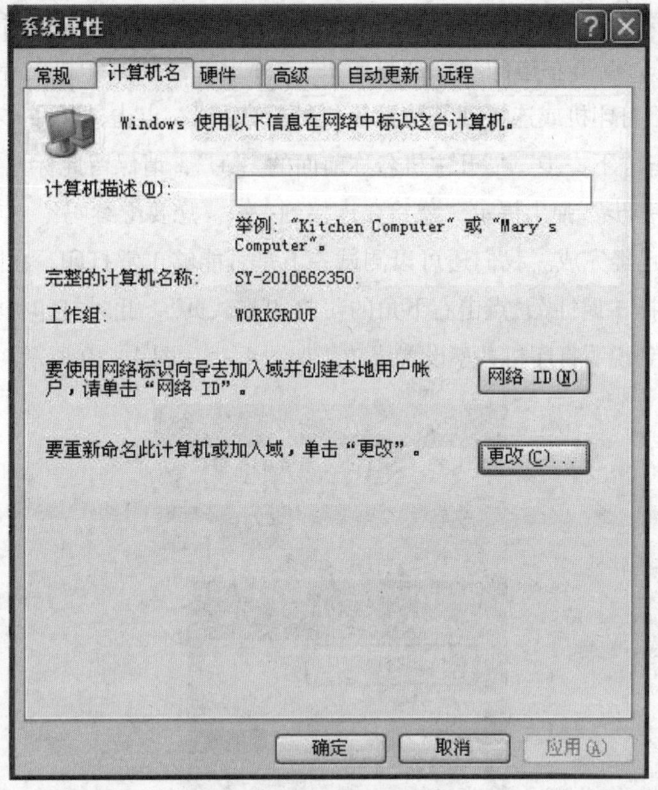

图 4-3　系统属性页面

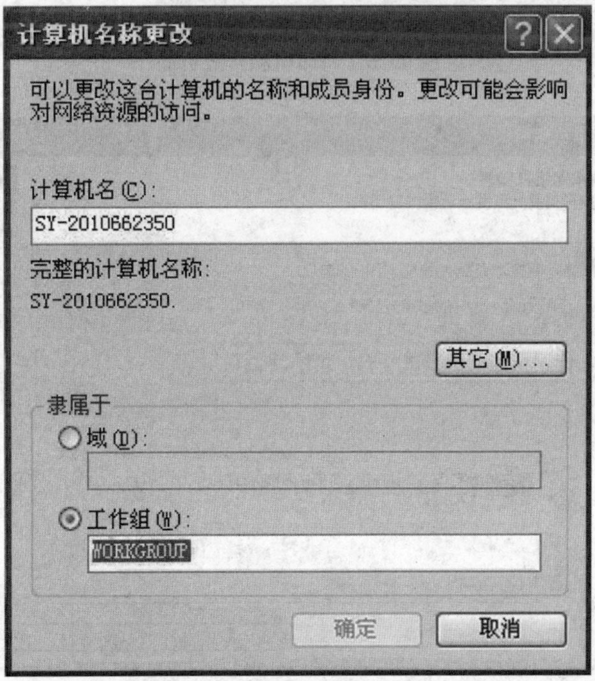

计算机名称更改
可以更改这台计算机的名称和成员身份。更改可能会影响对网络资源的访问。
计算机名(C):
SY-2010662350
完整的计算机名称：
SY-2010662350.
其它(M)...
隶属于
域(D):
工作组(W):
WORKGROUP
确定
取消

图 4-4　计算机名称更改

（3）在需要共享此打印机的计算机上安装打印机，点击“开始菜单”，选择右边的“打印机和传真”，点击左边的“添加打印机”，弹出“添加打印机向导”，点击“下一步”，选择“网络打印机或连接到其他计算机的打印机”，点击“下一步”，选择“浏览打印机”，再点击“下一步”展开主机名称前面的“+”，请保留此标记共享的打印机名字，再点击“下一步”弹出提示“您将要连接到……。您要继续吗?”点击“是”，此时安装共享打印机已经完成。我们还可以测试一下是否能够正常打印，在刚才共享的打印机上点击右键选择“属性”，点击右下角的“打印测试页”，此时打印机将打印出它的固有信息，若能看到说明打印机共享设置成功。如图 4－5～图 4－10 所示。

图 4－5　打印机和传真页面

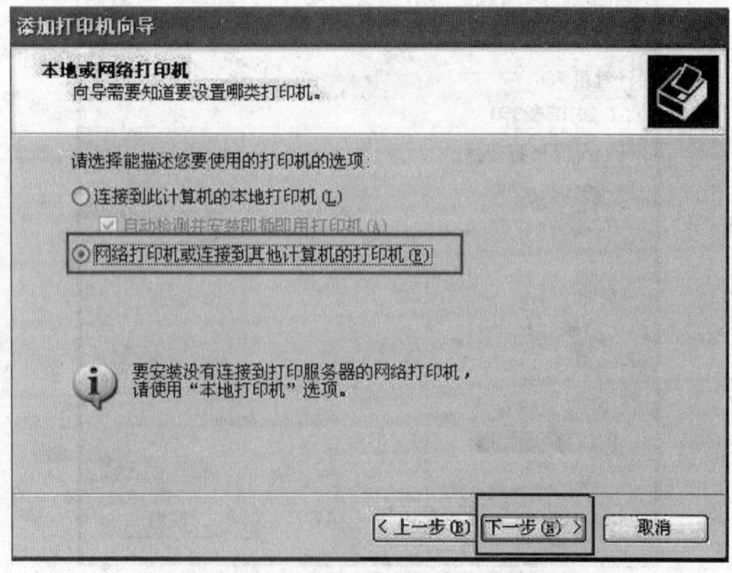

图 4－6　本地或网络打印机页面

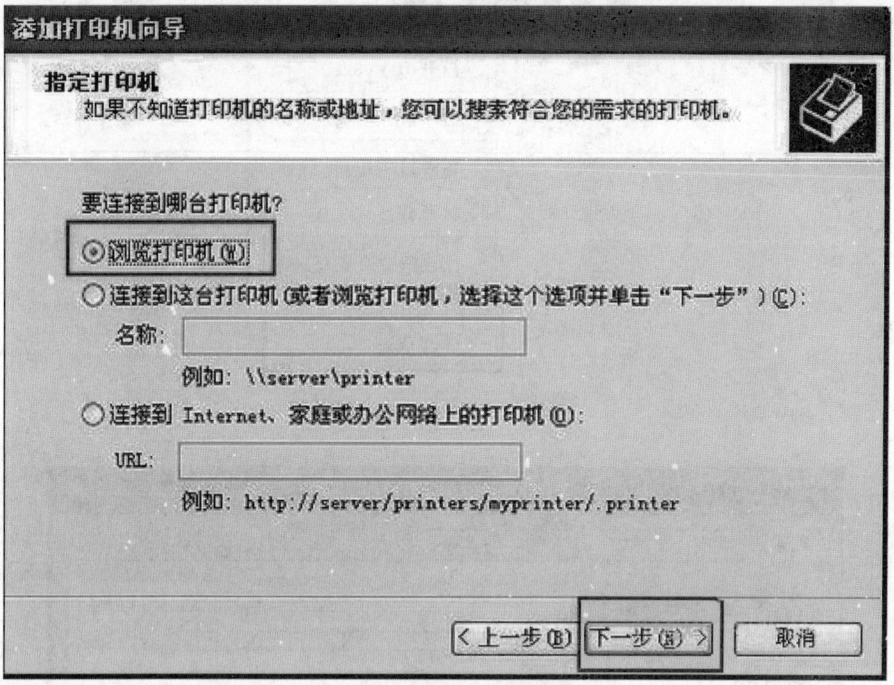

添加打印机向导

指定打印机

如果不知道打印机的名称或地址，您可以搜索符合您的需求的打印机。

要连接到哪台打印机?

◉浏览打印机(W)

○连接到这台打印机(或者浏览打印机，选择这个选项并单击“下一步”)(C):

名称:

例如: \\server\printer

○连接到 Internet、家庭或办公网络上的打印机(O):

URL:

例如: http://server/printers/myprinter/.printer

< 上一步(B)　下一步(N) >　取消

图 4－7　指定打印机页面

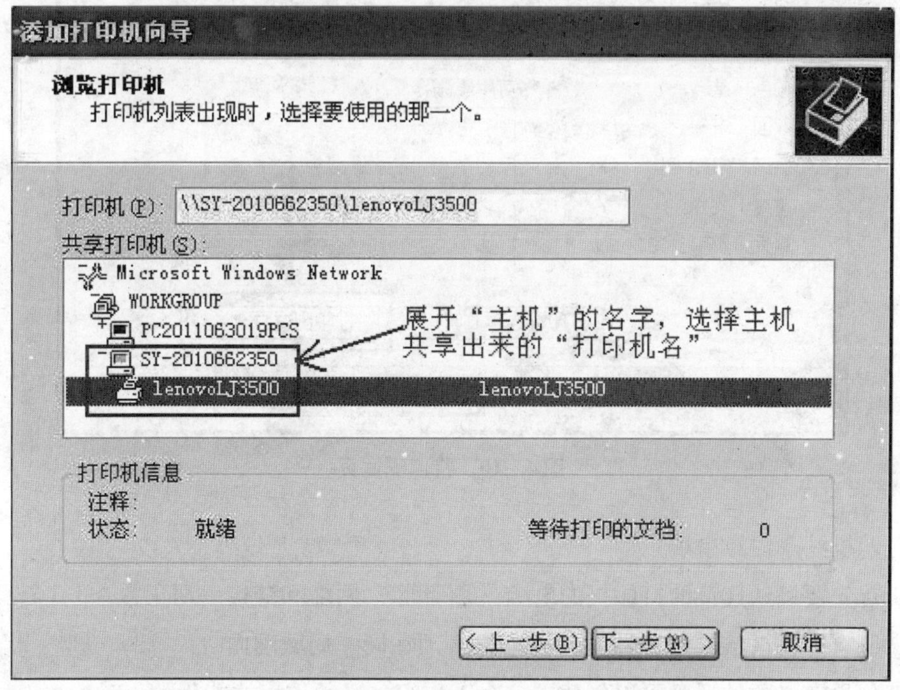

图 4－8　浏览打印机页面

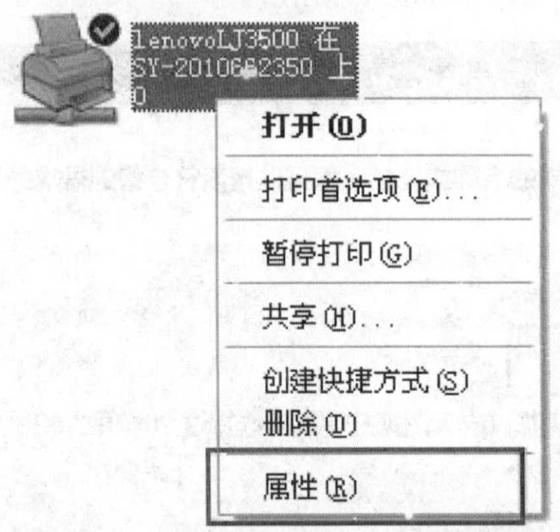

图 4－9　选择打印机属性

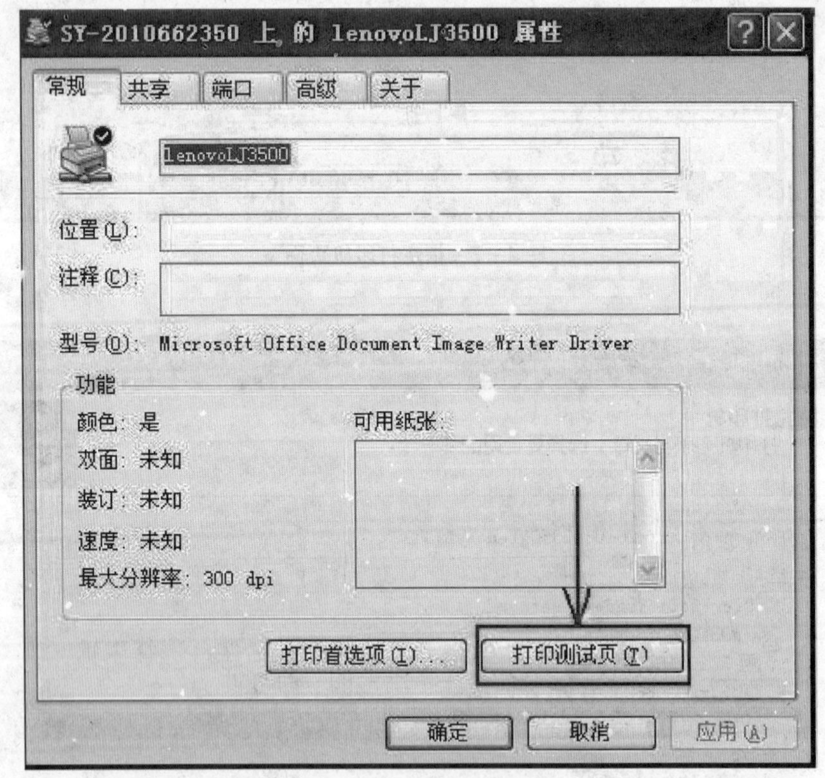

图 4－10　打印测试页

打印机共享注意事项：

①首先要确认连接的打印机的电脑（服务器）网络和链接一切正常。

②所有即将链接（服务器上）打印机必须在同一局域网内。

③如果有必要的话，可以创建同一个工作组，必须重启才能生效。

④共享号（服务器）上的 C 盘，再在其他电脑上面共享这台机器（服务器）的

IP，链接即可。

⑤如果连接不到，或是在电脑（服务器）上看不到其他的电脑，这时要看下电脑（服务器）上是不是装了杀毒软件或是防火墙等阻止了程序无法进行。

2. 通过局域网共享 DVD 刻录机

Nero 的一款配套的软件叫做"NeroNet"可以完成这个任务。

（1）安装。

NeroNet 实际上是将拥有刻录机的电脑设为一个虚拟服务器，这样在局域网里的其他用户可以远程登录服务器实现本地资料的刻录。所以最基本的要求如下：

①主机（拥有刻录机）上装有 Nero 和 NeroNet 两款软件，并正确配置虚拟服务器端；

②客户机安装 Nero 软件，使用经 NeroNet 许可的用户名登录虚拟服务器，完成刻录过程。

首先主机客户机要全部安装 Nero 完全版，要求 Nero6 及以上版本，否则不支持此项功能。安装完成后，主机端安装 NeroNet 软件。请自行下载 NeroNet 软件，地址：http：//www. newhua. com/soft/12807. htm。

（2）主机端设置。

安装完成以后，在右下角会出现图标，在起始的时候它会自动收集关于本机刻录机的相关信息，请耐心等待。之后右键出现图标，选择"WEB Configuration（页面配置）"，如图 4－11 所示。

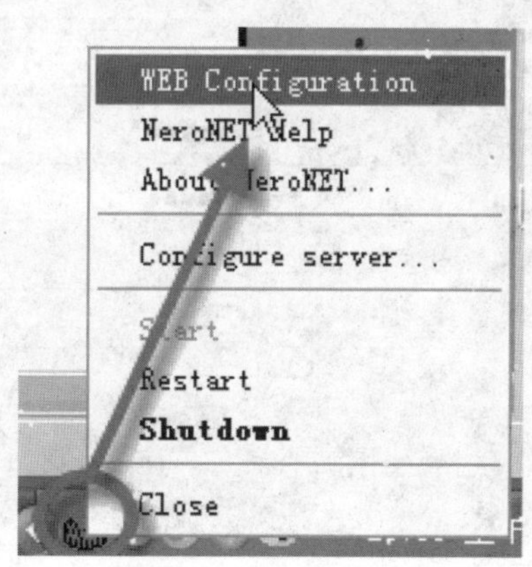

图 4－11　页面配置

在出现的全英文的界面上，我们需要注意其中的几项：

点击 UserManagement（用户管理），在弹出的窗口中输入初始的管理员名称与密码，如图 4－12 所示。

名称为：Administrator。

密码为：neronet。

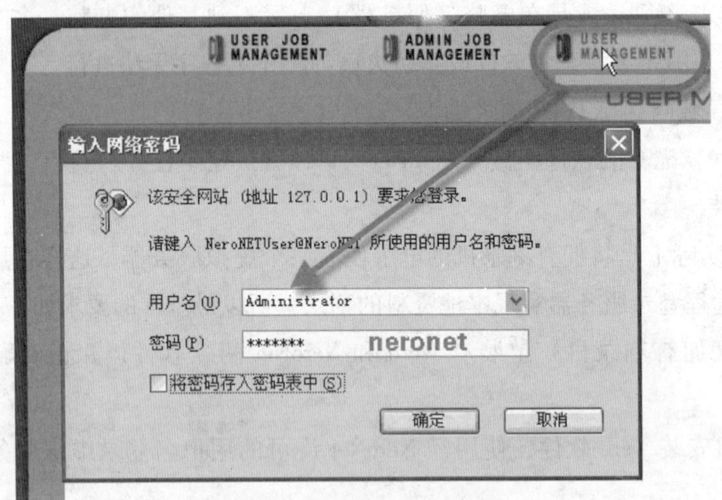

图 4－12　输入用户名和密码

之后，会弹出增加用户界面，点击最下面的“Add User（增加用户）”，为客户设置一个账户，也就是说，当局域网中拥有此账户的人才可登录使用其刻录机。

账户名和密码可以按照自己意愿填写，如图 4－13 所示。

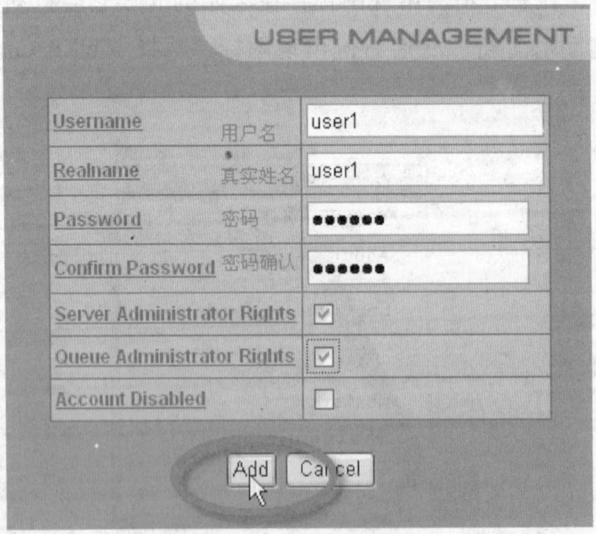

图 4－13　增加用户页面

之后点击“Add”就完成了账户的添加，至此主机端的设置基本完成。当然，也可以设置多个账户，只需重复以上的步骤。

（3）客户端设置。

每一名想要使用刻录机的局域网用户都需要进行此项设置。

成功安装 Nero 之后进入 Nero BuringRom，在“文件”中选择“设置”，找到“高级属性”标签，我们要在这里完成客户端登录虚拟服务器的设置，如图 4－14、图 4－15 所示。

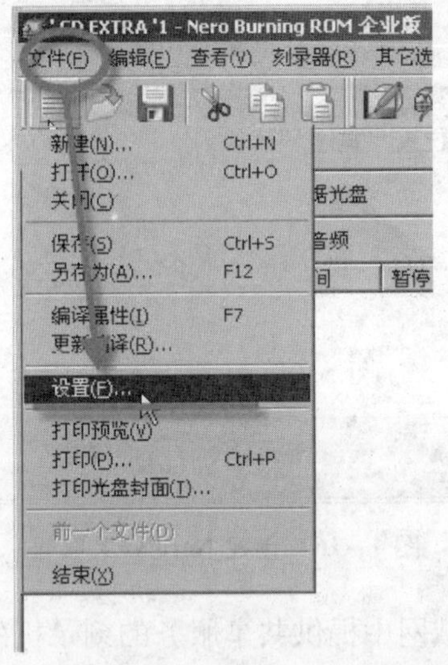

图 4－14　选择“文件”中的“设置”

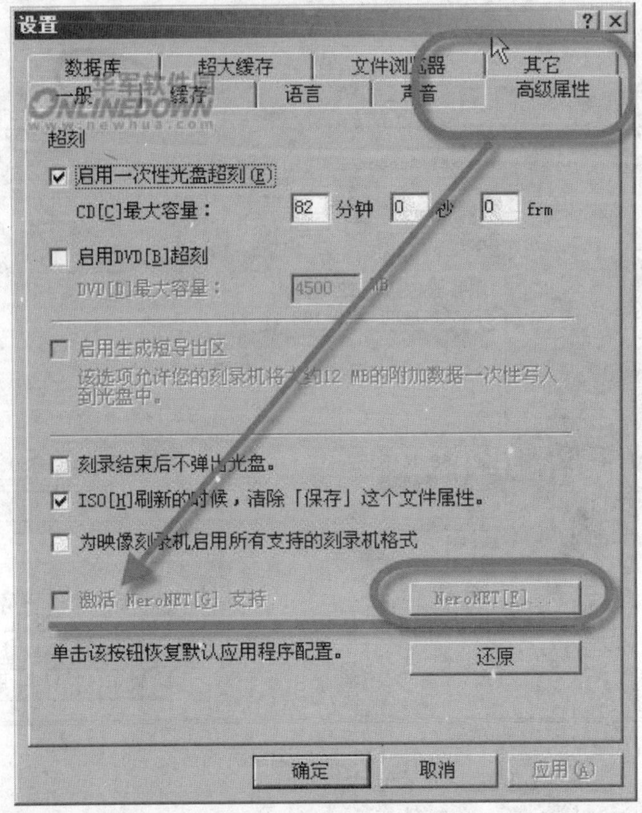

图 4－15　高级属性设置

选择激活“NeroNET 支持”，然后进入右侧“NeroNET”详细设置。（请注意：您的 Nero 必须为正规完全版本，否则无法使用该功能。）

在弹出的窗口中创建一个新的 NeroNET 账号，选择“创建”，如图 4－16 所示。

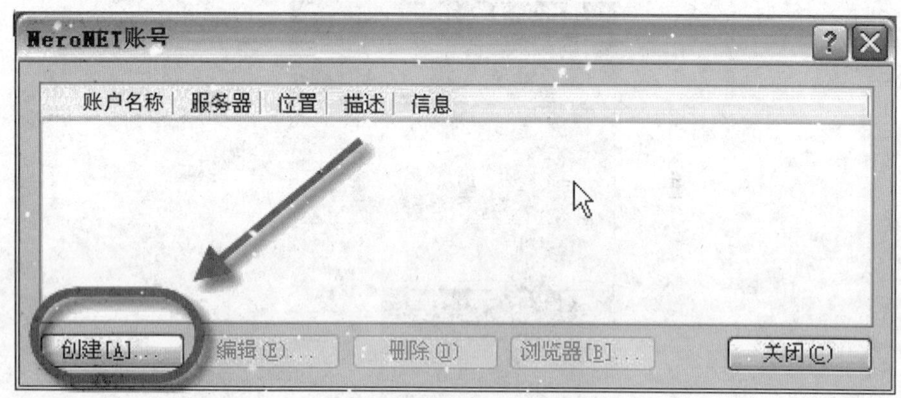

图 4－16　创建 NeroNET 账号

这时软件会自动搜寻局域网中提供共享服务的刻录机的虚拟服务器，服务器地址、端口等信息会一一显示。您需要使用在创建服务器时设置的账号与密码登录方可使用，如图 4－17 所示。

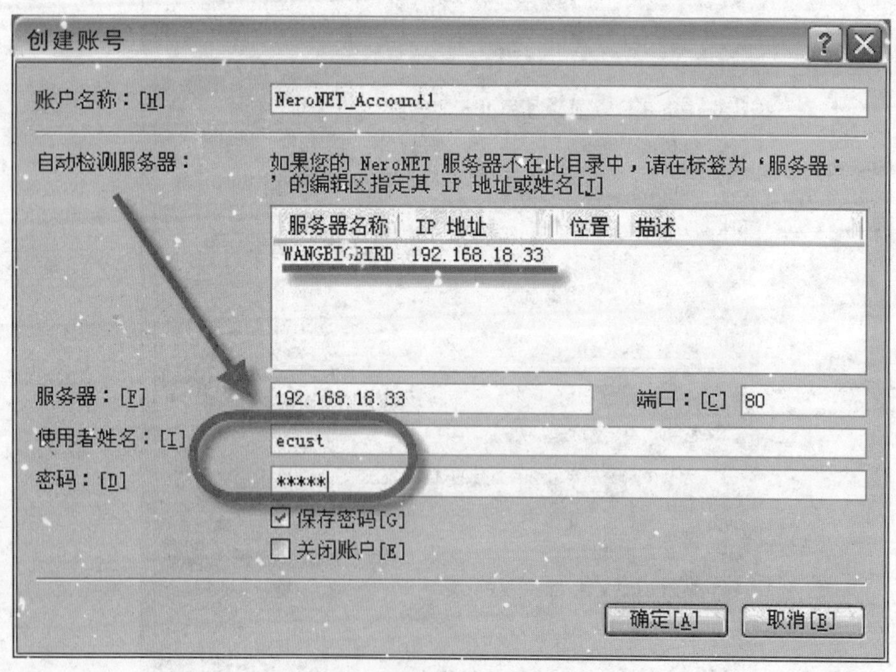

图 4－17　账户登录页面

完成后，在账号窗口会显示消息，这时我们就完成了账户的登录，如图 4－18 所示。

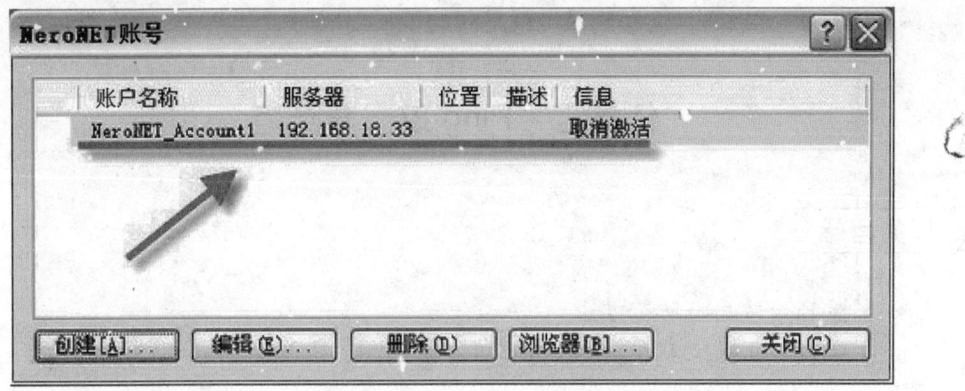

图 4－18 账户成功登录页面

下面开始为本地数据刻录选择远程刻录机。在 Nero BurningRom “刻录机” 中选择 “选择刻录器”，列表会显示本地及远程的光驱及刻录机信息，选择对方机器即可完成，如图 4－19 所示。

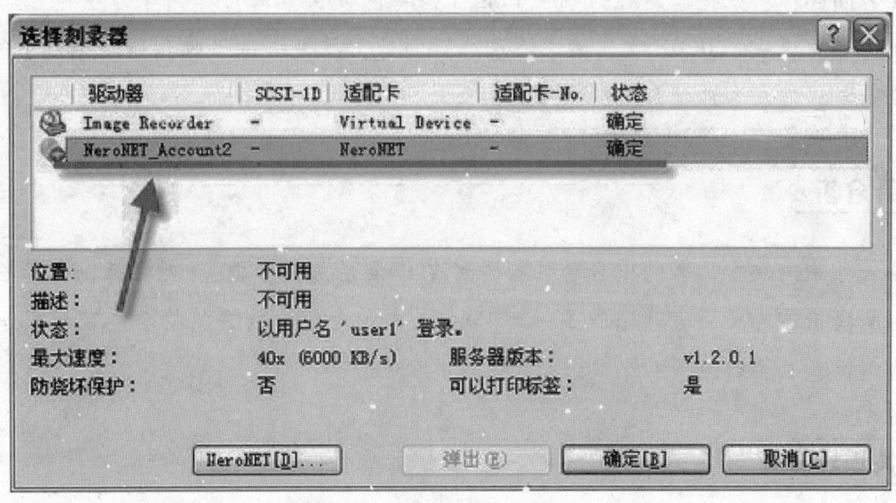

图 4－19 选择刻录器页面

至此，就完成了客户端配置的全过程，接下来您就可以像在使用本地刻录机时一样的情形来进行刻录。不过，还有几个条件必须满足：

①主机端必须要打开 NeroNet 软件，否则无法登录；

②刻录是这样的过程：首先软件将客户端待刻录数据制成镜像传输于主机端，主机再将镜像文件刻录至光盘，而非直接传输数据刻录；

③在传输之前要先检查主机端虚拟镜像文件存放的磁盘空间是否足够大，如果客户端出现 “磁盘空间不足” 即因此原因，需要调整文件存放位置；

④传输刻录过程中请不要再使用其他程序，以免造成刻录失败。

一切设置好了以后，远程刻录机就是您的了！

任务二 Ping 攻击与防范

任务目标

- 掌握 Ping 攻击与防范方法
- 掌握利用工具软件检测系统漏洞的方法

任务示例

背景材料：你碰到过网络不安全的情况没有？你碰到的情况有什么样的症状？你是怎样解决的？

任务描述：测试特理网络的命令 Ping（因特网包探索器）是用于测试网络连接量的程序。它发送一个 ICMP 响应请求消息给目的地，并报告是否收到所希望的 ICMP 应答，校验与远程或本地计算机的连接。

任务分析

本任务中的攻击只需网中多台电脑同时在 Ping 后加上参数 -t 对目标机进行长时间测试，从攻击的意义而言就完成了一次 Ping 攻击，大量的数据包将会使目标机运行速度越来越慢，甚至瘫痪。

相关知识

一、计算机网络安全定义

随着网络技术的不断发展，网络在人们的生活中已经占有一席之地，为人们的生活带来了很大方便。然而，网络也不是完美无缺的，它在给人们带来惊喜的同时，也带来了威胁，如计算机犯罪、黑客、有害程序和后门问题等严重威胁着网络的安全。

网络的安全策略一般分为三类：逻辑上的，物理上的和政策上的。逻辑上的措施，即研究开发有效的网络安全技术，例如，安全协议、密码技术、数字签名、防火墙、安全管理、安全审计等。

计算机网络安全是指保持网络中的硬件、软件系统正常运行，使它们不因自然和人为的因素而受到破坏更改和泄露。网络安全主要包括物理安全、软件安全、数据安全和运行安全四个方面。

二、计算机网络安全特征

由于网络安全威胁的多样性、复杂性及网络信息、数据的重要性，在设计网络系统的安全时，应该努力达到安全目标。一个安全的网络具有下面五个特征：可靠性、可用性、保密性、完整性和不可抵赖性。

1. 可靠性

可靠性是网络安全最基本的要求之一，是指系统在规定条件下和规定时间内完成规定功能的概率。

2. 可用性

可用性是指信息和通信服务在需要时允许授权人或实体使用。

3. 保密性

保密性指防止信息泄露给非授权个人或实体，信息只为授权用户使用。保密性是面向信息的安全要求。

4. 完整性

完整性也是面向信息的安全要求。它是指信息不被偶然或蓄意地删除、修改、伪造、乱序、重放、插入等破坏的特性。

5. 不可抵赖性

不可抵赖性也称作不可否认性，是面向通信双方（人、实体或进程）信息真实的安全要求。

三、网络面临的内部威胁

1. 计算机系统的脆弱性

计算机系统的脆弱性主要来自计算机操作系统的不安全性，在网络环境下，还来源于网络通信协议的不安全性。

2. 网络内部的威胁

对网络内部的威胁主要是来自网络内部的用户，这些用户试图访问那些不允许使用的资源和服务器。可以分为两种情况：一种是有意的安全破坏，另一种是由于用户安全意识差造成的无意识的操作失误，使得系统或网络误操作或崩溃。

四、网络面临的外部威胁

除了受到来自网络内部的安全威胁外，网络还受到来自外界的各种各样的威胁。

网络系统的威胁是多样的，因为在网络系统中可能存在许多种类的计算机和操作系统，采用统一的安全措施是不容易的，也是不可能的，而对网络进行集中安全管理则是一种好的方案。

安全威胁主要可以归结为物理威胁、网络威胁、身份鉴别、编程、系统漏洞等方面。

任务处理

在 DOS 环境中完成以下命令：

格式：Ping 目标 IP 地址 –t

例：Ping 192.168.0.6 –t

操作步骤：

第 1 步：添加 IP 安全策略。首先要做的就是，在控制台中添加 IP 安全策略单元，添加步骤如下：

（1）依次单击【开始】→【运行】，然后在【运行】窗口中输入“mmc”并回车，此时将会打开【控制台 1】窗口，如图 4 – 20 所示。

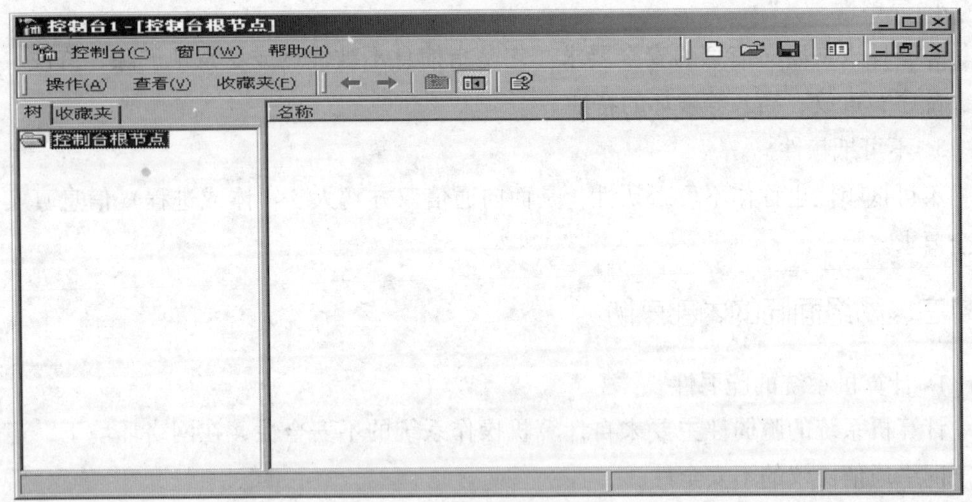

图 4 – 20　控制台 1 窗口

（2）在图 4 – 20 所示窗口依次单击【文件】→【添加/删除管理单元】→【添加】，此时将会打开【添加/删除管理单元】窗口，在此窗口下的列表中双击“IP 安全策略管理”，如图 4 – 21 所示。

（3）这时将会弹出【选择计算机域】窗口，在此选中【本地计算机】，然后单击【完成】按钮，最后依次单击【关闭】→【确定】，返回【控制台 1】主界面，此时将

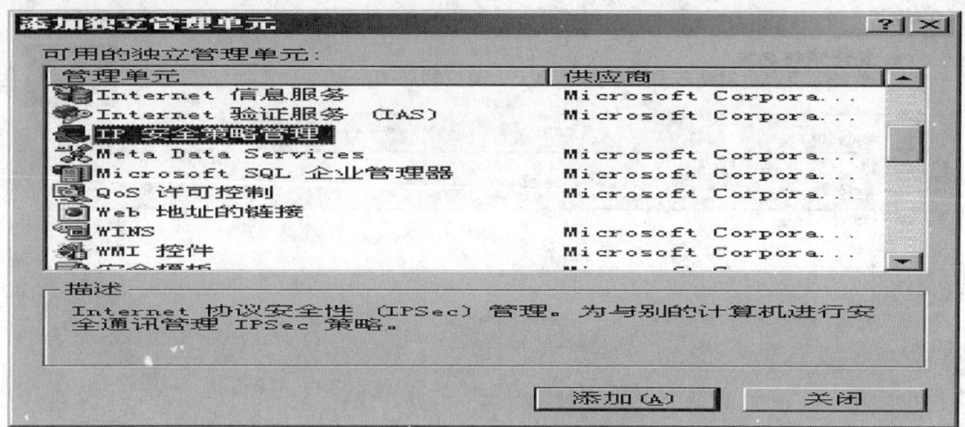

图 4－21　添加独立管理单元

会发现在【控制台根节点】下多了【IP 安全策略，在本地计算机】（如图4－22 所示）项，此时可以说明控制台中已经添加了 IP 安全策略项。

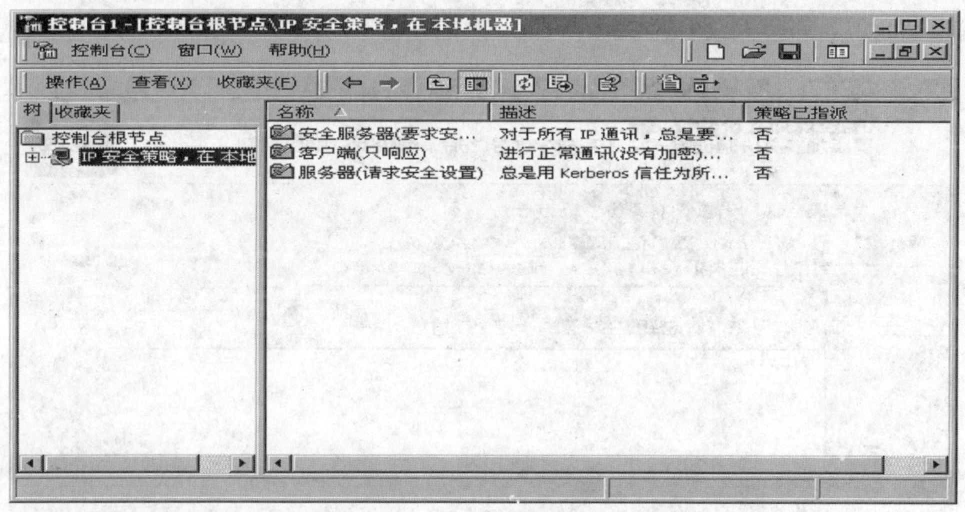

图 4－22　IP 安全策略项

第 2 步：创建 IP 安全策略。在添加了 IP 安全策略后，还要创建一个新的 IP 安全策略，步骤如下：

（1）在图 4－22 中右键点击【IP 安全策略，在本地机器】选项，执行【创建 IP 安全策略】命令，此时将会打开【IP 安全策略向导】窗口。

（2）单击【下一步】按钮，此时将会出现要求指定 IP 安全策略名称及描述向导页面，可以在【描述】下输入一个策略描述，比如【禁止 Ping】，如图 4－23 所示。

（3）单击【下一步】，然后在出现的页面中确保选中了【激活默认相应规则】项，然后单击【下一步】。

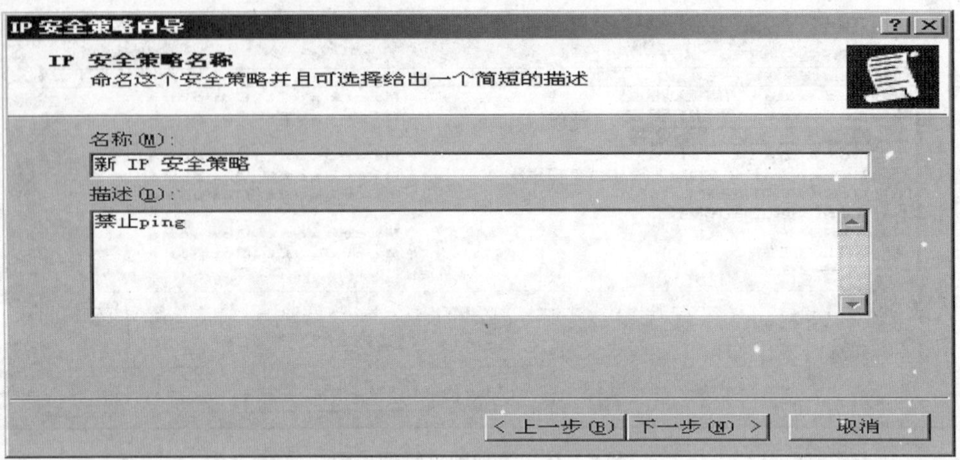

图 4 – 23 IP 安全策略名称页面

（4）在出现的【默认响应规则身份验证方法】对话框中选中【此字符串用来保护密钥交换（预共享密钥）】选项，然后在下面的文字框中任意键入一段字符串（如“禁止 Ping”），如图 4 – 24 所示。

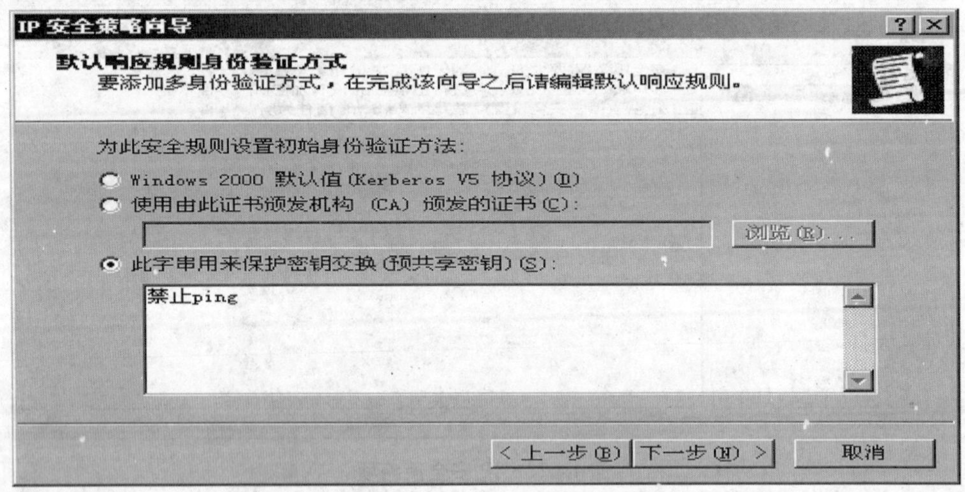

图 4 – 24 默认响应规则身份验证方式页面

（5）单击【下一步】，此时将会出现完成 IP 安全策略向导页面窗口，最后单击【完成】按钮即完成了 IP 安全策略的创建工作。

第 3 步：编辑 IP 安全策略属性。在以上 IP 安全策略创建后，在控制台中就会看到刚刚创建好的【新 IP 安全策略】项，下面还要对其属性进行编辑修改，步骤如下；

（1）在控制台中双击创建好的新 IP 安全策略，此时将会弹出【新 IP 安全策略属性】窗口，如图 4 – 25 所示。

（2）单击【添加】按钮，此时将会弹出【安全规则向导】窗口，直接单击【下一

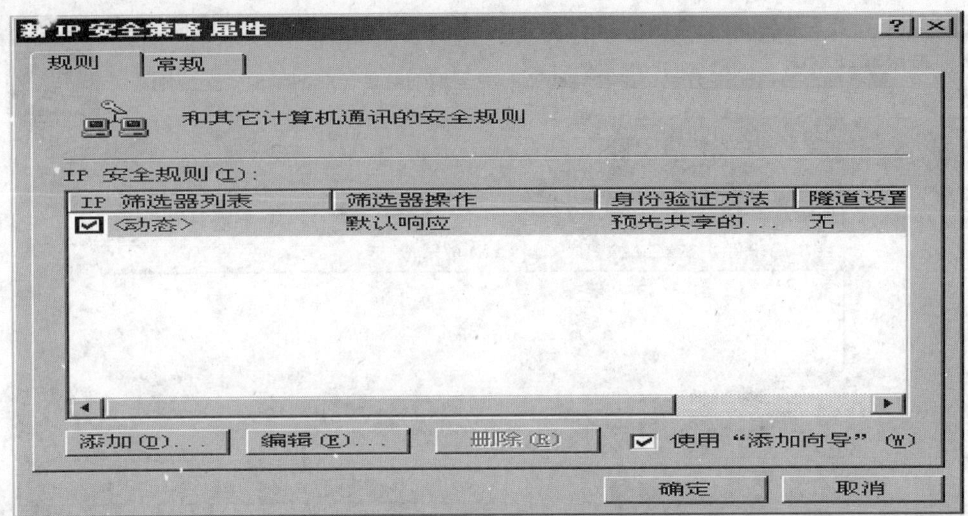

图4－25　新IP安全策略属性窗口

步】则进入【隧道终结点】页面，在此点选【此规则不指定隧道】。

(3) 单击【下一步】，此时将会出现【网络类型】页面，在该页面中点选【所有网络连接】项，这样就能保证所有的计算机都Ping不通该主机了，如图4－26所示。

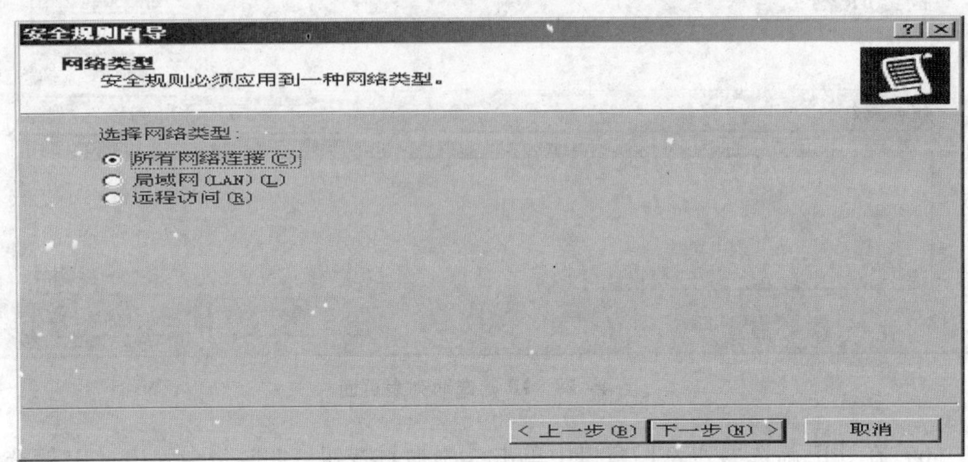

图4－26　网络类型页面

(4) 单击【下一步】，此时将会出现【身份验证方法】页面，继续选中【此字符串用来保护密钥交换（预共享密钥）】项，然后在下面的输入框中输入“禁止Ping”的文字，如图4－27所示。

(5) 单击【下一步】，然后在打开的【IP筛选器列表】页面中单击【添加】按钮，此时将会打开【IP筛选器列表】窗口，如图4－28所示。

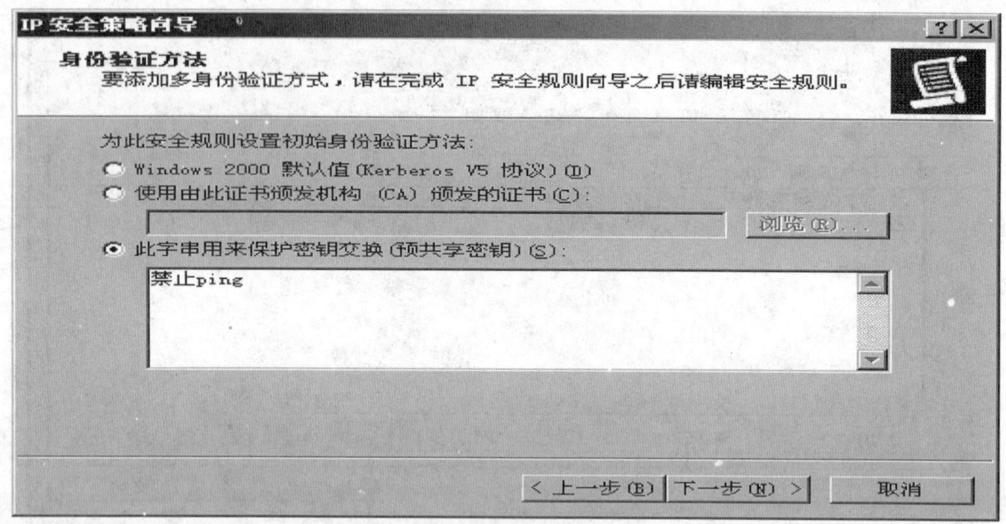

图 4-27　身份验证方法页面

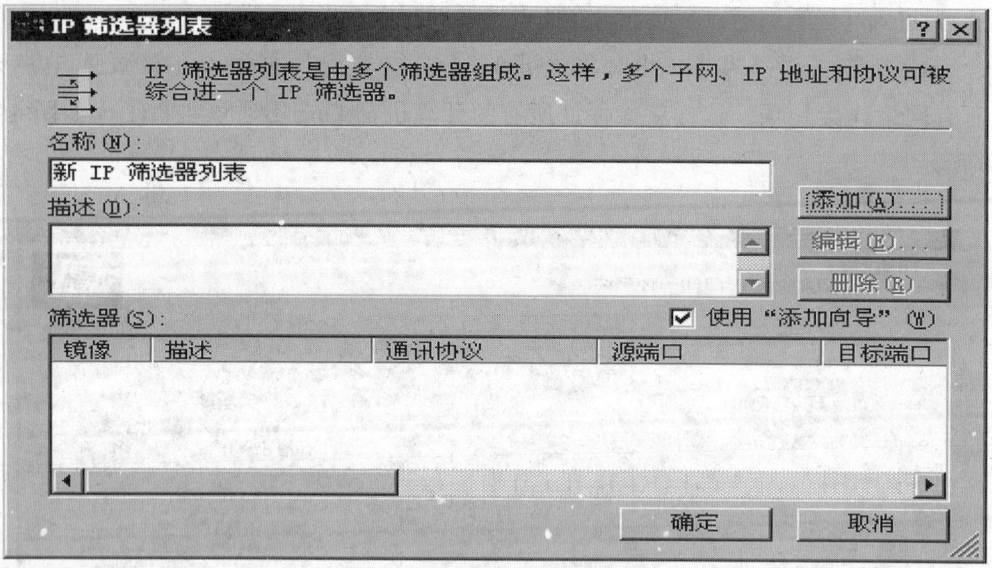

图 4-28　IP 筛选器列表页面

(6) 在【IP 筛选器列表】窗口中单击【添加】按钮，此时将会弹出【IP 筛选器向导】窗口，单击【下一步】，此时将会弹出【IP 通信源】页面，在该页面中设置【源地址】为“我的 IP 地址”，如图 4-29 所示。

(7) 单击【下一步】按钮，在弹出的页面中设置【目标地址】为【任何 IP 地址】，任何 IP 地址的计算机都不能 Ping 你的机器，如图 4-30 所示。

(8) 单击【下一步】，然后在出现的【IP 协议类型】页面中设置【选择协议类型】为“ICMP”，如图 4-31 所示。

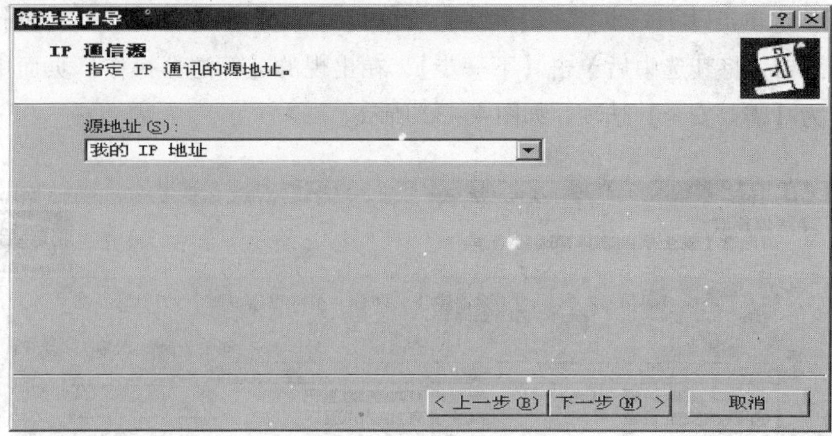

图 4－29　IP 通信源页面

筛选器向导
IP 通信目标
指定 IP 通讯的目的地址。
目标地址 (D):
任何 IP 地址
< 上一步 (B)
下一步 (N) >
取消

图 4－30　IP 通信目标页面

筛选器向导
IP 协议类型
选择 IP 协议类型。如果这个类型支持 IP 端口，您还需要指定 IP 端口。
选择协议类型 (S):
ICMP
1
< 上一步 (B)
下一步 (N) >
取消

图 4－31　IP 协议类型页面

(9) 依次单击【下一步】→【完成】，此时，你将会在【IP 筛选器列表】看到刚创建的筛选器，将其选中后单击【下一步】，在出现的【筛选器操作】页面中设置筛选器操作为【需要安全】选项，如图 4－32 所示。

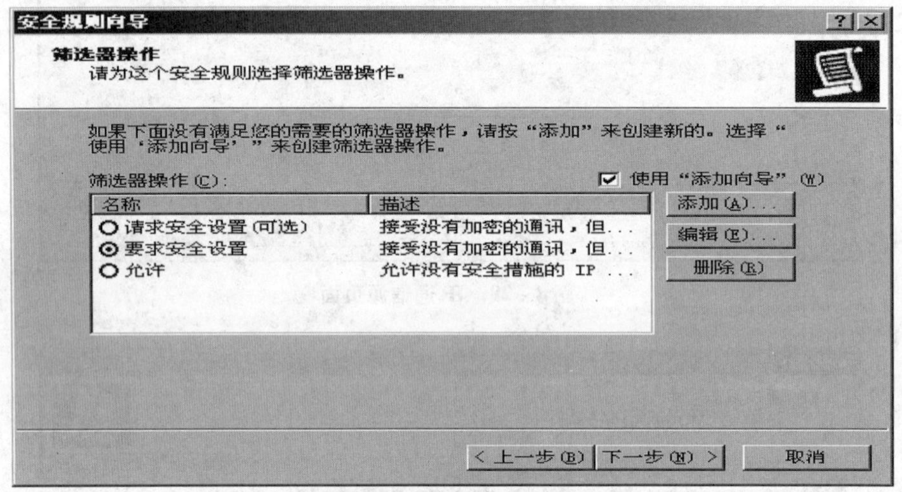

图 4－32　筛选器操作页面

(10) 单击【下一步】，然后依次单击【完成】→【确定】→【关闭】按钮，保存相关的设置返回控制台即可。

第 4 步：指派 IP 安全策略。安全策略创建完毕后并不能马上生效，还需通过【指派】功能令其发挥作用。方法是：在【控制台根节点】中右击【新的 IP 安全策略】项，然后在弹出的右键菜单中执行【指派】命令，即可启用该策略，如图 4－33 所示。

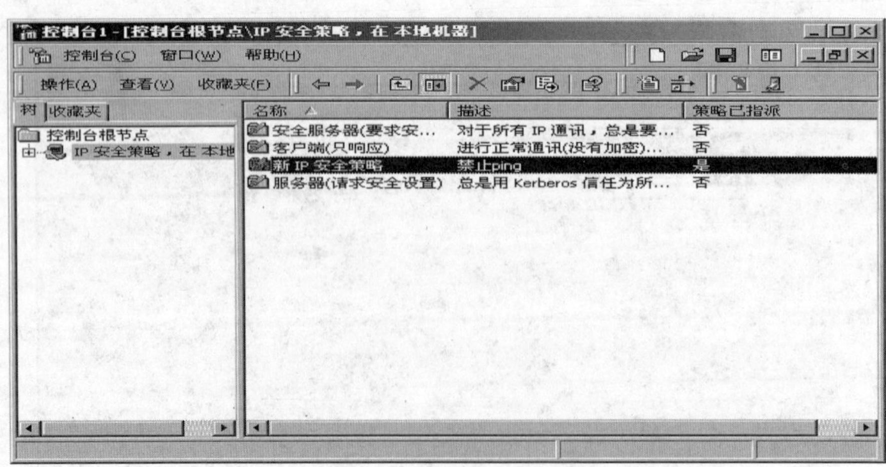

图 4－33　指派 IP 安全策略

至此，这台主机已经具备了拒绝其他任何机器 Ping 自己 IP 地址的功能，不过在本地仍然能够 Ping 通自己。经过这样的设置之后，所有用户（包括管理员）都不能在其他机器上对此服务器进行 Ping 操作，不用担心被 Ping 威胁了。

检测与实训

一、简答题

1. 什么是网络安全？网络安全包括哪些方面？
2. 网络系统本身存在哪些安全漏洞？
3. 网络面临的威胁有哪些？
4. 简述 Intranet 在物流企业中的应用。
5. 简述网络安全措施。

二、实训

充分利用网络资源，以用户身份登录服务器中的物流管理软件，做物流管理专业的仓储与配送练习，体会计算机网络技术在物流领域中的广泛应用。

项目五　物流信息交换技术与应用

项目导读

解决了物流信息的自动采集与识别问题和建立起了传递物流信息的网络之后，接下来要解决的就是信息传输过程中，不同国家、地区的不同企业之间信息传输格式的统一问题。只有做到了信息格式的统一互认，才能真正彻底的解决信息的重复手工录入，减少差错，真正实现物流的信息化和自动化。而 EDI 就是为此而开发的，是现代计算机技术和远程通信技术结合的产物。目前，在商务信息传输领域，EDI 扮演着越来越重要的角色。

EDI 是通过计算机网络传递商务信息，如商品选择、订货、配送、验收、付款等，实现零售业交易的电子交易方式。EDI 系统一般由关于信息传送方式的规定、关于信息表示方式的规定、关于系统运行操作的规定和关于交易业务的规定等几个方面组成，并且主要通过增值网（VAN）实现 EDI 的通信功能。零售商应用 EDI 的优越性在于加快信息传递，极大降低进货作业的出错率，节省进货商品检验的时间和成本，能迅速核对订货与到货数据，易于发现差错，实现无纸化交易。EDI 的应用主要是连接零售业和供应商。

知识目标

- 掌握 EDI 工作原理
- 掌握 EDI 的概念、特点、分类
- 了解 EDI 系统组成

能力目标

- 能填制贸易单证
- 掌握 EDI 在物流领域的应用

- 能利用EDI教学软件将贸易商业发票转换成EDI标准报文

引导案例

中国大陆较早的EDI系统的使用者——中远集团

1. 中远集团背景资料

中国远洋运输（集团）总公司（cosco.com）是国内最早实施EDI的企业之一，它的前身是成立于1961年4月27日的中国远洋运输公司。1993年2月16日组建以中国远洋运输（集团）总公司为核心企业的中国远洋运输集团。经过几代中远人40余年的艰苦创业，中远集团已由成立之初的4艘船舶、2.26万载重吨的单一型航运企业，发展成为今天拥有和经营着600余艘现代化商船、3500余万载重吨、年货运量超过2.6亿吨的综合型跨国企业集团。作为以航运、物流为核心主业的全球性企业集团，中远在全球拥有近千家成员单位、8万余名员工。在中国本土，中远集团分布在广州、上海、天津、青岛、大连、厦门、香港等地的全资船公司经营管理着集装箱、散装、特种运输和油轮等各类型远洋运输船队；在海外，以日本、韩国、新加坡、北美、欧洲、澳大利亚、南非和西亚8大区域为辐射点，以船舶航线为纽带，形成遍及世界各主要地区的跨国经营网络。标有“COSCO”醒目标志的船舶和集装箱在世界160多个国家和地区的1300多个港口往来穿梭。

2. 中远集团采用的技术

中远集团真正实验运作EDI系统是从1988年开始的，中远系统的代理公司在PC机上借用日本Shipnet网的单证通信格式，通过长途电话，从日本或中国香港的TYMNET网络节点入网，单向地向国外中远代理公司传输货运舱单数据。

20世纪90年代初，中远集团与国际著名的GEIS公司合作开始了EDI中心的建设，由该公司为中远集团提供报文传输服务。1995年，中远集团正式立项，1996—1997年完成了中远集团EDI中心和EDI网络的建设，该EDI网络基本覆盖了国内50多家大小中货和外代网点，实现了对海关和港口的EDI报文交换，并通过北京EDI中心实现了与GEISEDI中心的互联，连通了中远集团海外各区域公司。1997年1月，中远集团总公司正式开通公司网站，1998年9月，中远集团在网站上率先推出网上船期公告和订舱业务。目前，中远集团已经通过EDI实现了对舱单、船图、箱管等数据的EDI传送。

在标准化工作方面，中远集团重点开发了基于EDIFACT标准，符合中国国情的，适用于行业内部的“货物跟踪信息EDI报文标准”，“船期表EDI报文标准”和“货运单证 EDI 报文标准（3.1 版）”等。

为了适应国内港口对 EDI 的需求，中远总公司和东南大学、南京航空航天大学合作开发了“货运单证交换服务系统”，它是按照 ISO/OSI 开放系统互联标准开发的软件包，通信网络是电话网和分组交换网。中心服务系统由单证邮箱管理功能和进一步开发 EDI 应用的应用编程接口（API）两部分组成；用户端软件由入网通信功能和用户应用程序编程接口（API）两部分组成。目前，中心服务系统所有模块均在北京总公司 AS/400 机的操作系统下运行。并且能够移植在 IBM 大型机上运行，成为中远集团在国内各远洋公司、代理公司、汽车运输公司及其他所属企业间的 EDI 服务网络系统。

自 1988 年在微机上试验的中美航线舱单传输系统开始，到目前为止，中远集团已经开发和正在开发、测试的多套应用系统都取得了很大进展，如“出口理货单证数据 EDI 应用系统”、“代理公司进口货运单证 EDI 应用系统”、“代理公司出口货运单证 EDI 应用系统”、“远洋船舶运费舱单 EDI 应用系统”等。

1995 年原交通部组织实施了《国际集装箱运输电子信息传输和运作系统及示范工程》，该工程以上海、天津、青岛、宁波四个港口以及中国远洋运输（集团）总公司作为示范工程建设单位（简称“四点一线”EDI 示范工程）。

3. 中远集团实施 EDI 的效益分析

1990 年，中远从国内到日本的集装箱一般有 5000 个标准箱位，仅按其中的 1000 个标准箱位计算，大约需要 150 大张仓单，用传真需要 2 个小时才能传过去，采用 EDI 后仅需几分钟就可以传完，节省的不只是时间，以当年的业务量计算，中远集团光传真费就节省了 70 万美元。现在，中远集团的业务量比 1990 年增长了许多倍，可想而知，EDI 的应用为中远集团节省了多少的费用和时间。

1991 年，新加坡政府要求所有入关船只要提前将仓位图用计算机传输到欲进港口，否则推迟该船的卸货时间并处以罚款。中远集团由于在一年前就搭建了完整的图文处理网络系统，所以没有一项业务受到影响。

中远的 EDI 系统在为集团带来巨大经济效益的同时，也受到了社会各界的关注。1995 年，交通部启动“四点一线”（四点即天津港、青岛港、大连港和上海港，一线即远洋业）工程，旨在加快我国远洋运输业的发展，扶持一批重点远洋运输企业，中远集团下属 20 多个公司被批准加入该工程。

为了充分利用专网促进日常办公效率和业务处理速度，中远集团成立了电子邮件中心和 EDI 中心，利用报文系统进行费用结算、仓单处理等业务。中远集团每年的仓单数以吨计，以往有 100 多人专职整理，也无法整理清楚。而采用 EDI 报文系统后，只有几个人工作，每天的仓单就能处理得当。

通过上面的分析可以看到，由于业务的需要，中远集团很早就开始了 EDI 的应用，同时它也是国内开展 EDI 业务较早的企业，中远集团 EDI 的实施取得了很大的成功，它为中远集团节约了大量的成本，很大程度上提高了中远集团的工作效率，使得中远集团在激烈的国际竞争中始终处在前列。

中远集团之所以能够在 EDI 实施方面取得如此大的胜利，主要原因在于：

（1）中远集团 EDI 系统的实施是根据企业发展以及业务的需要进行的，满足企业业务发展的需求，能够直接改善企业的业务流程，提高工作效率，节约企业成本。

（2）中远集团具有雄厚的资金支持，任何系统的建设都是需要投入的，尤其是像中远集团这样的大系统更是如此。

中远集团在 EDI 方面无疑是走在了前列。在新的世纪里，中远集团要想走在时代的前列，就要大力发展电子商务，从全球客户的需求变化出发，以全球一体化的营销体系为业务平台，以物流、信息流和业务流程重组为管理平台，以客户满意为文化理念平台构建基于 Internet 的、智能的、服务方式柔性的、运输方式综合多样并与环境协调发展的网上运输和综合物流系统。

（资料来源：http：//wenku. baidu. com/view/3b5198cdda38376baf1fae37. html）

EDI 操作

任务目标

- 能够掌握 EDI 技术的相关知识
- 熟练操作 EDI 软件

任务示例

背景材料：很多企业为了缩短和减少单据的清算时间，加速资金的周转，将企业业务资料，如发票、报价单、运单、装箱单和订单等单证在网络上相互传送并结算。因此，需要相关人员掌握 EDI 技术相关知识，熟练操作 EDI 软件。

任务描述：为提高工作效率，某物流企业准备采用 EDI 技术对企业进行管理，通过 EDI 和客户进行业务数据交换。

任务分析

要完成此任务，需要相关人员进行 EDI 技术的学习，并要求熟练操作 EDI 软件。

相关知识

一、电子数据交换技术含义

国际标准化组织（ISO）对 EDI 的定义为："将贸易（商业）或行政事务处理按照一个公认的标准变成结构化的事务处理或信息数据格式，从计算机到计算机的电子传输。"

联合国对 EDI 使用的定义为："用约定的标准编排有关的数据，通过计算机向计算机传送业务往来信息。"

我国对 EDI 公认较为精确的定义是："按照协议的结构格式，将标准的经济信息，经过电子数据通信网络，在商业伙伴的电子计算机系统之间进行交换和自动处理。"

实际上，EDI 是用电子数据输入代替人工数据录入，以电子数据交换代替传统的人工交换的方法。EDI 的主要目的并不是消除纸张的使用，而是消除处理延迟和数据的重新录入。

从上述 EDI 定义不难看出，EDI 由三个基本要素组成：

（1）通信网络是 EDI 应用的基础；

（2）计算机硬件、专用软件组成的应用系统是实现 EDI 的前提条件；

（3）EDI 标准化是实现 EDI 的关键。

EDI 是参加商业运作的双方或多方按照协议，对具有一定结构的标准商业信息，通过数据通信网络，在参与方计算机之间所进行的传输和自动处理。

EDI 技术是自动识别技术在供应链自动化、电子商务、企业信息中应用的支撑技术和重要环节。按照协议，对具有一定结构特征的标准经济信息，经过电子数据通信网，在商业贸易伙伴的计算机系统之间进行交换和自动处理的全过程。

EDI 处理和传输的数据是参与贸易各方之间的商业文件。文件传输采用国际公认的 EDI 标准报文格式，通过专门的计算机网络实现。信息的发送，接收与处理是由计算机自动进行的，无须人工干预。

二、电子数据交换技术的产生背景与发展过程

1. 产生背景

（1）全球贸易额的上升带来了各种贸易单证、文件数量的激增，增加了对纸张的需求（年国民生产总值每增加 10 亿美元，用纸量就会增加 8 万吨）。纸面贸易文件成了阻碍贸易发展的一个比较突出的因素。

（2）市场竞争出现了新的特征。价格因素在竞争中所占的比重逐渐减小，而服务性因素所占比重增大。提高商业文件传递速度和处理速度成了所有贸易链中成员的共同需求。

（3）出差错的概率增高。在各类商业贸易单证中有相当大的一部分数据是重复出现的，需要反复地键入，出差错的概率增高。据美国一家大型分销中心统计，有5%的单证中存在着错误。同时，重复录入浪费人力、浪费时间、降低效率。

（4）计算机技术的发展，通信条件和技术的完善，网络的普及为EDI的应用提供了坚实的基础。

2. 发展过程

早在20世纪60年代以前，人们就已经在用电报报文发送商务文件。70年代又普遍采用方便、快捷的传真机来替代电报，但由于传真文件是通过纸面打印来传递和管理信息的，不能将信息直接转入到计算机信息管理系统中，数据的重复录入量较大。70年代末应用于企业间的电子数据交换技术和银行间的电子资金转账（Electronic Fund Transfer，EFT）技术作为电子商务应用系统的雏形出现了。

有关EDI的最初想法来自美国运输业，原因是运输业流通量大，货物和单证的交接次数多，而单证的交接速度常常赶不上货物的运输速度。当时的贸易商们在使用计算机处理各类商务文件的时候还发现，由人工输入到一台计算机中的数据70%是来源于另一台计算机输出的文件，过多的人为因素也影响了数据的准确性和工作效率的提高。这就促成了1975年第一个EDI标准的发表。

应用EDI可以使交易双方将交易过程中产生的各种单据以规定的标准格式在双方的计算机系统上进行端对端的数据传送和自动处理，减少了文字工作并提高了自动化水平，从而使企业实现“无纸贸易”，简化业务流程，减少由于人工操作失误带来的损失，能够大大地提高工作效率，降低交易成本，加强贸易伙伴之间的合作关系。

因此，实用的EDI电子商务在20世纪80年代得到了较快的发展，在国际贸易、金融、海关业务、航空公司、连锁店及制造业等领域得到了大量的应用。

多年来，EDI已经演进成了多种不同的技术。在20世纪90年代之前，出于安全的考虑，EDI和EFT是通过租用计算机传输线路在专用网络上实现，使用成本非常高。同时，EDI对技术、设备和人员都有较高的要求。受这些因素的制约，基于EDI的电子商务目前仅局限在先进国家和地区以及大型企业范围内应用。

三、EDI与其他通信手段的比较

EDI与现有的一些通信手段如传真、用户电报（Telex）、电子信箱等，有着很大的区别，主要表现在以下几个方面：

（1）EDI传输的是格式化的标准文件，并具有格式校验功能。

（2）EDI是实现计算机到计算机的自动传输和自动处理，其对象是计算机系统。

（3）EDI对于传送的文件具有跟踪、确认、防篡改、防冒领、电子签名等一系列安全保密功能。

（4）EDI文本具有法律效力，而传真和电子信箱则没有。

（5）EDI和电子信箱都是建立在分组数据通信网上。

（6）EDI和电子信箱都是建立在OSI的第七层上，而且都是建立在MHS通信平台之上，但EDI比E－mail要求更高。

（7）传真目前大多为实时通信，EDI和电子信箱都是非实时的，具有存储转发功能。

四、电子数据交换的分类和特点

1. 电子数据交换的分类

（1）最基本的EDI系统是电子订货系统（Electronic Ordering System，EOS），又称为贸易数据互换系统（Trade Data Interchange，TDI），它用电子数据文件来传输订单、发货票和各类通知。

（2）第二类常用的EDI系统是电子金融汇兑系统（Electronic Funds Transfer System，EFT），它仍在不断的改进中，最大的改进是同订货系统联系起来，形成一个自动化水平更高的系统。

（3）第三类EDI系统是交互式应答系统（Interactive Query Response，IQR），它可应用在旅行社或航空公司作为机票预订系统。

（4）第四类EDI是带图形资料自动传输的EDI。最常见的是计算机辅助设计（Computer Aided Design，CAD）图形的自动传输。

2. 电子数据交换的特点

EDI是企业（制造厂、供应商、运输公司、银行等）单位之间传输的商业文件数据。

传输的文件数据采用共同的标准并具有固定格式；传输过程必须保证数据的完整性、一致性、可靠性，保证贸易伙伴之间的数据不间断交换、主数据库中的资料与设备不受损坏。通过数据通信网络（一般是增值网和专用网）来传输。数据通过计算机到计算机的自动传输不需要人工介入操作，由应用程序对它自动响应，实现事务处理与贸易自动化。

（1）单证格式化。EDI传输的是企业间格式化的数据，如定购单、报价单、发票、货运单、装箱单、报关单等，这些信息都具有固定的格式与行业通用性。而信件、公函等非格式化的文件不属于 EDI 处理的范畴。

（2）报文标准化。EDI 传输的报文符合国际标准或行业标准，这是计算机能自动处理的前提条件。目前最为广泛使用的 EDI 标准是 UN/EDIFACT（联合国标准 EDI 规则适用于行政管理、商贸、交通运输）和 ANSI X.12（美国国家标准局特命标准化委员会第 12 工作组制定）。

（3）处理自动化。EDI 信息传递的路径是计算机到数据通信网络，再到商业伙伴的计算机，信息的最终用户是计算机应用系统，它自动处理传递来的信息。因此这种数据交换是机—机、应用—应用，不需人工干预。

（4）软件结构化。EDI 功能软件由五个模块组成：用户界面模块、内部 EDP 接口模块、报文生成与处理模块、标准报文格式转换模块和通信模块，如图 5－1 所示。

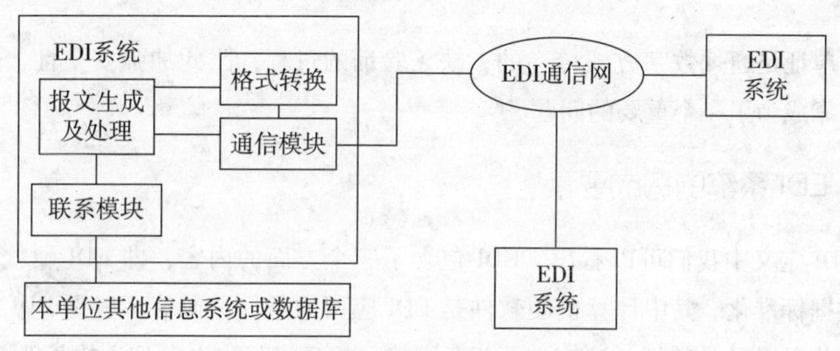

图 5－1　EDI 功能模块

（5）运作规范化。EDI 以报文的方式交换信息有其深刻的商贸背景，EDI 报文是目前商业化应用中最成熟、最有效、最规范的电子凭证之一，且具有法律效力。

五、EDI 技术工作原理

（1）手工条件下，贸易单证的传递方式如图 5－2 所示。一个应用的输出变成另一个应用的输入。

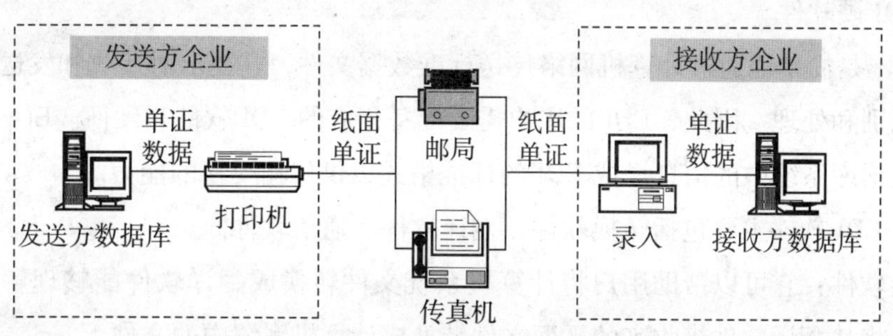

图 5－2　手工条件下贸易单证的传递方式

缺点：买卖双方之间重复输入的数据较多，容易产生差错，准确率低，劳动力消耗多及延时增加。

（2）EDI条件下贸易单证的传递方式如图5－3所示。

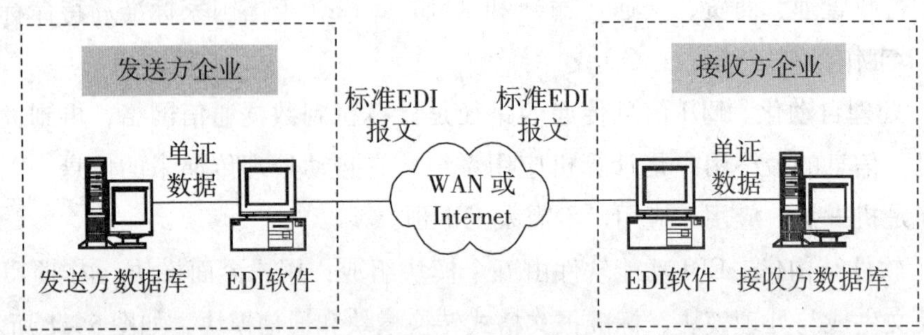

图5－3　EDI条件下贸易单证的传递方式

由于单证是通过数字方式传递的，缺乏验证的过程，因此加强安全性，保证单证的真实可靠成为了一个重要的问题。

六、EDI系统的构成要素

从EDI定义中我们可以看出，EDI包含了三个方面的内容，即EDI硬软件、通信网络和数据标准化。其中计算机硬软件是EDI应用的条件，通信环境是EDI应用的基础，标准化是EDI的特征，这三方面相互衔接、相互依存，构成EDI的基础框架。EDI系统模型如图5－4所示。

图5－4　EDI系统构成

1. EDI硬软件

EDI不是简单地通过计算机网络传送标准数据文件，它要求对接收和发送的文件进行自动识别和处理。因此，EDI的用户需要配备相应的EDI软件和硬件。EDI软件具有将用户数据库系统中的信息译成EDI的标准格式以供传输交换的能力。

（1）EDI软件主要包括转换软件、翻译软件、通信软件。

转换软件：它可以帮助用户将计算机系统文件转换成翻译软件能够理解的平面文件，或是将从翻译软件接收来的平面文件转换成计算机系统中的文件。

翻译软件：将平面文件翻译成EDI标准格式，或将接收到的EDI标准格式翻译成平面文件。

通信软件：将 EDI 标准格式的文件外层加上通信信封再送到 EDI 系统交换中心的邮箱，或由 EDI 系统交换中心内将接收到的文件取回。

（2）EDI 所需的硬件设备有：计算机、调制解调器及电话线。由于使用 EDI 进行电子数据交换需通过通信网络，目前采用电话网络进行通信是很普遍的方法，因此 Modem 是必备硬件设备。此外，如果传输时效及资料传输量上有较高要求，可以考虑租用专线。

2. 通信网络

通信网络是实现 EDI 的手段。EDI 的通信方式有多种，点对点与增值网络是主要的通信方式。

（1）点对点（PTP）方式。点对点方式即 EDI 按照约定的格式，通过通信网络进行信息的传递和终端处理，完成相互的业务交往。早期的 EDI 通信一般都采用此方式，但它有许多缺点，如当 EDI 用户的贸易伙伴不再是几个而是几十个甚至几百个时，这种方式很费时间，需要许多重复发送。同时这种通信方式是同步的，不适于跨国家、跨行业之间的应用。点对点的方式又可分为一点对一点方式、一点对多点方式、多点对多点方式。

（2）增值网（VAN）方式。它是那些增值数据业务（VADS）公司，利用已有的计算机与通信网络设备，除完成一般的通信任务外，增加 EDI 的服务功能。VADS 公司提供给 EDI 用户的服务主要是租用信箱及协议转换，后者对用户是透明的。信箱的引入，实现了 EDI 通信的异步性，提高了效率，降低了通信费用。另外，EDI 报文在 VADS 公司自己的系统（即 VAN 中）中传递也是异步的，即存储转发的。

VAN 方式尽管有许多优点，但因为各增值网的 EDI 服务功能不尽相同，VAN 系统并不能互通，从而限制了跨地区、跨行业的全球性应用。同时，此方法还有一个致命的缺点，即 VAN 只实现了计算机网络的下层，相当于 OSI 参考模型的下三层。而 EDI 通信往往发生在各种计算机的应用进程之间，这就决定了 EDI 应用进程与 VAN 的联系相当松散，效率很低。

（3）MHS 方式。信息处理系统 MHS 是 ISO 和 ITU－T 联合提出的有关国际间电子邮件服务系统的功能模型。它是建立在 OSI 开放系统的网络平台上，适应多样化的信息类型，并通过网络连接，具有快速、准确、安全、可靠等特点。它是以存储转发为基础的、非实时的电子通信系统，非常适合作为 EDI 的传输系统。MHS 为 EDI 创造了一个完善的应用软件平台，减少了 EDI 设计开发上的技术难度和工作量。ITU－T X. 435/F. 435 规定了 EDI 信息处理系统和通信服务，把 EDI 和 MHS 作为 OSI 应用层的正式业务。EDI 与 MHS 互联，可将 EDI 报文直接放入 MHS 的电子信箱中，利用 MHS

的地址功能和文电传输服务功能，实现 EDI 报文的完善传送。

EDI 与 MHS 结合，大大促进了国际 EDI 业务的发展。为实现 EDI 的全球通信，EDI 通信系统还使用了 X.500 系列的目录系统（DS）。DS 可为全球 EDI 通信网的补充、用户的增长等目录提供增、删、改功能，以获得名址网络服务、通信能力列表、号码查询等一系列属性的综合信息。EDI、MHS 和 DS 的结合，使信息通信有一了个新飞跃，为 EDI 的发展提供了广阔的前景（见图 5－5）。

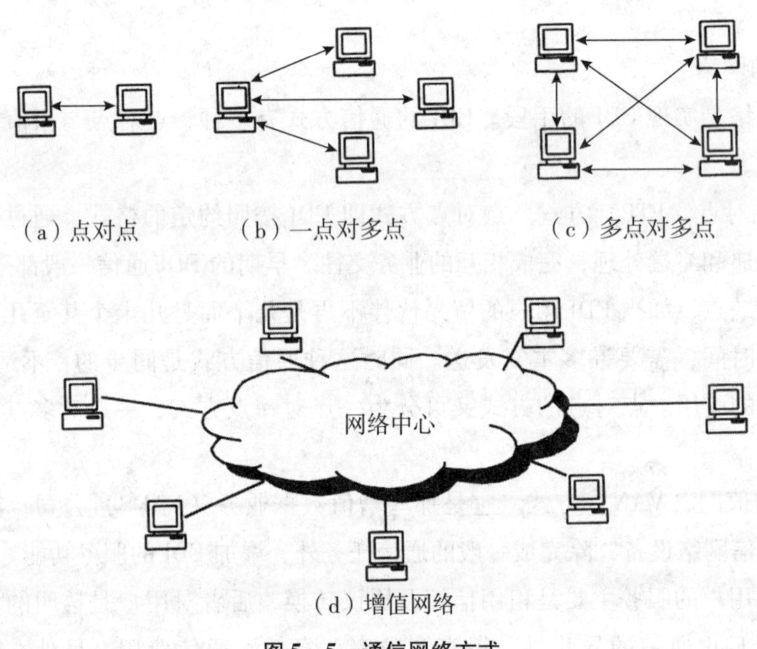

图 5－5　通信网络方式

3. 数据标准化

EDI 数据标准是各国各地区代表共同讨论、制定的电子数据交换共同标准，它可以使各组织之间的不同文件格式，转变成可以互相交换的文件格式。显然，标准的不统一将直接影响 EDI 的发展。因此，标准化的工作是实现 EDI 互通和互联的前提和基础。

七、EDI 的工作过程

EDI 通信网络是建立在信息处理系统（Message Handling System，MHS）数据通信平台上的信箱系统。具体实现的方法是在数据通信网络上加挂大容量信息处理计算机，在计算机上建立信箱系统，通信双方申请各自的信箱，其通信过程就是把文件传过对方的信箱中。文件交换由计算机自动完成，发送文件时，用户只需进入自己的信箱系统。图 5－6 为 EDI 的工作过程。

（1）映射。发送方将要发送的数据从信息系统数据库提出，转换成平面文件（亦

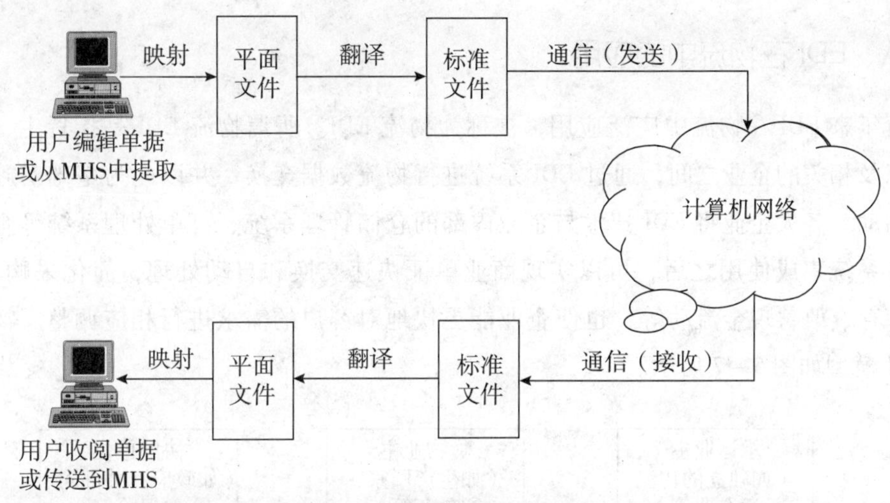

图 5-6　EDI 的工作过程

称中间文件)。平面文件是用户通过应用系统直接编辑、修改和操作的单证和票据文件，它可以直接阅读、显示和打印输出。

（2）翻译。将平面文件翻译为标准 EDI 报文，并组成 EDI 信件。EDI 标准格式文件是一种只有计算机才能阅读的文件，它是按照 EDI 数据交换标准的要求，将平面文件中的各项信息翻译而来。

（3）通信。发送方将 EDI 信件投递到对方信箱，接收方从 EDI 信箱收取信件。

（4）EDI 文件处理。接收方将 EDI 信件拆开并翻译成为平面文件，然后将平面文件转换还原成应用文件，并送到接收方信息系统中进行处理。

EDI 平台的数据接入主要有以下几种：

（1）具有单一计算机应用系统的用户接入方式：拥有单一计算机应用系统的企业规模一般不大，这类用户可以利用电话交换网，通过调制解调器直接接入 EDI 中心。

（2）具有多个计算机应用系统的用户接入方式：对于规模较大的企业，多个应用系统都需要与 EDI 中心进行数据交换。为了减小企业的通信费用和方便网络管理，一般是采用联网方式将各个应用系统首先接入负责与 EDI 中心交换信息的服务器中，再由该服务器接入 EDI 交换平台。

（3）普通用户接入方式：该类用户通常没有自己的计算机系统，当必须使用 EDI 与其贸易伙伴进行业务数据传递时，他们通常采用通过因特网或电话网以拨号的方式接入 EDI 网络交换平台。

在实际操作过程中，EDI 系统为用户提供的 EDI 应用软件包，包括了应用系统、映射、翻译、格式校验和通信连接等全部功能。其处理过程，用户可看做是一个“黑匣子”，完全不必关心里面具体的过程。

八、EDI 在物流中的应用

近年来 EDI 在物流中广泛应用，被称为物流 EDI。所谓物流 EDI 是指货主、承运业主以及相关的企业之间，通过 EDI 系统进行物流数据交换，并以此为基础实施物流作业活动。各大企业将 EDI 技术与企业内部的仓储管理系统、订单处理系统等企业管理信息系统集成使用之后，可以实现商业单证快速交换和自动处理，简化采购流程、减少库存、改善现金流动等，也使企业能更快地对客户的需求进行相应调整。物流企业 EDI 模型如图 5－7 所示。

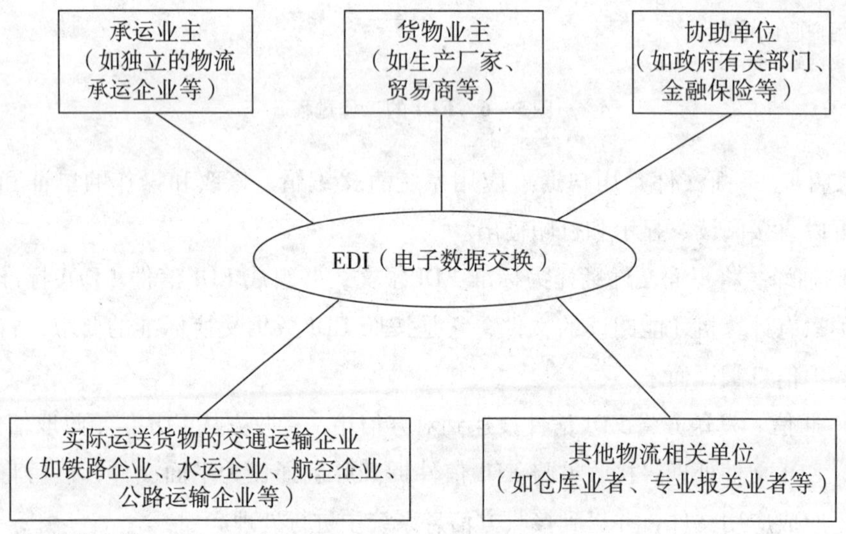

图 5－7　物流 EDI 系统应用实例

这个由发送货物业主、物流运输业主和接收货物业主组成的物流模型中，企业使用 EDI 技术的主要步骤如下：

（1）发送货物业主（如生产厂家）在接到订货后制订货物运送计划，并把运送货物的清单及运送时间安排等信息通过 EDI 发送给物流运输业主和接收货物业主（如零售商），以便物流运输业主预先制订车辆调配计划和接收货物业主制订货物接收计划。

（2）发送货物业主依据顾客订货的要求和货物运送计划下达发货指令、分拣配货、打印出物流条形码的货物标签（Shipping Carton Marking，SCM 标签）并贴在货物包装箱上，同时把运送货物品种、数量、包装等信息通过 EDI 发送给物流运输业主和接收货物业主依据请示下达车辆调配指令。

（3）物流运输业主在向发货货物业主取运货物时，利用车载扫描读数仪读取货物标签的物流条形码，并与先前收到的货物运输数据进行核对，确认运送货物。

（4）物流运输业主在物流中心对货物进行整理、集装，制作成送货清单并通过

EDI 向收货业主发送发货信息。在货物运送的同时进行货物跟踪管理，并在货物交纳给收货业主之后，通过 EDI 向发货物业主发送完成运送业务信息和运费请示信息。

（5）收货业主在货物到达时，利用扫描读数仪读取货物标签的物流条形码，并与先前收到的货物运输数据进行核对确认，开出收货发票，货物入库。同时通过 EDI 向物流运输业主和发送货物业主发送收货确认信息。

九、EDI 的发展方向

随着计算机网络技术的发展，特别是万维网（World Wide Web）的出现，使电子数据交换变得十分开放，而且非常廉价，以 Web 网站形式发布、共享信息是电子商务发展中的一个重大里程碑。开放的 Internet 使中小企业有机会平等地参与到电子商务中来，这就给传统的 EDI 带来了很大的机遇和挑战。机遇是 EDI 可以利用 Internet 技术扩大其应用的范围，挑战是 EDI 必须利用新的技术手段和接口标准融入到一个基于 Internet 的、没有边界的、可以无限扩展的电子商务解决方案中去。

XML 是一种可扩展的置标语言，它可以自定义标志和属性，具有可延伸性。利用 XML 所具有的可延伸性以及自我描述（slef - descriptive）特性，Web 文件可以在企业间的应用程序中自动传输、处理及储存，不同厂商的电子商品可以在同一个使用者界面同时展现，资讯的搜寻变得更为精确快速，不同系统间可以流畅的互通，而中小企业也可以轻易享受 EDI 的好处。目前，已有一些组织（比如 XML/EDI）正在致力于将传统 EDI 的消息格式与传统 EDI 业务的 VAN 分离开来，把已经成熟的传统 EDI 消息与 XML 结合起来，使 EDI 的数据交换与因特网中其他数据交换拥有一个标准。另外，许多电子商务服务提供商已经利用 XML 技术使其电子商务解决方案能够与传统的 EDI 无缝集成，进行数据交换。所以，基于 Internet 的 iEDI 是传统 EDI 的发展方向。

对于那些数据传送量少的小企业来说，投入大量的财力和人力去购买相关的软硬件、开发 EDI 单证和进行日常维护是一个大的负担和麻烦，投资往往是得不偿失。基于 Internet 的 iEDI 大大方便了那些小企业，他们不用购买和维护 EDI 软件，不用进行 EDI 单证和 API 开发，只需利用现成的 Windows 和浏览软件（这些软件随处可买，甚至可以免费获得）即可进行 EDI 应用，而有关表格制作和单证翻译等工作由 EDI VAN 的提供者来做。

任务处理

1. 软件下载：从 EDI 网站 http：//www. npedi. com 下载软件。

2. 软件安装：执行下载的安装文件 ensetup. exe。默认安装在 c：\ NPEDI，安装目录可以自行修改。

3. 软件使用。

注意事项：

（1）教师要提前下载软件并调试和检测。

（2）需要 Internet 网络教学，要熟悉学校内局域网的 IP 地址。

（3）需要向 EDI 中心注册 FTP 登录用户名（小写方式）和 FTP 登录口令。

上海联华超市集团 EDI 应用系统

一、公司背景

上海联华超市有限公司是国内最大的超市集团，主要股东上海友谊集团持有其 51% 的股份，其他股东还包括上海工商联和日本三菱商式株式会社。2002 年联华超市的营业额为 58.2 亿元，其中 60% 来自超市，27% 来自大卖场，13% 来自便利店，净利润率达 4.6%，2003 年 6 月 27 日在香港证券交易所上市。

1. 基本状况

上海联华超市集团成立于 1992 年，至 2001 年已发展到 1000 多家门店。它有直营店、加盟店、合营店三种经营方式，其中直营店主要在上海；加盟店分布在浙江、江苏等外省；合营店主要以控股方式经营，主要分布在远郊区、县等地。直营、加盟、合营三种经营方式的门店都由总部统一进货。

随着经营规模的越来越大，管理工作越来越复杂，公司领导意识到必须搞好计算机网络应用。从 1997 年开始，成立了总部计算机中心，完成经营信息的汇总、处理。配送中心也完全实现了订货、配送、发货的计算机管理，各门店的计算机应用由总部统一配置、开发、管理。配送中心与门店之间的货源信息通过上海商业高新技术公司的商业增值网以 E－mail 方式传递。

2. 系统结构

上海联华超市集团公司的 EDI 应用系统可完成配送中心和供应商之间、总部与配送中心之间、配送中心与门店之间的标准格式的信息传递，信息通过上海商业增值网 EDI 服务中心完成。

3. 应用信息流

采用 EDI 之后，配送中心直接根据各门店的销售情况和订货情况产生订货信息，发送给供应商。供应商供货后，配送中心根据供应商的发货通知单直接去维护库存，向门店发布存货信息。这样做的结果，使得信息流在供应商、配送中心、门店之间流动，所有数据只有一个入口，保证了数据传递的及时、准确，降低了订货成本和库存费用。

二、案例分析

上海联华超市在应用EDI后，不仅提高了商业效率、降低了企业成本，而且获得了更为广阔的商业机遇。通过建立完善的信息系统，规范了管理流程，加速推进了联华超市的信息化进程，使企业获得了良好的经济效益。

企业引入EDI时，如果选择低成本引入，主要目的是为了数据传输方便，可先引入订购单，将订购单转换成EDI报文传送给供应商。其优点是：

（1）不需要为配合不同供应商而使用不同的EOS系统；

（2）使供应商能够提早收到订单，及早处理，加快送货速度。

除了数据传输外，使用EDI还有改善作业的功能，可与供应商合作，依次引入采购进货单、出货单、催款对账单及付款明细表，并与企业内部信息系统集成，逐渐改善订购、进货、对账及付款作业。

（1）引入采购进货单。采购进货单是整个交易流程的开始，供应商接收EDI订单，不需要重新输入就可保证数据的正确，而且也不需要为配合不同供应商而使用不同的EOS系统。

（2）引入出货单。供应商在出货前事先发送EDI出货单通知零售商，零售商可事先安排储位，并比较出货单与内部的订购数据，缩短验收后人工确认的时间，也降低了日后对账的困难程度。

（3）引入催款对账单。零售商可在引入EDI对账报文后开发对账系统，并与订购及验收系统集成，生成对账单，这样就减轻了财务部门每月对账的工作量，降低了对账的错误率。

（4）引入付款明细表。引入与供应商的对账系统后，零售商可将日常的付款作业计算机化，开发转账系统，并与银行进行EDI连接，引入付款明细表EDI报文。

此转账系统除可与对账系统、会计系统集成，实现自动转账外，也可使后续的会计作业实现自动化，节省人力，降低人工错误率；引入EDI来改善作业流程，必须有相关部门人员的积极参与，才可能获得成功。

总之，必须要有相关业务部门的人员参与，协同信息人员共同制定新的作业流程，并由信息人员修改信息系统，才能使EDI发挥最大效果，达到改善作业流程的目的。由于需要整合不同部门的作业，因此，参与的业务主管层次越高，应用的层面就越广。

除数据传输和作业改善外，企业还可以EDI为工具进行企业再造。企业再造的目的是为客户提供最好的产品与服务，因此作业流程的革新是非常重要的。实施EDI，可先改变与供应商间的作业流程，再配合外部流程的改造来革新企业的内部流程。

检测与实训

一、简答

1. 什么是EDI？其工作原理如何？

2. 简述EDI系统的构成。

3. EDI系统的特点有哪些？

4. 简述目前EDI技术在物流领域中的应用。

二、案例分析

沃尔玛在互联网时代的EDI应用

美国《财富》杂志2004年公布了美国最大的500家公司最新排名，沃尔玛公司连续第三年名列榜首。沃尔玛的成功在于它将传统与现代经营模式成功地结合在一起，从而得以在新兴数码时代纵横驰骋，所向披靡。这家世界最大的传统零售商“不灭的神话”，正是在高科技的鼎力支持下才得以实现。

沃尔玛之所以在零售时常战胜强大对手，迅速脱颖而出，并多年活力不减，最重要的是因为它以“低价销售、保证满意”作为经营宗旨，向顾客提供“高品质服务”和“无条件退款”等承诺。而沃尔玛之所以能够提供“每日低价”和“最周到服务”，是因为它比其他任何竞争对手有更高效节省开支的能力。沃尔玛采取了快速高效的现代化供应链管理，通过对信息流、物流、资金流的有效调控，利用先进的技术和设备，把供应商、分销商和零售商直到最终的用户连成一个整体的功能性网链结构，以便进行更加有效的协调和管理。早在1970年，沃尔玛就建立了第一间配送中心，由公司总部负责统一订购来的商品全部被送到指定的配送中心，而每家分店只是一个纯粹的卖场。当时沃尔玛在它的配送中心应用了两项最新的物流技术——“交叉作业”和“电子数据交换（EDI）”。沃尔玛特别投入4亿美元的巨资，委托休斯公司发射了一颗商用卫星，实现了全球联网，以先进的信息技术为其高效的配送系统提供保证。

沃尔玛在全球网上零售业中的排名曾经一度沦落到第43位，但沃尔玛没有因公司网站几年来的萧条经营而退缩。沃尔玛拥有众多的分支、完善的配送系统、低廉的价格优势、忠心耿耿的客户群体，以及强大的技术力量，这一整套的坚实后盾令积极涉足网上零售的沃尔玛如虎添翼。

思考题：

1. 沃尔玛在配送中心采用 EDI 带来哪些好处？

2. 对我国传统物流企业有什么启示？

三、实训

登录网站 http：//www. npedi. com，在线练习 EDI 软件的操作。

项目六　GPS 和 GIS 技术在物流领域的应用

项目导读

中国“北斗”的问世和不断完善，将逐步打破美国 GPS 一统天下的局面。目前，世界公认美国的 GPS、俄罗斯的“格洛纳斯”、欧洲的“伽利略”、中国的“北斗”为全球四大卫星导统系统，且被联合国一起确认为全球卫星导航系统核心供货商。

知识目标

- 掌握 GPS 和 GIS 的特点及用途
- 掌握 GPS 的组成和定位原理
- 了解北斗导航系统的原理及发展趋势

能力目标

- 熟练使用手持 GPS 进行定位
- 熟练使用 GIS

引导案例

中国北斗登录太空　摆脱受制于人

2003 年 3 月 20 日，伊拉克战争爆发。美军大批轰炸机、巡航导弹猛扑伊拉克首都巴格达，几乎万无一失地准确地命中目标。这些炸弹、导弹之所以都能够实现精确打击，是因为它们都通过卫星导航系统来实现定位，提供这种定位服务的正是美国的 GPS。

但遗憾的是，英国、法国等美国的北约盟友却享受不到 GPS 的“精确优惠”，虽然同是北约，欧洲的飞机也无法享受到美国提供的“精确制导”。据了解，美国人用的GPS系统分为军用和民用两种，供给各国使用的是精度不高的民用GPS，而精度准确的军用GPS只供自己享用。美国军用GPS的精度都是在1米左右，甚至1米以下，尤其投入使用的第二代GPS，可以达到0.3米、0.2米。然而，美国为北约盟友提供的GPS的精确度限制在10米以外。欧洲各国觉得不能受制于美国，因此，他们联合搞起了自己的卫星导弹系统——“伽利略”。

美国对在伊拉克战争中为虎作伥的“北约战友”都留一手，对中国就可想而知了。

事实也正是如此。在伊拉克战争期间，中国中远公司有一艘远洋货轮，通过马六甲海峡驶入印度洋后，被美国舰船拦阻，要求检查船只。美国在伊拉克作战，可以划临检区，但不能把临检区划到整个印度洋。

中国货轮不买美国的账，不停船受检。但后来这条船开的时间不长，发现船用GPS失效了，船停了下来，当时船长以为是GPS出了故障，派技术人员检查、检修，但没有发现故障。后来才明白是美国海军对中国货轮GPS进行局部屏蔽，GPS信号受到干扰消失了。因为这个GPS信号是美国发出来的，它知道定点干扰的问题。

一个国家的安全，不能依赖外国，必须依靠自己。如果中国的军事装备和通信联络也使用GPS，战时很可能发生灾难性的悲剧。

GPS系统是美国最早研制开发的，最早占领了国际市场，中国的民用市场也几乎让GPS独领风骚。美国的GPS在全世界通用的时候，大家都觉得很方便，但一旦美国不高兴，随时随地就可以制裁你。

欧洲对美国全球定位系统就感到很不信任，所以要独立开发“伽利略”。美国人当初对欧洲的“伽利略”系统颇有微词，说他们都有一套GPS系统了，而且商业应用的时候大部分都是免费的，为什么还要开发伽利略系统。欧洲人回答很明了，如果你美国不高兴了，不让我们用了怎么办？他们不愿意都吊在美国一棵树上。

连欧洲都坚决要搞“伽利略”系统，中国如果不搞“北斗”系统的话，将完全处于被动地位。

中国“北斗”的问世，的确使美国感到不安。美国《太空新闻》报道认为，中国的“北斗”军事卫星导航系统扰乱了美国的计划。中国航天部门正试图借鉴欧洲“伽利略”系统，通过发射与美国导航卫星相似的M编码频率信号，来压制美国卫星导航系统的军事优势。美国最好的解决方法将直接发展GPS-4，即第四代GPS系统。

（资料来源：http：//mil. qianlong. com/37076/2009/05/12/3943@4986165_ 1. htm）

任务一　GPS 技术应用

任务目标

- 明确 GPS 的概念，熟悉其基本原理
- 了解 GPS 的发展，掌握其构成及功能
- 掌握 GPS 的操作技能，并会在物流作业中应用

任务示例

背景材料：运输成本是物流作业中比例最大的一部分，为了更加合理地调度车辆，及时掌握车辆及货物的在途信息，某公司决定为自由车辆设备配备 GPS，同时要求为本公司服务的运输车辆也必须配有 GPS，这成为今后选择合作伙伴的条件之一。公司要求所有与运输、配送作业相关的人员都会使用 GPS，以此提高运作效率和服务水平。

任务描述：在掌握 GPS 基础知识的基础上，通过网络查找 GPS 导航设备的使用，从而掌握 GPS 的使用方法。

任务分析

教师带领学生去当地知名物流公司进行调查参观，写一篇关于 GPS 在物流信息系统中应用情况的调研报告。

相关知识

全球定位系统（Global Positioning System，GPS）是美国从 20 世纪 70 年代开始研制，历时 20 年，耗资 200 亿美元，于 1994 年全面建成，具有在海、陆、空进行全方位实时三维导航与定位能力的新一代卫星导航与定位系统。

GPS 系统包括三大部分：用户设备部分——GPS 信号接收机；地面控制部分——地面监控系统；空间部分——GPS 卫星星座，如图 6－1 所示。

1. GPS 信号接收机

GPS 信号接收机的任务是：能够捕获到按一定卫星高度截止角所选择的待测卫星的信号，并跟踪这些卫星的运行，对所接收到的 GPS 信号进行变换、放大和处理，以便测量出 GPS 信号从卫星到接收机天线的传播时间，解译出 GPS 卫星所发送的导

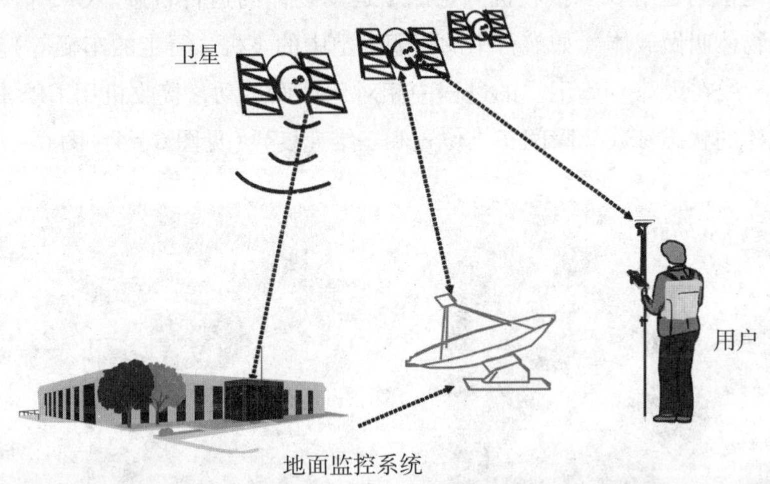

图6-1　GPS系统构成

航电文，实时地计算出测站的三维位置，甚至三维速度和时间。

GPS卫星发送的导航定位信号，是一种可供无数用户共享的信息资源。对于陆地、海洋和空间的广大用户，只要用户拥有能够接收、跟踪、变换和测量GPS信号的接收设备，即GPS信号接收机，就可以在任何时候用GPS信号进行导航定位测量。根据使用目的的不同，用户要求的GPS信号接收机也各有差异。目前，世界上已有几十家工厂生产GPS接收机，产品也有几百种，这些产品可以按照原理、用途、功能等来分类。

静态定位中，GPS接收机在捕获和跟踪GPS卫星的过程中固定不变，接收机高精度地测量GPS信号的传播时间，利用GPS卫星在轨的已知位置，解算出接收机天线所在位置的三维坐标（见图6-2、图6-3）。

图6-2　测地型——用于大地测量

图6-3　车载型——用于车辆导航定位

而动态定位则是用 GPS 接收机测定一个运动物体的运行轨迹。GPS 信号接收机所位于的运动物体叫做载体（如航行中的船舰、空中的飞机、行走的车辆等）。载体上的 GPS 接收机天线在跟踪 GPS 卫星的过程中相对地球而运动，接收机用 GPS 信号实时地测得运动载体的状态参数（瞬间三维位置和三维速度）（见图 6－4～图 6－7）。

图 6－4　航海型——用于船舶导航定位

图 6－5　航空型——用于飞机导航定位

图 6－6　星载型——用于卫星导航定位

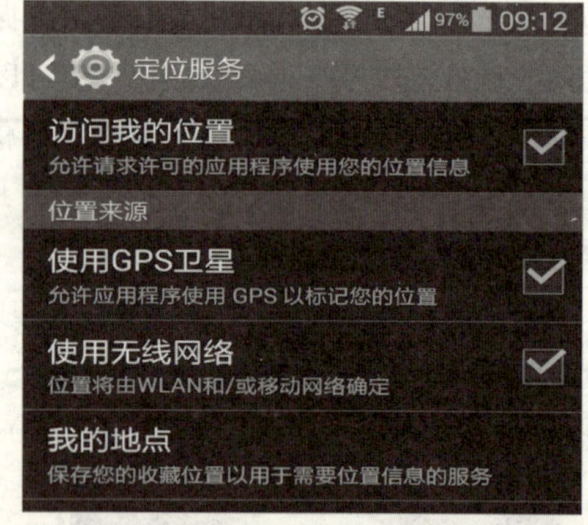

图 6－7　手持型——用于个人手机定位

2. 地面监控系统

对于导航定位来说，GPS 卫星是一动态已知点。星的位置是依据卫星发射的星历——描述卫星运动及其轨道的参数算得的。每颗 GPS 卫星所播发的星历，是由地面监控系统提供的。卫星上的各种设备是否正常工作，以及卫星是否一直沿着预定轨道运行，都要由地面设备进行监测和控制。地面监控系统的另一重要作用是保持各颗卫星处于同一时间标准——GPS 时间系统。这就需要地面站监测各颗卫星的时间，求出钟差。然后由地面注入站发给卫星，卫星再由导航电文发给用户设备。GPS 工作卫星的地面监控系统包括：主控站 1 个；监测站 6 个；注入站 4 个；通信与辅助系统（见图 6－8）。

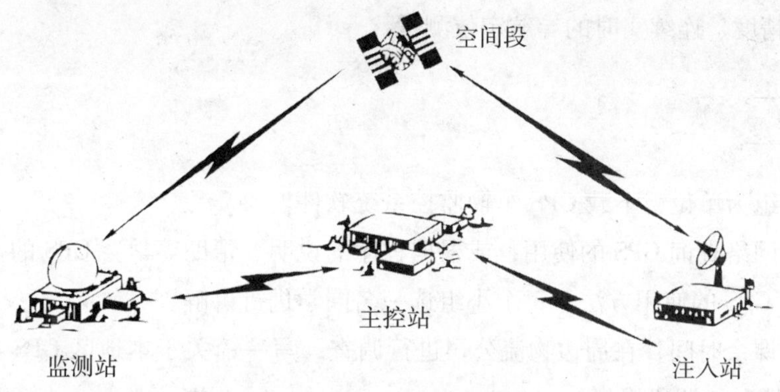

图6-8　GPS工作卫星的地面监控系统

3. GPS卫星星座

由21颗工作卫星和3颗在轨备用卫星组成GPS卫星星座，记作（21+3）GPS星座。24颗卫星均匀分布在6个轨道平面内，轨道倾角为55度，各个轨道平面之间相距60度，即轨道的升交点赤经各相差60度。每个轨道平面内各颗卫星之间的升交角距相差90度，一轨道平面上的卫星比西边相邻轨道平面上的相应卫星超前30度（见图6-9）。

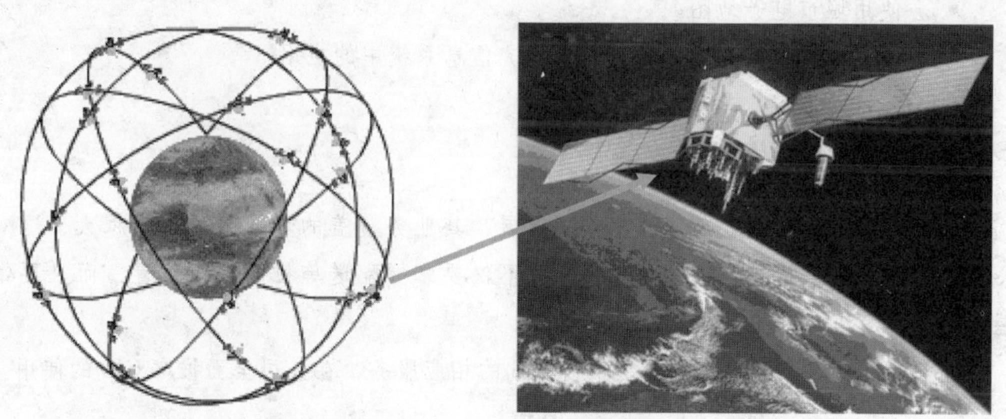

图6-9　GPS卫星星座

在两万千米高空的GPS卫星，当地球对恒星来说自转一周时，它们绕地球运行两周，即绕地球一周的时间为12恒星时。这样，对于地面观测者来说，每天将提前4分钟见到同一颗GPS卫星。位于地平线以上的卫星颗数随着时间和地点的不同而不同，最少可见到4颗，最多可见到11颗。在用GPS信号导航定位时，为了结算测站的三维坐标，必须观测4颗GPS卫星，称为定位星座。这4颗卫星在观测过程中的几何位置分布对定位精度有一定的影响。对于某地某时，甚至不能测得精确的点位坐标，这种时间段叫做“间隙段”。但这种时间间隙段是很短暂的，并不影响全球绝大多数地方的全天候、高精度、连续实时的导航定位测量。

任务处理

1. 以小组为单位，下载 GPS 车辆监控系统软件。

2. 利用网络查询 GPS 的使用，或根据程序的说明、帮助等学会 GPS 的操作方法。

3. 总结 GPS 的使用方法，每个小组选一名同学进行讲解。

4. 利用课余时间，在周边物流公司进行调查，写一篇关于本地区 GPS 在物流信息系统中应用情况的调研报告。

任务二　GIS 技术应用

任务目标

- 了解 GIS 的概念、原理
- 熟悉 GIS 技术的特性、基本功能以及构成
- 会使用城市电子地图
- 了解 GIS 技术在物流分析过程及物流信息系统中的应用

任务示例

背景材料： 随着某物流公司业务的开展，其业务覆盖的地域范围越来越大，这对公司的运输、配送提出了更高要求。公司不仅要掌握配送单位的具体位置，而且要掌握不同地区的线路情况。

任务描述： 该公司决定在网上申请 GIS 的相应服务，在公司全面推广 GIS 的使用。

任务分析

熟悉城市电子地图的使用方法，通过调查，总结 GIS 在物流信息系统中的应用。

相关知识

一、GIS 系统

地理信息系统（Geographic Information System，GIS）是随着地理科学、计算机技

术、遥感技术和信息科学的发展而发展起来的一个学科。在计算机发展史上，计算机辅助设计技术（CAD）的出现使人们可以用计算机处理像图形这样的数据，图形数据的标志之一就是图形元素有明确的位置坐标，不同图形之间有各种各样的拓扑关系。简单地说，拓扑关系指图形元素之间的空间位置和连接关系。简单的图形元素如点、线、多边形等；点有坐标（x, y）；线可以看成由无数点组成，线的位置就可以表示为一系列坐标对（x_1, y_1），（x_2, y_2），…，（x_n, y_n）；平面上的多边形可以认为是由闭合曲线形成范围。图形元素之间有多种多样的相互关系，如一个点在一条线上或在一个多边形内，一条线穿过一个多边形等。在实际应用中，一个地理信息系统要管理非常多、非常复杂的数据，可能有几万个多边形，几万条线，上万个点，还要计算和管理它们之间的各种复杂的空间关系（见图6－10）。

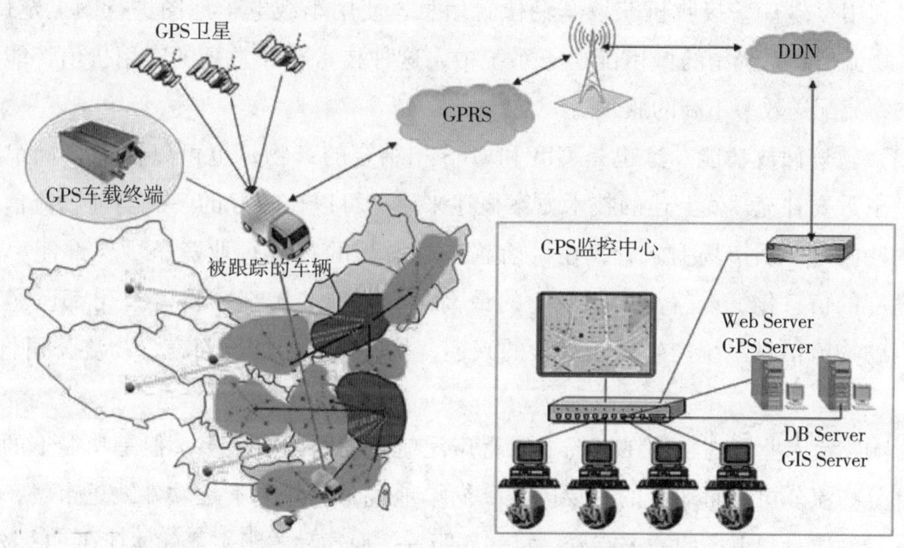

图6－10　车辆跟踪地理信息系统

地理信息系统的基本功能：

（1）数据的采集、检验与编辑。数据的采集与编辑主要用于获取数据，保证GIS数据库中的数据在内容与空间上的完整性。

（2）数据转换与处理。其目的是保证数据在入库时在内容上的完整性，逻辑上的一致性。方法主要有：数据编辑与处理、错误修正；数据格式转化，包括矢量、栅格转化，不同数据格式转化；数据比例转化，包括平移、旋转、比例转换、纠正等；投影变换，主要是投影方式变换；数据概化，主要是平滑、特征集结；数据重构，主要是几何形态变换（拼接、截取、压缩、结构）；地理编码，主要有根据拓扑结构编码。

二、GPS/GIS 与物流

1. GPS/GIS 的物流功能

（1）车辆定位、实时监督、车辆跟踪功能。GPS 技术的应用能够实现实时快速的定位，这对于现代物流的高效率管理来说是非常核心和关键的，将能够方便的实现总部对于车辆运输情况的实时监控，随时了解最新的情况；结合 GIS 技术，可以利用网络分析和路径分析等功能，科学快速地预先设定运输的最佳路径，当利用 GPS 信号反馈回来的汽车运行路径偏离原定路线的时候，就可以发出系统警告，以便决策层针对实际情况快速反应。

（2）GPS 导航功能。GPS 在车辆导航方面的技术已经逐渐成熟，主要是结合 GIS 技术，利用车载 GPS 接收机获取车辆位置信息，使用车载电子地图进行图上定位等。在现代物流信息系统中的城市配送子系统中，这种技术有非常高的实用价值，能很好地解决物流配送效率不高的瓶颈。

（3）轨迹回放功能。这也是 GIS 和 GPS 相结合的产物，也可以作为车辆跟踪功能的一个重要补充。就上述的技术方案概述来说，可以比较好的解决当前物流信息系统的一些问题。从市场上来看，在目前越来越激烈的物流行业竞争中，谁能率先实现更高度的信息化，谁就占据了行业的最高点。目前，大部分物流公司都已经对引进专门的物流信息系统产生了相当大的兴趣，就广州市的情况而言，物流公司将近 3 万家。

影响物流专业管理软件在市场上取得广泛应用的原因有很多，但是功能上的缺陷是大部分物流公司望而却步的主要因素。简单地说，实际上不是软件缺乏市场，而是软件本身的质量和市场的需求有着一定的差距——而这种差距主要就体现在 GIS 及 GPS 技术上面，数据库技术只有结合了 GIS 的空间数据信息和 GPS 卫星定位信息，它在物流、交通运输方面的强大优势才会得以体现，否则它和普通的 OA 办公自动化系统本身并没有太多的区别。而且随着网络技术的快速发展，网络条件的逐步完善，GIS 的一个重要分支 WebGIS 也得到了较快的发展，它和基于 B/S 架构的物流管理信息系统的结合在技术上将会有着强大的市场生命力。虽然 GIS 以及 GPS 技术有着突出的优势，在国外一些大型的物流信息系统中已经取得了应用，也产生了巨大的经济效益，但是成本高昂，这也是其没有能够迅速在我国物流管理信息系统中取得广泛应用的主要原因。近年来这种情况已经有了很大改观，GPS 产品线也逐渐丰富起来，GPS 接收机、PDA 等车载、手持设备价格也已经降到大众可以接受的程度。但是，作为这种技术应用的基础——GIS 基础空间地理数据，无论从覆盖面、详细程度、市场价格等各个方面来说，都还不能很好地满足需求，尤其由于各个部门、机构之间缺乏数据共享机制，造成了大量的重复建设，成本更是居高不下。

对于我国刚刚起步的物流行业来说，想要独立搞这样的投入实在是吃力不讨好的事情，这些都严重制约了物流信息系统技术的发展。不过随着国家三大库建设计划的逐步实施，GIS、GPS 技术的逐步成熟，以及物流行业的快速发展壮大，上述问题有望在不久的将来得以解决。GIS 尤其是 WebGIS 以及 GPS 技术在物流信息系统方面的应用（例如“巡航卫士”车载 GPS 监控系统），必将很好地解决当前物流信息系统中的一些问题，从而大大优化物流产业结构，提高我国物流行业的业务水平，提高行业的竞争力，但是如何探寻一条适合我国国情的道路值得我们进一步的分析和思考。

2. 应用通信卫星、GPS 技术和 GIS 技术的车辆运行管理系统

在全国范围甚至跨国范围进行车辆运行管理就需要采用通信卫星、全球卫星定位系统和地理信息系统。采用通信卫星、GPS 技术和 GIS 技术的车辆运行管理系统中，物流运输企业的计划调度中心和运行车辆通过通信卫星进行双向联络。

具体地说，物流运输企业计划调度中心发出的装货运送指令，通过公共通信线路或专用通信线路传送到卫星控制中心，由卫星控制中心把信号传送给通信卫星，再经通信卫星把信号传送给运行车辆，而运行车辆通过 GIS 系统确定车辆准确所在位置，找出到达目的地的最佳路线，同时通过车载的通信卫星接收天线、GPS 天线、通信联络控制装置和输出装置把车辆所在的位置和状况等信息通过通信卫星传回企业计划调度中心。物流运输企业通过应用通信卫星、GPS 技术和 GIS 技术不仅可以对车辆运行状况进行控制，而且可以实现全企业车辆的最佳配置，提高物流运输业务效率和顾客服务满足程度。在地域辽阔的美国，由于采用通信卫星、GPS 技术和 GIS 技术的车辆运行系统能提高配车运送效率、缩短等待时间，越来越多的企业开始采用这一系统。

任务处理

1. 以小组为单位，在网络上查找提供 GIS 服务或提供电子地图的网站。

2. 进入这类网站，查看所提供的 GIS 服务或电子地图服务都有哪些内容，能完成哪些功能。

3. 学习使用电子地图。

4. 每小组在某地区的电子地图上，选择 1 个配送中心和 5 个配送地点，交给其他小组。接到任务的小组在电子地图上找到这些地点，找出可能的配送线路，并制定最优路线。

检测与实训

一、简答题

1. GPS 能实现哪些功能?

2. 简述 GPS 的操作方法。

3. 分析 GPS 对物流发展的重要意义。

4. GIS 有什么作用?

5. GIS 对物流企业的价值体现在哪些方面?

6. 简述 GIS 与 GPS 的关系。

二、实训

1. 由学校组织学生到使用了 GPS 系统的物流企业，了解 GPS 在物流企业的应用效果。

2. 给小型物流企业编制 GPS 系统的需求分析、系统预算方案。

3. 请实地参观使用 GIS 系统的物流企业，调查它的系统组成及 GIS 功能的实现，写出调查方案和调查内容，并分析这个物流企业配备 GIS 系统所需的成本。

项目七 物流管理信息系统应用

项目导读

物流管理信息系统是利用信息技术，通过信息流，将各种物流活动与某个一体化过程连接在一起的通道。物流系统中的相互衔接是通过信息予以沟通的，基本资源的调度也是通过信息共享来实现的，因此，组织物流活动必须以信息为基本。为了使物流活动正常而有规律地进行，必须保证物流信息畅通。物流信息的网络化就是要将物流信息通过现代信息技术使其在企业内、企业间乃至全球达到共享的一种方式。

物流信息已经从"点"发展到"面"，以网络方式将物流企业的各部门、各物流企业、物流企业与生产企业和商业企业等连在一起，实现了社会性的各部门、各企业之间低成本的数据高速共享；从平面应用发展到立体应用，企业物流更好地与信息流和资金流综合，统一加工消除了部门间的冗余，实现了信息的可追溯性。

知识目标

- 掌握物流管理信息系统的定义、内容、功能
- 熟知几种典型的物流管理信息系统的应用

能力目标

- 能够运用物流管理信息系统去处理物流活动中所遇到的问题
- 具备常用物流管理信息系统的操作能力

引导案例

中海北方物流有限公司物流管理信息系统

一、中海北方物流有限公司业务流程

中海北方物流有限公司业务涵盖物流策划与咨询、企业整体物流管理、海运、空

运、码头、集装箱场站、铁路班列运输、集卡运输、仓储配送等。业务流程如图7－1所示。

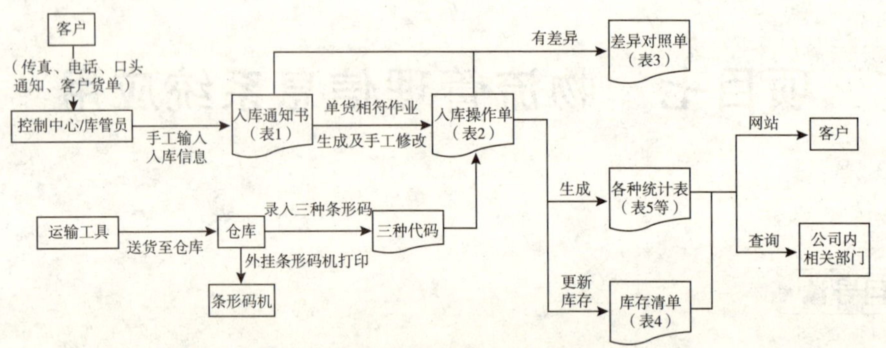

图7－1　中海北方物流有限公司业务流程

二、物流信息系统简介

中海北方物流有限公司的物流信息系统是以Intranet/Extranet/Internet为运行平台，以客户为中心的、以提高物流效率为目的，集物流作业管理、物流行政管理、物流决策管理于一体的大型综合物流管理信息系统，由电子商务系统、物流企业管理软件、物流作业管理系统和客户服务系统组成。其整体构架如图7－2所示，实际应用流程如图7－3所示。

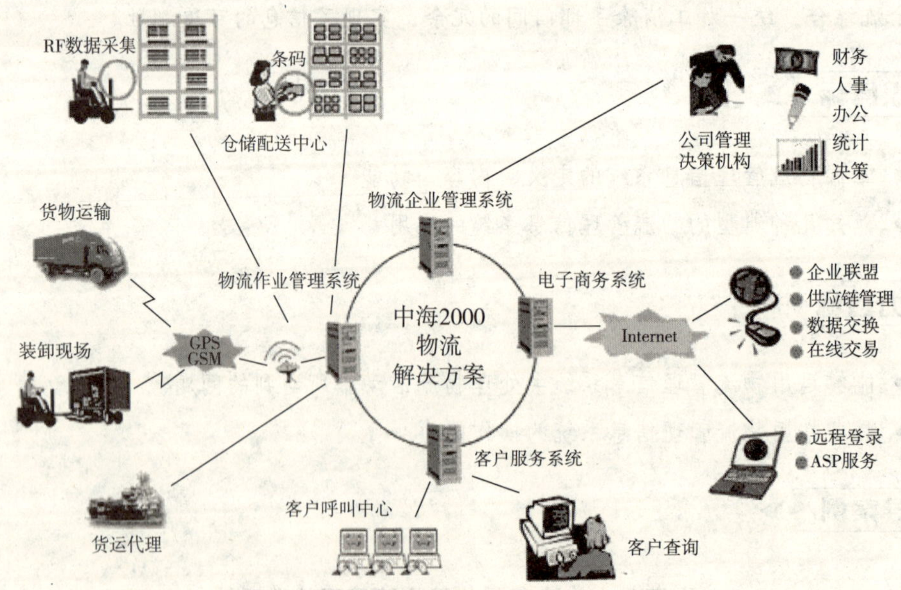

图7－2　中海北方物流有限公司物流信息系统

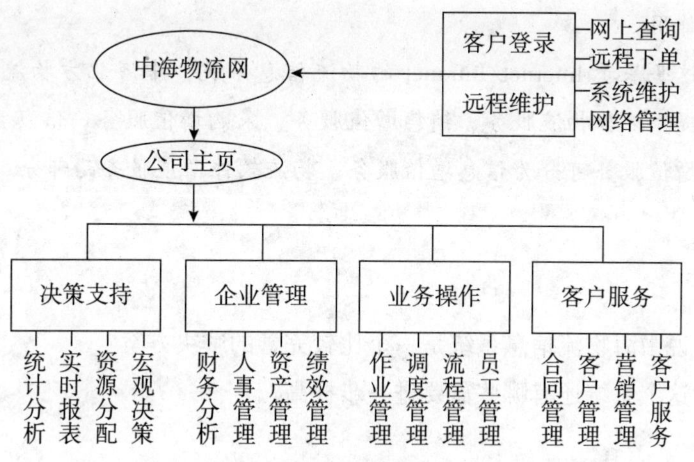

图7－3　物流管理信息系统实际应用流程

三、中海北方物流信息系统的模块结构

中海物流信息系统的模块结构如图7－4所示。

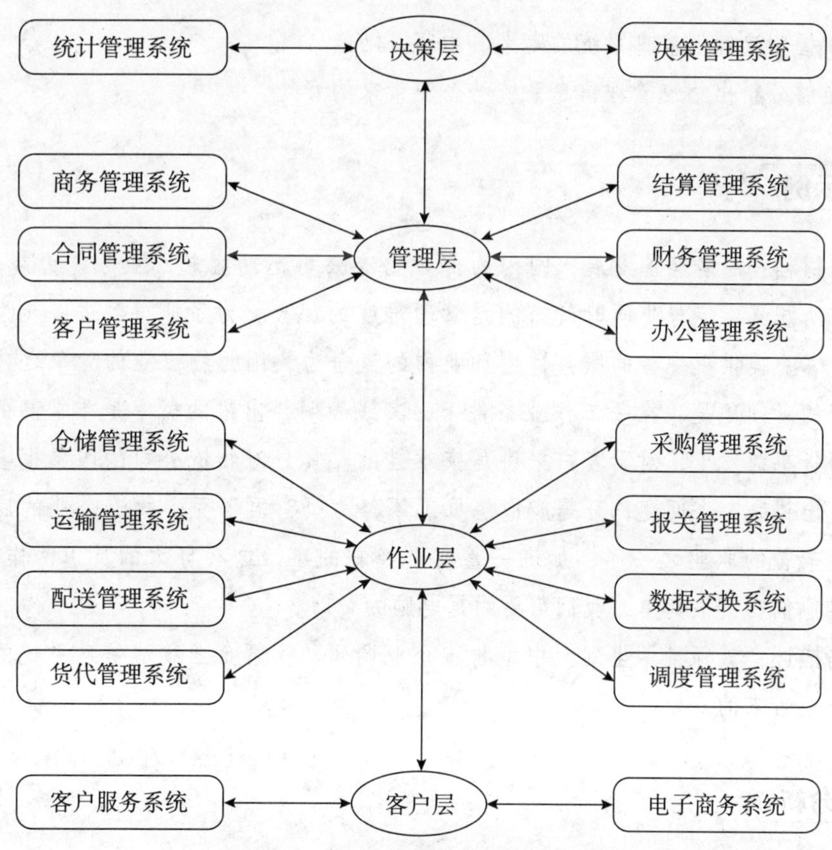

图7－4　中海物流信息系统的模块结构

四、实施作用

通过实施这套基于 Internet/Intranet 的物流信息系统，中海北方物流公司可以高效率、低成本地提供综合物流服务、销售增值服务、采购增值服务、信息系统增值服务，其中信息系统增值服务可分为信息增值服务、物流软件增值服务两部分。

案例思索

1. 为什么说中海物流信息系统是一个比较完善的解决方案？
2. 你认为这个系统还有哪些需要进一步提高？

任务一　物流管理信息系统认知

任务目标

- 掌握物流管理信息系统的定义、内容、功能
- 能够分析出物流管理信息系统给企业带来的好处

任务示例

背景材料： 随着经济发展，国内的部分物流公司迅速崛起，业务能力越来越强，经验也有所积累，但与此同时带来的是管理难度的加大。为了能得到进一步发展，必须做到为客户提供更完善的服务，增加业内的竞争力，因为物流业的竞争之残酷也是有目共睹的。问题是，在手工作业条件下，实践表明，出错的概率是非常高的。时有错货、窜货事故发生，对于客户来讲是灾难性的。客户对物流公司的印象也会因此大打折扣。出错是一个问题，可是能抱怨员工不努力吗？君不见，物流企业的底层职位可谓是最辛苦的职业之一了，加班一整宿是经常的事，这么努力的员工，作为领导，还忍心骂他们吗？很简单，我们需要的是电脑的帮助。

任务描述： 教师带学生到大中型物流企业调研，了解企业物流信息系统的应用情况及给企业带来的好处。

任务分析

需要对企业进行必要的调研，在调研之前，还要掌握一些物流管理信息系统的相关知识。

相关知识

一、物流管理信息系统的定义

随着物流系统的发展，物流信息量会变得越来越大，物流信息更新的速度也越来越快，如果仍对信息采取传统的手工处理方式，则会引发一系列信息滞后、信息失真、信息不能共享等瓶颈效应，从而造成整个物流系统的效率低下。因此，为了提高物流系统的整体效率，建立基于计算机和通信技术的物流信息系统将成为物流系统的必由之路。

物流管理信息系统（Logistics Management Information System，LMIS）是指在一定时间空间内，由人和计算机等组成的对物流信息（包括空间信息）进行收集、传送、存储、加工、维护和使用的系统，是物流系统的重要组成部分之一。

物流作业系统的启动往往需要从物流信息系统得到信息，无论多好的物流作业系统，如果不能与信息系统默契配合，也难以很好地运转。从物流系统的整体角度看，信息流和物流是同时进行的，关键是两者内容要一致，必须信息先行。

二、物流管理信息系统的功能

物流管理信息系统以数据库为中心，以计算机网络为支撑，主要完成物流企业操作层的数据处理和结构化的决策，是企业的信息源和企业信息系统的基础。由于管理信息系统主要应用于企业业务层的日常工作，与企业的管理模式又密切相关，因此这类系统受企业管理模式和运作方式的影响和制约，是一类较难以开发但又非常必要的信息系统。

（1）集中控制管理：对物流全过程进行监控。

（2）运输流程管理：针对运输四个环节而实施的接单管理、发运管理、到站管理、签收管理和运输过程的单证管理。

（3）车、货调度管理：解决运输过程中的货物配载、车辆调度、车辆空返等问题。

（4）仓储管理：针对货物的入库、出库、在库进行管理。

（5）统计报表管理：货物完整率报表、时间达标率报表、延期签收统计报表、业务量分析图、财务结算统计表等。

（6）财务管理。

（7）客户查询：为客户提供灵活多样的查询条件。

（8）客户管理：物流服务以客户为中心，客户管理必不可少。

三、物流管理信息系统的内容

物流活动的内容包括订货管理、订货处理、配送作业、运输、采购等。通过信息流的反馈作用，使其每一项物流作业按照物流要求得以实现。物流管理信息系统的内容可以分为以下几个方面。

1. 接受订货信息

接受订货信息是物流活动的基础，办理订货手续是物流活动的始发点，所有物流活动均从接受订货信息开始。为迅速准确地将商品送到，必须准确迅速地办理接受订货的各种手续。

2. 订货系统

订货系统是与接受订货系统、库存管理系统相连接的，当库存系统发出库存预警信息时订货系统就会适时、适量地进行调整。

3. 收货系统

收货系统是根据收货预订信息，对收到的货物进行检验，核对订货单，确定货位存放等的收货管理系统。

4. 库存管理系统

库存管理系统是物流信息中心，对仓库内所保管的货物进行实际管理、货位管理和调整库存等。库存管理系统要做到尽可能地使库存成本降到最低，实现“零库存”。

5. 发货系统

发货系统是向仓库发出拣选指令或根据不同的配送方向进行分类的系统。发货系统考虑的问题是如何通过迅速、准确的发货安排，将商品在最短的时间内准确无误地送到客户手中。

四、物流信息系统的组成要素

从系统的观点，构成物流企业信息系统的主要组成要素有硬件、软件、数据库和数据仓库、相关人员以及企业管理制度与规范等。

1. 硬件

硬件包括计算机、必要的通信设施等，例如计算机主机、外存、打印机、服务器、通信电缆、通信设施，它是物流信息系统的物理设备、硬件资源，是实现物流信息系统的基础，是构成系统运行的硬件平台。

2. 软件

在物流信息系统中，软件一般包括系统软件、实用软件和应用软件。

系统软件主要有操作系统（OPeration System，OS）、网络操作系统（Network OPeration System，NOS）等，它控制、协调硬件资源，是物流信息系统必不可少的软件。

实用软件的种类很多，对于物流信息系统，主要有数据库管理系统（Database Management System，DBMS）、计算机语言、各种开发工具、国际互联网上的浏览器、群件等，主要用于开发应用软件、管理数据资源、实现通信等。

应用软件是面向问题的软件，与物流企业业务运作相关，实现辅助企业管理的功能。不同的企业可以根据应用的要求，来开发或购买软件。

3. 数据库

数据库用来存放与应用相关的数据，是实现辅助企业管理和支持决策的数据基础，目前大量的数据存放在数据库中。

4. 相关人员

系统的开发涉及多方面的人员，有专业人员，有领导，还有终端用户，例如企业高层的领导（CEO）、信息主管、中层管理人员、业务主管、业务人员，系统分析员、系统设计员、程序设计员、系统维护人员等是从事企业物流信息资源管理的专业人员。

5. 物流企业管理思想和理念、管理制度与规范流程、岗位制度等

物流企业管理理念、管理制度等是物流信息系统成功开发和运行的管理基础和保障，是构造物流信息系统模型的主要参考依据，制约着系统硬件平台的结构、系统计算模式、应用软件的功能。

五、物流信息系统的总体结构

表 7－1 描述了物流信息系统的总体结构。不同的物流企业应当采取不同的管理理念，其物流信息系统的应用软件会不同。以机械制造业为例，管理理念由库存控制、制造资源管理发展到企业资源管理，其业务层的企业信息系统应用软件随之发生了从 MRP、MRPH 到 ERP 的变化，从注重内部效率的提高到注重客户服务，其业务层的企业信息系统应用软件从以财务为中心发展到以客户为中心。

表 7－1　物流信息系统的总体结构

应用软件
实用软件
系统软件
数据库
管理思想与理念、管理制度及规范
硬件

六、物流信息系统的层次与网络

（一）区域物流信息网络平台构成要素及构建的原则

1. 区域物流信息网络平台构成要素

区域物流信息网络平台是物流的载体，是一个包括诸多因素的复杂网络体系，其建设需要从以下三个方面进行统筹规划、协调发展。

首先是基础设施类，包括机场、铁路、道路与航路网络、管道网络、仓库、物流中心、配送中心、站场、停车场、港口与码头、信息网络设施等。

其次是设备类，包括物流中心、配送中心内部的各种运输工具、装卸搬运机械、自动化作业设备、流通加工设备、信息处理设备及其他各种设备。

最后是标准类，比如物流术语标准、托盘标准、包装标准、卡车标准、集装设备标准、货架标准、商品编码标准、商品质量标准、表格与单证标准、信息交换标准、仓库标准、作业标准等。

2. 区域物流信息网络平台构建的原则

（1）统一原则。强调参与现代物流的各部门、各环节之间从适应物流需要出发，统一设备规格、技术性能、信息标准。

（2）协调原则。强调组织物流的各部门及运输、储存、装卸、包装、流通加工、配送、信息处理各环节的运输过程中，必须加强信息交流，在时间、空间上互相衔接。

（3）物流信息网络平台的兼容性原则。区域物流平台的构建，是结合区域经济优势及其发展特点进行的，区域间的市场经济的互补性决定了区域间物流信息网络平台应有较好的兼容性。

（4）整体效能原则。区域物流信息网络平台作为一个系统化、一体化的物流支持体系，其优劣应以整体效能为评价标准，应在保证整体效能最大化的前提下，追求各子系统的最大利益。这就要求在发展过程中，统筹兼顾，协调发展。因此，需要把握主要矛盾，解决好物流信息网络平台中各相关环节的“瓶颈”问题。

（5）硬件基础设施建设应有相对的前瞻性，即适度超前。铁路、公路、场站、码头、仓库等硬件基础设施属固定物，其建设具有阶段性。在当前的建设中，都应依据规划超前建设。

（二）物流信息网络平台的主要功能模块

1. 物流网框架

用于提供一个具有延展性的平台，让使用者可以通过互联网，进入物流网进行作业。系统管理者亦可通过系统管理功能模块进行系统设定、基础数据维护等。

2. 物流网网页内容

为物流网会员提供多元化物流信息，包括物流的政策法规、最新信息发布、专家咨询及常见问题解答等。

3. 仓库管理

仓库管理功能包括货物入库、上架、补货、拣货、出货、盘点及账务处理。

4. 多仓管理

物流网应用平台上可同时管理多个仓库，包括入出库、调拨、调整、账务查询等功能；并可与运输管理集成，实现储运一体的目标。

5. 会员管理

为物流信息网络平台的会员提供注册、登录、基本资料维护及管理功能。

6. 产品目录管理

提供储运品的基本资料维护及管理，供仓库管理及运输管理使用。

7. 运输管理

为货主、承运人、物流业者提供货物运输的执行、监控、追踪功能，如运输需求提交、运费管理、装载处理及运输状态更新等。

8. 合约议定

货主可通过物流信息网络平台将需求发送给特定的物流业者，这些信息包括区段、数量、载具、服务水平等；被选定的物流业者，可以就自身的专长、能力或策略提出竞价，并可整合议定的结果，作为运输管理系统的费率数据。

9. 合约生成

为物流信息网络平台的会员提供各种合约模板，并可在网上完成合约制作与下载处理。

10. 要车计划

供货主在互联网上提交铁路、公路、水路和航空的要车计划申请。

（三）物流信息网络平台的主要作业流程

1. 物流网运营模式

物流网运营模式为三层架构：中央（物流中心）、区域中心、网点。物流中心采用集中管理方式，负责全范围内的物流管理；区域中心负责一个区域范围内的物流运作信息处理，区域内各网点信息的收集、更新，接收并执行物流中心的指令；网点为仓库系统，实际执行物流的仓库作业，完成库存管理、补货、收货、发货等功能。

2. 新客户加盟

新客户/货主可利用物流信息网络平台的会员管理功能进行注册申请，经物流信息网络平台管理部门审核确认后，就可成为新会员。物流信息网络平台的会员可利用产品目录管理功能，进行仓库商品的资料登录，此信息自动更新下层网点仓库系统，维持上下层资料的一致性。

3. 出入库/调整/调拨

客户/货主可通过多仓管理界面提交出库单、入库单、调整单、调拨单给下层仓库管理系统，所提交的出库单等经仓库作业人员审核确认后，由作业部门职工进行运输安排，提交给承运人。

4. 货物追踪/库存查询

客户/货主可以通过多仓管理系统对自己在仓库中的货物进行查询，包括数量、储位等；承运人可通过运输管理系统将货物递送信息登录到系统；客户可利用运输管理系统进行货物追踪，掌握货物运送的动态信息。

5. 运输合约议价

客户与物流信息网络平台的业务人员可利用合约议定功能，进行运输合约费率询价、报价。

6. 合约生成

中央管理部门可根据业务需要，制定运输、仓储等合约模板，为业务部门与客户提供在线填写、制作并生成合约。

7. 要车计划

货主可以通过互联网提交要车计划申请，经审核批准后的要车计划，将接入铁路运输管理信息系统（TMIS）。物流网与 TMIS 整合，将进一步拓展和延伸物流网的功能。

8. 账务管理与查询

物流信息网络平台的财务部门与管理人员可在多仓管理系统中查询管理仓储与运输费用。

任务处理

据研究调查，在我国物流服务企业中，仅有 39% 的企业拥有物流信息系统，绝大多数物流服务企业尚不具备运用现代信息技术处理物流信息的能力。一方面是缺乏信息化管理的意识，没有超前的观念和技术创新的原动力；另一方面是没有全面地了解管理信息化给企业的发展带来的推动作用。

物流管理信息系统实现从物流决策、业务流程、客户服务的全程信息化，对物流进行科学管理。重视物流信息系统和物流管理的互动，既要根据自己的物流管理流程来选择适合的物流信息系统，也要通过物流信息系统来优化和再造自己的物流管理流程。选择合适的物流管理信息系统能给企业带来的好处有：

(1) 提高企业物流综合竞争力。

(2) 内部运作效率提高，能够从容处理各种复杂物流业务。

(3) 通过与客户的实时信息共享，提高了客户服务质量。

(4) 在对大量的客户业务数据进行统计分析的基础上，使得向客户提供增值服务成为可能，并挖掘出巨大的销售潜力。

(5) 加强总部对分支机构的管理以及与股东单位、合作伙伴、支持资源的信息沟通、业务合作，向管理层、决策层提供实时的统计分析数据，提高了市场反应速度和决策效率。

任务二　仓储管理信息系统

任务目标

- 熟知仓储管理信息系统的应用
- 会操作 WMS

任务示例

背景材料：为提高竞争力，企业必须不断超越用户的期望，改造现有业务与流程，通过科学的分析、规划、设计，根据不同企业各自的物流特点设计出合理的仓储规模、布局及配送方案。仓储管理的信息化是现代化仓库管理的趋势，市场迫切呼唤高性能的仓储管理系统（Warehouse Management System，WMS）。

任务描述：了解仓储的相关知识，学会 WMS 软件操作。

任务分析

首先熟悉入库管理作业流程、在库管理作业流程、出库管理作业流程、配送作业流程等，然后根据软件使用说明学会操作 WMS 软件。

相关知识

一、仓储管理信息系统

（一）仓储相关知识

仓储管理（Warehouse Management）：“仓”也称为仓库，为存放物品的建筑物和场地，可以为房屋建筑、大型容器、洞穴或者特定的场地等，具有存放和保护物品的功能；“储”表示收存以备使用，具有收存、保管、交付使用的意思，当适用有形物品时也称为储存；“仓储”则为利用仓库存放、储存未及时使用的物品的行为。简言之，仓储就是在特定的场所储存物品的行为。

传统仓储是为了存，现代仓储（物流仓储）是为了不存或减少储存。仓储管理无论在传统的物品流通领域还是在现代物流活动过程中都占据着非常重要的位置。

仓储业务流程为入库管理→在库管理→出库管理，如图7－5所示。

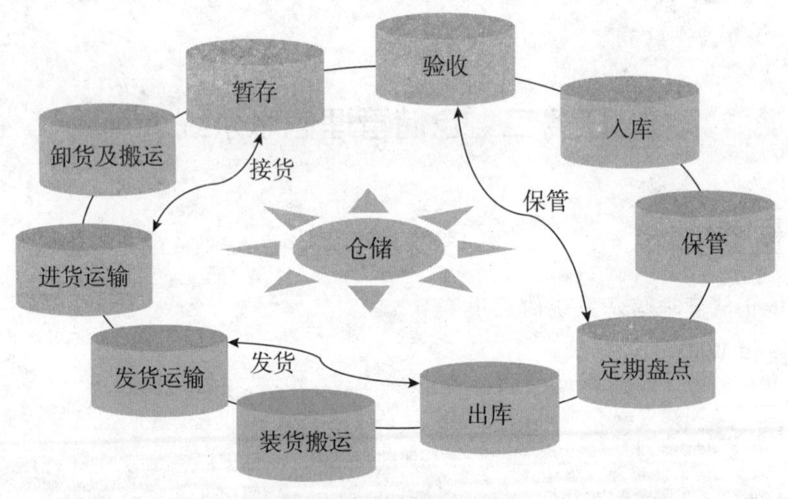

图7－5　仓储业务流程

1. 入库管理

商品入库作业管理包括入库准备、接运卸货、核对单据、物品检验、交接手续、入库信息处理等一系列环节，并对这些作业活动进行合理安排和组织。

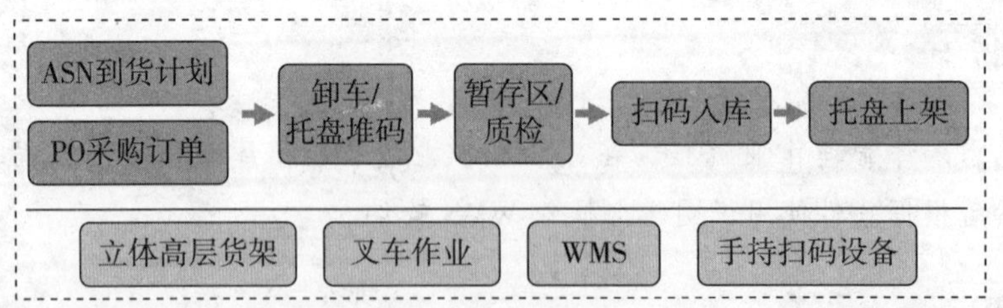

图7－6　典型的入库作业流程

1）入库准备

（1）加强日常业务联系。仓库应按计划定期与货主、生产厂家以及运输部门进行联系，了解将要入库的商品情况，如商品的品种、类别、数量和到库时间，以便提前做好商品入库前的准备工作。

（2）安排仓容。根据入库商品的性能、数量、类别，按分区保管的要求，核算所需单位面积（仓容）的大小，确定存放的货位，留出必要的验收场地。按仓库保管条件分类主要有普通仓库，保温、冷藏、恒湿恒温库，危险品仓库和气调仓库，如图7-7~图7-10所示。

图7-7　普通仓库

图7-8　保温、冷藏、恒湿恒温库

图7-9　危险品仓库

图7-10　气调仓库

（3）合理组织人力。根据商品的数量和入库时间，安排好商品验收人员、搬运堆码人员以及商品入库工作流程，确定各个工作环节所需的人员和设备，如图7-11所示。

搬运工　　手动液压搬运车（地牛）　　叉车

图7-11　入库环节所需人员和设备

（4）准备验收器具。准备点验入库商品的数量、质量、包装以及堆码所需的点数、称重、测试等器具。如地磅是对货物的数量进行称重，称重时先是满载货物的物流车开到地磅上称出总重量，卸完货物后再次称重，两次重量之差就是该货物的重量。地磅如图 7－12 所示。

图 7－12　地磅

（5）准备苫垫及劳保用品。根据入库货物的性质、数量和储存场所的条件，核算并准备所需的苫垫数量及劳保用品，如图 7－13 所示。

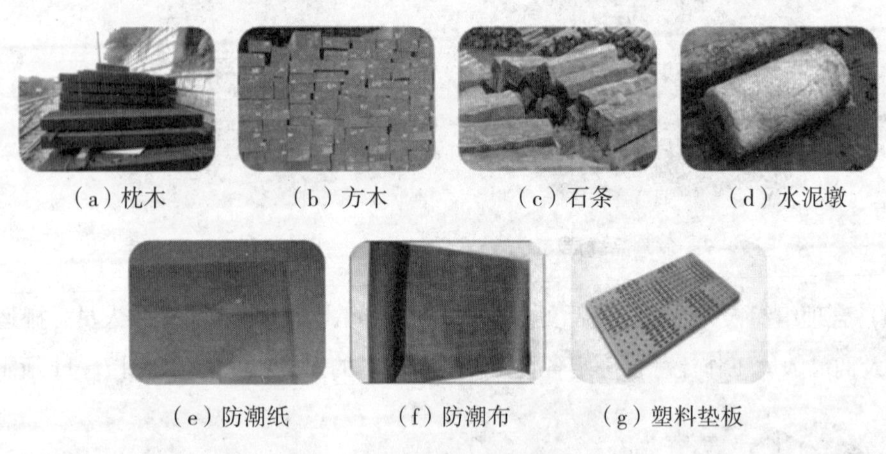

（a）枕木　（b）方木　（c）石条　（d）水泥墩

（e）防潮纸　（f）防潮布　（g）塑料垫板

图 7－13　入库苫垫及劳保用品

2）接运卸货

由于商品到达仓库的形式不同，除了一小部分由供货单位直接运到仓库交货外，大部分要经过铁路、公路、航运、空运和短途运输等运输工具转运。凡经过交通运输部门转运的商品，均需经过仓库接运后，才能进行入库验收。因此，商品的接运是商品入库业务流程的第一道作业环节，也是商品仓库直接与外部发生的经济联系。它的主要任务是及时而准确地向交通运输部门提取入库商品，要求手续清楚、责任分明，为仓库验收工作创造有利条件。因为接运工作是仓库业务活动的开始，是商品入库和保管的前提，所以接运工作好坏直接影响商品的验收和入库后的保管保养。在接运由交通运输部门（包括铁路）转运的商品时，必须认真检查，分清责任，取得必要的证件，避免将一些在运输过程中或运输前就已经损坏的商品带入仓库，造成验收中责任难分和在保管工作中的困难或损失。

3）物品检验

先核对单据上的物品，入库商品必须具备下列凭证：货主提供的入库通知单和仓储合同；供货单位提供的验收凭证，包括材质证明书、装箱单、磅码单、发货明细表、说明书、保修卡及合格证等；承运单位提供的运输单证，包括提货通知单和登记货物残损情况的货运记录、普通记录以及公路运输交接单等。然后检验货物。

（1）数量检验。按商品性质和包装情况，数量检验分为三种形式，即计件、检斤、检尺求积。计件是按件数供货或以件数为计量单位的商品，在做数量验收时的清点件数；检斤是对按重量供货或以重量为计量单位的商品，做数量验收时的称重；检尺求积是对以体积为计量单位的商品，例如木材、竹材、沙石等，先检尺，后求体积所做的数量验收。凡是经过数量检验的商品，都应该填写磅码单。在做数量验收之前，还应根据商品来源、包装好坏或有关部门规定，确定对到库商品是采取抽验还是全验方式。

（2）质量检验。质量检验包括外观检验、尺寸检验、机械物理性能检验和化学成分检验四种形式。仓库一般只作外观检验和尺寸精度检验，后两种检验如果有必要，则由仓库技术管理职能机构取样，委托专门检验机构检验。

（3）包装检验。凡是产品合同对包装有具体规定的要严格按规定验收，对于包装的干潮程度，一般是用眼看、手摸方法进行检查。

4）交接手续

入库物品经过点数、查验之后，可以安排卸货、入库堆码，表示仓库接受物品。在卸货、搬运、堆垛作业完毕，与送货人办理交接手续，并建立仓库台账。

（1）交接手续流程：接收物品→接收文件→签署单证。

（2）登账。物品入库，仓库应建立详细反映物品仓储的明细账，登账的主要内容有：物品名称、规格、数量、件数、累计数或结存数、存货人或提货人、批次、金额，注明货位号或运输工具、接（发）货经办人。

（3）立卡。物品入库或上架后，将物品名称、规格、数量或出入状态等内容填在料卡上，称为立卡，料卡又称为货卡、货牌，插放在货架上物品下方的货架支架上或摆放在货垛正面明显位置。

5）入库信息处理

入库管理子系统中如实填写入库信息。入库管理子系统功能是记录采购订单、采购入库单等入库信息，还有开采购发票的功能，如图 7－14 所示。

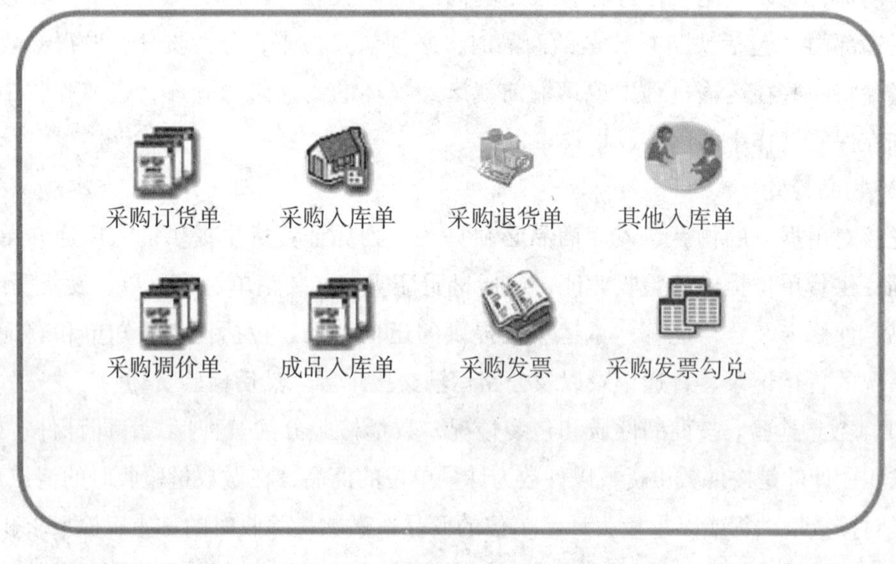

图 7－14　入库管理子系统

2. 在库管理

商品在库管理就是研究商品性质以及商品在储存期间的质量变化规律，积极采取各种有效措施和科学的保管方法，创造一个适宜于商品储存的条件，维护商品在储存期间的安全，保护商品的质量和使用价值，最大限度地降低商品损耗的一系列活动，如图 7－15 所示。

图 7－15　典型的在库作业流程

1）理货作业

（1）货物检查与核对。仓库理货作业是仓库理货人员在货物入库或出库现场的管理工作，理货人员根据入库单或出库单的信息对入库或出库的货物进行检查与核对工作。其主要工作如下：

①清点货物件数。清点实际交货数量与送货单的数量是否相符。对于件装货物，包括有包装的货物、裸装货物、捆扎货物，根据合同要求约定的计算方法，点算完整货物的件数。如果合同没有约定清点运输包装件数，对于要拆装入库的货物清点，按照最小独立包装清点。

②检查货物单免尺寸。货物单重是指每一运输包装的货物重量。货物单重一般通过称重的方式核定。对于以长度或者面积、体积进行交易的商品，入库时必须要对货物的尺寸进行丈量。丈量的项目（长、宽、高、厚等）根据约定或者根据货物的特性确定，通过合法的标准量器，如卡尺、直尺、卷尺等进行。

③查验货物重量。对入库货物的整体重量进行查验。对于需要称重的货物，可以通过衡重方法求得货物重量。衡重方法可以采用：

衡重单件重量，总重等于所有单件重量之和；

分批衡重重量，总重等于每批重量之和；

入库车辆衡重，总重 = 总重车重量 - 总空车重量；

抽样衡重重量，总重 = （抽样重量/抽样样品件数） × 整批总件数；

抽样在量核定，误差在 1% 以内，总重 = 货物单件标重 × 整批总件数。

④检验货物表面状态。理货时对每一件货物的外表进行感官检验，查验货物外表状态，接收货物外表状态良好的货物。

（2）制作残损报告单。在理货时发现货物外表状况不良，或者怀疑内容损坏，将不良货物剔出，单独存放，避免与其他正常货物混淆。待理货工作结束后进行质量认定，确定内容有无受损以及受损程度。对不良货物采取退货、修理、重新包装等措施处理，或者制作残损报告，以便明确划分责任。

（3）确认存放方式。根据货物特性、包装方式和形状、保管的需要，确保货物质量，方便对货物进行整理、拣选，按照货物的流向、受理顺序、发运时间和到达地点，来合理安排货物储存堆码。仓库货物存放的方式主要有三种形式：一是利用地面存放方式，二是利用托盘存放方式，三是货架存放方式。

地面存放方式主要有散堆法、堆垛法。散堆法适用于没有包装的大宗货物，如煤炭、矿石、砂土等，在仓库内适合存放少量的谷物、碎料等散装货物。堆垛法适用于有包装的货物或裸装计件的货物。

地面堆垛的主要方法如下：

①重叠式堆码。重叠式也称直堆法，逐件逐层向上重叠堆码，一件压一件的堆码方式。货物堆码的层数一定要考虑三个因素：一是保证货垛的稳定性，二是装卸作业的可操作性，三是盘点作业的方便性。

②纵横交错式。奇数和偶数层货物之间成 90 度交叉堆码的模型。这种堆码方式层间有一定的咬合效果，但咬合效果不强。

③仰俯相间式。对上下两面有大小差别或凹凸的货物，如槽钢、钢轨、箩筐等，将货物仰放一层，再反一面俯放一层，仰俯相间相扣。该垛极为稳定，但装卸搬运操作不便。

④压缝式。将底层并排码放，上层放在下层的两件货物之间，上下层件数的关系分为“2 顶 1”、“3 顶 2”、“4 顶 1” 等，如图 7 – 16 所示。

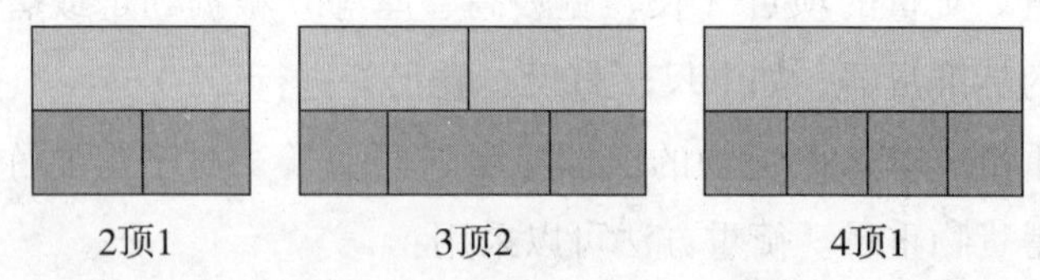

图 7 – 16　压缝式堆码示意

⑤通风式。货物在堆码时，每件相邻的货物之间都留有空隙，以便通风。

⑥衬垫式。堆码时，隔层或隔几层铺放衬垫物，衬垫物平整牢靠后，再往上堆码。

⑦直立式。货物保持垂直方向堆放的方法。适用于不能侧压的货物，如玻璃、油毡、油桶、塑料桶等。

2）保管作业

物品保管是指根据仓库的实际条件，对不同的物品进行保护和保存以及对其数量、质量进行管理控制活动。在经营过程中对物品进行保管的主要目的是通过物品的保管，产生物品的时间效用。物品的保管不仅仅是技术问题，它还是一个综合管理问题，为此要做好人、物、温湿度养护等方面工作。

（1）仓库保管员。仓库保管员要做到严格遵守各项操作规程和规章制度，为了保证在仓库储存保管的物品质量完好、数量准确，必须经常、定期和有针对性地对所保管的物品进行数量、质量、保管条件、安全等进行检查，特别要注意检查和测试物品与仓储环境、温湿度变化，检查中发现问题如积水、漏雨、阳光照射、虫鼠害、潮湿发霉、高低温、倒垛等要及时处理。

（2）物品特征。物品的品种繁多，特征各异，仓储有必要按照物品的特性，科学归纳为类、组、品目、品种，便于物品保管。选择是十分重要的的工作，它必须是既能达到分类的目的的要求，又能明显地区分开分类对象的类别。

（3）物品分类保管。

①危险品的保管

- 危险品应存放于专用库场内并有明显标示，库场配备相应的安全设施和应急器材；

• 库场管理人员，应经过专门训练，了解和掌握各类危险品保管知识，并经考试合格后方可上岗；

• 危险品进入库场时，库场管理人员应严格把关，性质不明或包装不符合规定的，库场管理人员有权拒收；

• 危险品应堆放牢固，标记朝外或朝上，一目了然；

• 照明用灯，应选择专用防爆灯，避免生成电火花；

• 危险品库场应建立健全防火责任制，确保各项安全措施的落实。

②金属物品的保管

• 保管场所均应清洁干燥，避免与酸、碱、盐等化学品接触；

• 堆码时要防止金属物品受潮；

• 保护金属材料的防护层和包装，防止因防护层受损而生锈。

其他物品的保管应根据商品的特性和形状，按有效的保管方法进行保管。

（4）温湿度控制。

温度：温度与湿度密切相关，在一定湿度下，随着温度的变化空气中的水分可以变成水蒸气，也可以变成水滴。仓库温湿度与物品变质往往有密切关系，特别是危险品的储存，关系到物品储存的安全，易燃液体储藏室温度一般不许超过28℃，爆炸品储温不许超过30℃。因此，控制仓库的温湿度是十分重要的。温湿度标志如图7－17所示。

图7－17　温湿度标志

湿度：库外露天的湿度叫空气湿度是指空气中水蒸气含量的程度。通常以绝对湿度、饱和湿度、相对湿度等指标来衡量。

①绝对湿度是指单位体积空气中，实际所含水蒸气的重量，即每立方米的空气中，含多少克的水气量。

②饱和湿度指在一定气压、气温的条件下，单位体积空气中所能含有的最大水蒸气重量。

③相对湿度指空气中实际含有水蒸气量与当时温度下饱和蒸汽量的百分比，即绝

对湿度与相对湿度的百分比，它表示在一定温度下，空气中的水蒸气距离该温度时的饱和水蒸气量的程度。相对湿度越大，说明空气越潮湿，反之，则越干燥。在仓库温湿度管理中，检查仓库的湿度大小，主要是观测相对湿度的大小。

三者之间关系：相对湿度 =（绝对湿度/饱和湿度）×100%

一般而言，温度越高空气的绝对湿度就会越高；相对湿度越大说明空气越潮湿；当温度下降到未饱和空气达到饱和状态时，空气中的水气会变成水珠附在冷的物品上，俗称“出汗”，这种现象出现会造成物品损坏，而此时的温度称为“露点”。

在温度不变的情况下，空气绝对湿度越大，相对湿度越高；绝对湿度越小，相对湿度越低。在空气中的水蒸气含量不变的情况下，温度越高，相对湿度越小；温度越低，相对湿度越高。

3）盘点作业

盘点方式通常有两种：一种是定期盘点；另一种是临时盘点。如表 7－2 所示。

表 7－2　　盘点方式和含义

盘点方式	含义
定期盘点	一般是指每季、半年或年终财务结算前，由货主派人会同仓库保管员、会计人员一起进行全面的盘点对账
临时盘点	一般是当仓库发生物品损失事故，或保管员更换，或仓库与货主认为有必要进行盘点时，可根据具体情况，组织一次局部性或全面的盘点

盘点的内容主要包括数量盘点、重量盘点、账实核对、账卡核对、账账核对。在盘点对账中如发现问题，要做好记录，并应逐一进行分析，及时与货主联系，找出原因，协商对策，并纠正账目中的错误。

盘点盈亏的处理：对库存物品盘点中出现的盈亏，必须及时做出处理。凡是盘盈、盘亏的数额不超出国家主管部门规定或合同约定的保管损耗标准的，可由仓储保管企业核销；对超出损耗标准的，则必须查明原因，做出分析，写出报告，承担责任；凡同类货物在不同规格上发生数量此少彼多的，但总量相符，可与货主根据仓储合同的约定直接协商处理。根据处理结果，应及时调整账、卡数额，使账、实、卡数额保持一致。

3. 库存控制管理

库存管理主要是“与库存物料的计划与控制有关的业务”，目的是支持生产运作。库存管理的内容，如图 7－18 所示。

图 7－18　库存管理的内容

1）ABC 分类法

ABC 分类法又称帕累托分析法或巴雷托分析法、柏拉图分析法、主次因素分析法、ABC 分析法、ABC 法则、分类管理法、重点管理法、ABC 管理法、ABC 管理、巴雷特分析法，它是根据事物在技术或经济方面的主要特征，进行分类排队，分清重点和一般，从而有区别地确定管理方式的一种分析方法。由于它把被分析的对象分成 A、B、C 三类，所以称为 ABC 分析法。

ABC 分类法是根据事物在技术、经济方面的主要特征，进行分类排列，从而实现区别对待、区别管理的一种方法。ABC 法则是帕累托 80/20 法则衍生出来的一种法则。所不同的是，80/20 法则强调的是抓住关键，ABC 法则强调的是分清主次，并将管理对象划分为 A、B、C 三类。1951 年，管理学家戴克首先将 ABC 法则用于库存管理。1951—1956 年，朱兰将 ABC 法则运用于质量管理，并创造性地形成了另一种管理方法——排列图法。1963 年，德鲁克将这一方法推广到更为广泛的领域。

我们面临的处理对象，可以分为两类：一类是可以量化的，一类是不能量化的。

对于不能量化的，我们通常只有凭经验判断。对于能够量化的，分类就要容易得多，而且更为科学。现在我们以库存管理为例来说明如何进行分类。

第一步，计算每一种材料的金额。

第二步，按照金额由大到小排序并列成表格。

第三步，计算每一种材料金额占库存总金额的比率。

第四步，计算累计比率。

第五步，分类。累计比率在 0 ~ 60% 的，为最重要的 A 类材料；累计比率在60% ~ 85% 的，为次重要的 B 类材料；累计比率在 85% ~100% 的，为不重要的 C 类材料，如

图 7－19 所示。

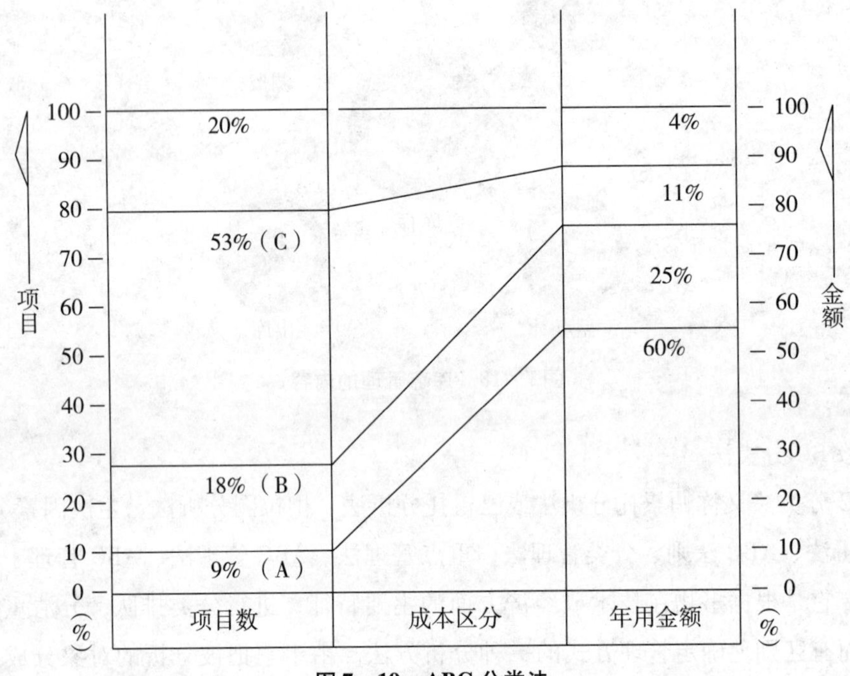

图 7－19　ABC 分类法

应当说明的是，应用 ABC 分析法，一般是将分析对象分成 A、B、C 三类，但我们也可以根据分析对象重要性分布的特性和对象的数量的大小分成两类或三类以上。

ABC 分类法还可以应用在营销管理中。例如，企业在对某一产品的顾客进行分析和管理时，可以根据用户的购买数量将用户分成 A 类用户、B 类用户和 C 类用户。由于 A 类用户数量较少，购买量却占公司产品销售量的 80%，企业一般会为 A 类用户建立专门的档案，指派专门的销售人员负责对 A 类用户的销售业务，提供销售折扣，定期派人走访用户，采用直接销售的渠道方式，而对数量众多，但购买量很小，分布分散的 C 类用户则可以采取利用中间商，间接销售的渠道方式。

2）定期和定量库存

传统的库存管理是以单个企业为管理对象，确定库存的最佳订货点、订货量、订货方式，在基本满足需要的前提下使库存总成本最小。

（1）定量订货法。定量订货法是指当库存量下降到预定的最低库存量（订货点）时，按规定进行订货补充的一种库存控制方法。当库存量下降到订货点时，即按预先确定的订货量发出订单，经过订货期、交货周期，库存量继续下降，到达安全库存量时，收到订货，库存水平回升。采用定量订货方式必须预先确定订货点和订货量，如

图 7-20 所示。

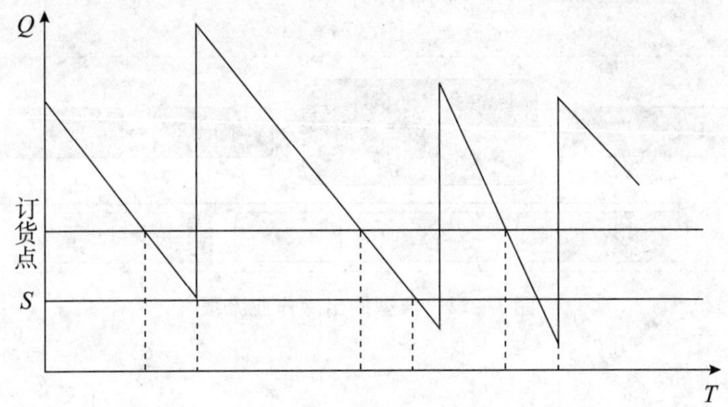

图 7-20　定量订货方式

注：Q——批量或订货量；T——周转期；S——安全库存。

通常订货点的确定主要取决于需求率和订货交货周期这两个因素。在需求为固定、均匀和订货交货期不变的情况下，订货点由下式确定：

订货点 = 平均交货期全年需求量/365 + 安全库存量

（2）定期订货法。所谓定期订购控制法是指预先确定的订货间隔期按期订购物品，以补充库存的一种库存控制方法。通俗地说，每隔一个订货周期，就要检查库存，发出订货，每次订货量的大小都必须使订货后的名义库存量达到最高，如图 7-21 所示。

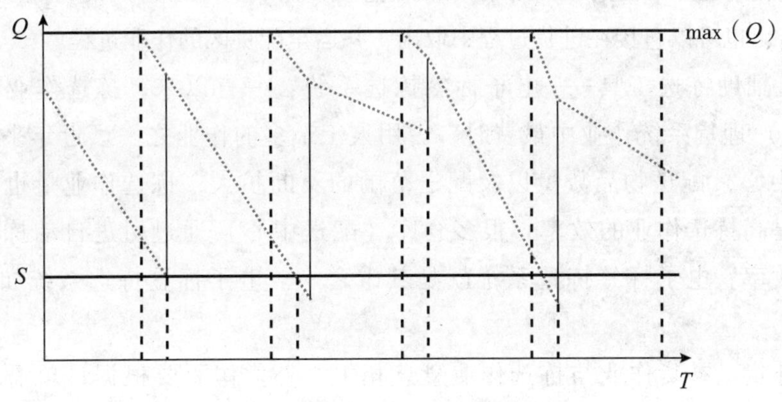

图 7-21　定期法

注：Q——批量或订货量；T——周转期；S——安全库存。

定期订购控制方法中订货量的确定方法：

订货量 = 最高库存量 - 现有库存量 - 订货未到量 + 顾客延迟购买量

4. 出库管理

典型的出库作业流程如图 7－22 所示。

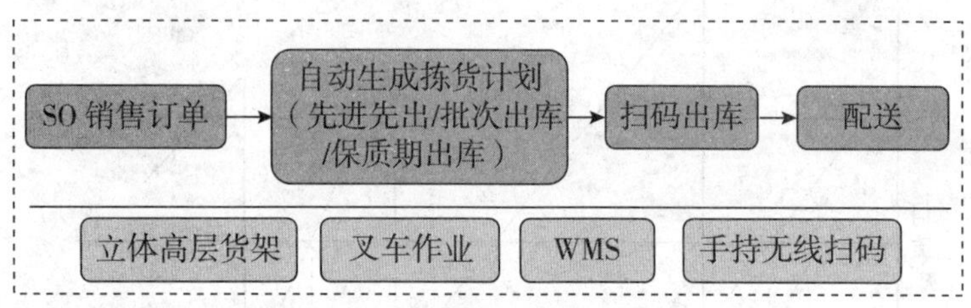

图 7－22　典型的出库作业流程

1）出库前准备。

为了安全、准确、及时、节约地搞好物品出库，提高工作效率，在物品出库前，应存货人要求，保管人应做好出库准备。准备作业如图 7－23 所示。

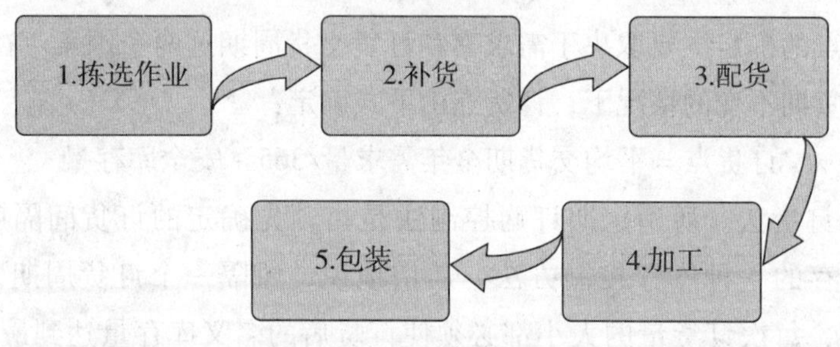

图 7－23　出库前准备作业

（1）拣选作业。拣选作业是根据出库信息或订单，将顾客订购的物品从保管区或拣货区取出，也可以直接在进货过程中取出，并运至配货区的作业过程。

计算机辅助拣选工具——电子标签拣选系统：一直以来，拣选作业都是仓库（配送中心）理货系统作业中最费时，占用人工最多的作业之一。近年来，随着仓库（配送中心）配送物品数量以及配送范围的不断扩大，拣选作业量也大大增加了。为了提高拣选作业的效率，很多仓库（配送中心）通过引进自动拣选系统来提高拣选效率，电子标签拣选系统就是其中之一。电子标签拣选系统如图 7－24 所示。

（2）补货。补货作业与拣选作业息息相关，补货作业要根据订单需求制订详细计划，不仅要确保库存，也不能补充过量，而且还要将其安置在方便存取的位置上。

当拣选区的存货水平下降到预先设定的标准以后，补货人员就将需要补充的存货种类由保管区搬运至拣选区，然后拣选人员再将物品拣出，放到出库输送设备上运走。补货作业流程如图 7－25 所示。

图 7－24　电子标签拣选系统

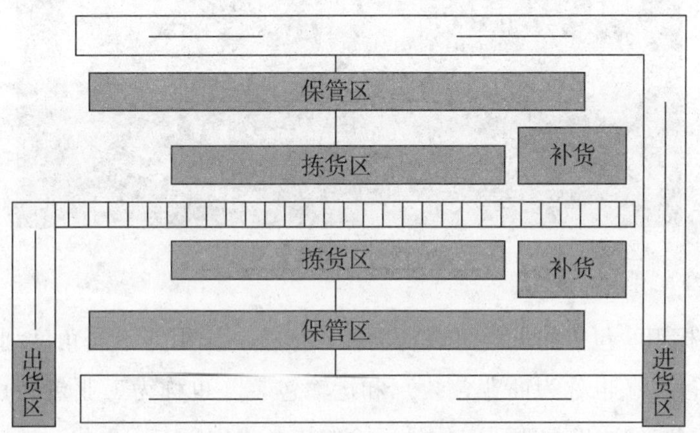

图 7－25　补货作业流程

补货作业的发生与否取决于拣选区的物品数量能否满足要求，因此何时补货取决于拣选区的物品存量，同时还取决于临时补货对整个出货时间的影响。

补货时机一般有以下三种方式：批量补货、定时补货、随机补货。

（3）配货。配货作业的基本流程如图 7－26 所示。

图 7－26　配货作业的基本流程

配货作业的主要形式有：

单一配货作业。单一配货作业是指每次只为一个客户进行配货服务，因此配货作业的主要内容是对物品进行组配和包装。

集中配货作业。集中配货作业是指同时为多个客户进行配货服务，所以其配货作业通常比单一配货多拆箱、分类的程序，其余与单一配货作业大致相同。

（4）加工。这里所说的“加工”实际上是指出库流通加工的概念，是在物品由生产领域向消费领域流动的运输过程中，为提高物流效率和运输实载率，而对物品进行的流通加工，如图 7－27 所示。

图 7－27　流通加工

（5）包装标识。包装的种类可以从功能、形态、作用等不同角度划分，按功能划分可分为销售包装（也称为商业包装）和运输包装（也称为工业包装），这也是最常用的分类方式。我们这里主要研究的是运输包装（或称为工业包装）。

运输包装是为了使物品在运输途中不受损坏，对物品包装一般需符合以下要求。

①根据物品的外形特点，选择适宜的包装材料，包装尺寸要便于物品的装卸和搬运。

②要符合物品运输的要求：包装应牢固，怕潮的物品应垫一层防潮纸，如图 7－28 所示。易碎的物品应垫软质衬垫物。

图 7－28　防潮纸

③包装的外部要有明显标志，如识别标志、运输标志等；标明对装卸搬运的要求及操作标志，危险品必须严格按规定进行包装，并在包装外部标明危险品有关标志，如图7－29所示。

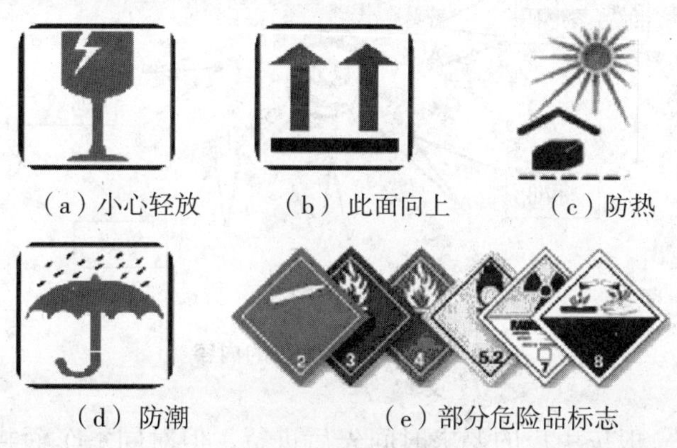

图7－29　危险品标志

2）出库验收

物品的出库验收工作，实际上包括“品质的检验”和“数量的点收”双重任务。

物品要能达到客户满意程度才准许出库，因而验收要符合预定的标准。基本上验收物品时，可根据下列几项标准进行检验，如图7－30所示。

图7－30　物品验收标准

出库验收工作是一项细致复杂的工作，一定要仔细核对，才能做到准确无误，验收合格的物品就可以准备交付了。主要验收内容如图7－31所示。

3）装载上车

装载上车是指车辆的配载。根据不同配送要求，在选择合适的车辆的基础上对车辆进行配载以达到提高车辆利用率的目的。

由于物品品种、特性各异，为提高配送效率，确保物品质量，首先必须对特性差异大的物品进行分类，并分别确定不同的运送方式和运输工具。

由于配送物品有轻重缓急之分，所以必须预先确定哪些物品可配于同一辆车，哪些物品不能配于同一辆车，以做好车辆的初步配载工作。在具体装车时，装车顺序或

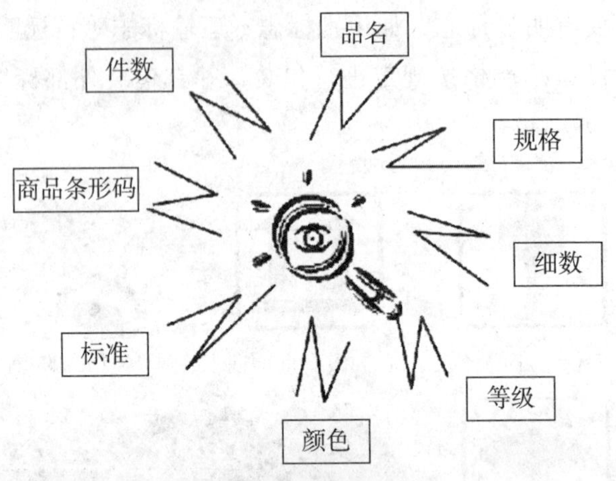

图 7－31　主要验收的内容

运送批次的先后，一般按用户的要求时间先后进行，但对同一车辆共送的物品则要将物品依“后送先装”的顺序装车。但在考虑有效利用车辆的空间的同时，还要根据物品的一些特性（怕震、怕压、怕撞、怕湿）、形状、体积及重量等，做出弹性调整。

任务处理

登录仓储信息系统，如图 7－32 所示，进行相关操作。

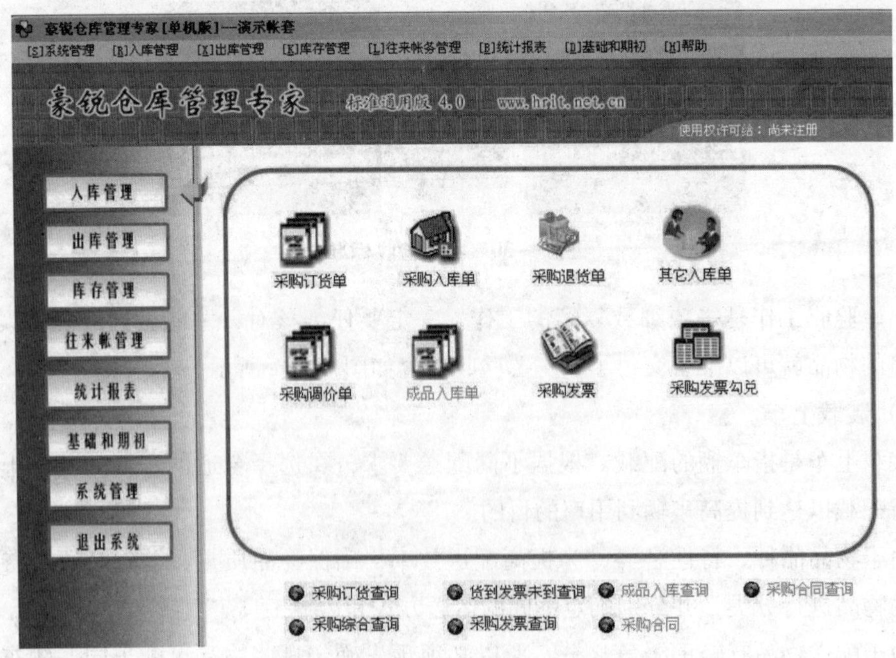

图 7－32　豪锐仓库管理专家功能模块

知识拓展

1. 仓储业务管理制度设计

（1）货物入库管理制度。货物入库包括接货、验收入库、办理交接手续、登记入账等工作，企业制定货物入库管理制度，可以有效地规范员工的行为，确保入库货物的质量。下面是某企业的货物入库管理制度，供读者参考。

货物入库管理制度

第1章　总则

第1条　目的

1. 保证货物入库管理工作的顺利进行。

2. 规范货物入库操作流程，确保入库货物的质量符合企业要求。

第2条　适用范围

本制度适用于接货、验收入库、办理交接手续、登记入账等货物入库管理工作。

第3条　管理职责

1. 仓储部经理负责制定验收制度、审核验收标准、审批验收结果等各项工作。

2. 入库主管负责组织入库准备工作、制订入库方案、审核验收结果、审核入库手续等工作。

3. 存储主管负责安排和实施入库准备工作、协助入库主管制订入库方案、进行货物验收并办理入库手续等工作。

4. 装卸搬运人员负责卸货、搬运等各项工作。

第2章　货物入库准备

第4条　入库货物的货位安排

存储主管需安排入库货物的货位，安排货位时需要注意以下三点。

1. 使货位合理化，以最小的仓容储存最大量的货物，提高仓容利用率。

2. 注意货物自身的自然属性和特性，以免货物发生霉腐、锈蚀、熔化、干裂、挥发等变化。

3. 注意方便出入库业务，要尽可能缩短出、入库作业时间。

第5条　入库货物的堆垛准备

1. 按入库货物的数量、体积、重量和形状，计算货垛的占地面积、垛高，并规划好垛形。对于箱装、规格整齐划一的货物，其占地面积、可堆层数及单位面积重量可参考表7－3中的公式计算。

表7－3 堆垛数据计算公式

计算项目	计算公式
占地面积	占地面积＝（总件数÷可堆层数）×该件货物的底面积
	占地面积＝总重量÷（层数×单位面积重量）
可堆层数	可堆层数＝（地坪）单位面积最大负荷量÷单位面积重量
单位面积重量	单位面积重量＝每件货物毛重÷该件货物的底面积

2. 在计算占地面积和确定垛高时，必须注意上层货物的重量不能超过其容器可承受的压力，整个货垛的重量不能超过地坪的容许载荷量。

3. 垛底应打扫干净，并放上必备的垫墩、垫木等垫垛材料。如果需要密封货垛，还需要准备密封材料。

第6条 接货前的人员和设备准备

1. 入库主管在接到接货通知单后要制订接货作业计划，明确接货前要做的准备工作。

2. 入库管理人员应当认真查阅货物资料，掌握货物的品种、规格、数量、包装状态、单件体积、运达时间和保管特殊要求等，以便做好接货准备工作。

3. 入库主管应当做好人员安排，处理好货物运达与接收间的衔接工作。

4. 入库主管应当做好入库货物的搬运准备工作，具体如下所示。

（1）准备好搬运的设备、工具及人员，在装车启运前就做到数量准、批次清，以利于搬运作业的开展。

（2）在接货前对接货设备进行检验，确保装卸搬运设备完好可用。

（3）与送货单位协调沟通，减少搬运次数。

第7条 选择接货方式

接货一般包括铁路专用线接货、车站码头提货、仓库自行提货和库内接货四种方式。

入库管理人员应根据公司进货情况选择合理的接货方式。

第3章 货物验收

第8条 货物验收入库

接货工作完成后，仓储部应立即开展货物验收入库工作，并办理相关手续。

第9条 入库验收的内容

1. 核对采购订单与供货商发货单是否相符。

2. 检查货物的包装是否牢固，包装标志、标签是否符合要求。

3. 开包检查货物有无损坏。

4. 查看货物的分类是否恰当。

5. 比较所购货物的数量、尺度。

6. 检查货物的气味、颜色、手感等是否正常。

第10条　入库验收的方式

1. 入库验收有全检和抽验两种方式，全检主要是对数量进行验收，大批量到货一般采用抽验方式。

2. 若采用抽验的方式，则需要根据货物的特点、价值、物流环境等因素确定抽验比例。表7－4列出了一些常见货物的验收比例，供入库验收人员参考。

表7－4　　入库验收抽验比例

验收项目	抽验比例规定
质量检验	带包装的金属材料，抽验5%～10%；无包装的金属材料，全部目测查验 10台以内的机电设备，验收率为100%；100台以内，抽验率不低于10% 运输、起重设备100%查验 仪器仪表外观质量缺陷查验率为100% 易发霉、变质、受潮、变色、污染、虫蛀、机械性损伤的货物，抽验率为5%～10% 外包装有质量缺陷的货物，抽验率为100% 进口货物原则上采取100%逐件检验
数量检验	不带包装的（散装）货物，检斤率为100%，不清点件数；有包装的货物，毛检斤率为100%，回皮率为5%～10%，件数清点率为100% 定尺钢材检尺率为10%～20%，非定尺钢材检尺率为100% 贵重金属材料100%过净重 有标量或者标准定量的化工产品按标量计算，并核定总重量 同一包装、大批量、规格整齐的货物，或包装严密、符合国家标准且有合格证的货物，可以采取抽查的方式验量，抽验率为10%～20%

第11条　入库验收的方法

1. 视觉检验。在充足的光线下，利用视觉来观察货物的颜色、状态、结构等表面状况，检验其是否有变形、破损、脱落、变色、结块等损害情况，进而对质量加以判断。

2. 听觉检验。通过摇动、搬运操作、轻度敲击来听声音，以判断货物的质量。

3. 触觉检验。利用手感鉴定货物的光滑度、细度、黏度、柔软度等，以判定质量。

4. 嗅觉、味觉检验。通过货物所发出的特有的气味、滋味来判定质量。

5. 测试仪器检验。利用各种专用测试仪器鉴定货物品质，如对货物的含水量、密度、成分、黏度、光谱等进行测试。

6. 运行检验。对货物运行状况进行检验，以判定其质量，如车辆、电器等。

第 12 条　入库验收的时间

1. 属外观等易识别性质检验的货物，应于收到货物后一天内完成验收。

2. 属化学或物理检验的货物，验收人员应于收到货物后三天内完成验收。

3. 对于必须试用才能实施检验者，由验收主管在“货物验收报告表”中注明验收完成日期，一般不超过七天。

第 4 章　货物编码

第 13 条　选择货物编码方法

仓储人员对验收合格的货物需进行编码，货物编码主要有四类方法，具体介绍如表 7－5 所示。

表 7－5　　货物编码方法

名称	介绍	优缺点
数字法	将某种货物用特定的一个或一组数字来表示的方法	容易了解 需另外准备货物项目与数字对照表，且要记忆对应项目
英文字母法	将某种货物用特定的一个或一组字母来表示的方法	除 I、O、Q、Z 外有 22 个字母可用 需记忆字母所代表的类别
暗示法	将某种货物用特定的编码来表示的方法	从字母、数字中得到暗示，无须记忆且不被外人知晓，适用于重要货物编码
混合法	将某种货物用英文字母和数字结合起来表示的方法	字母代表类别或名称，方便识记 仍需准备货物项目与数字对照表

第 14 条　确定大类、中类位数及代号

1. 编码小组研究公司所有的货物信息，对其加以分类后确定大类数目。货物大类可以根据公司商品码加以分类。

2. 编码小组将每一大类的货物再细分为中类，确定中类数目。

3. 编码小组根据大类、中类数目，确定大类和中类位数，并为其做好代号。

4. 大类和中类代号要完整记录在货物编码规则中，以便入库管理人员参照执行。

第 15 条　确定小类位数及编码

1. 编码小组将中类细分为小类，并确定小类位数。

2. 编码小组为小类编码。

第 16 条　确定编码规则

1. 编码小组根据以上各项工作确定编码规则。

2. 编码规则需经仓储部经理审批通过后方可实施。

第5章　办理货物入库手续

第17条　收货扫描及清点

1. 工作人员利用数据采集系统对到货进行入库清点，检查货物的状态。

2. 收货扫描时如系统不接受，应及时找信息技术部门查明原因，确认是否收货。

第18条　建立货物卡

1. 货物入库堆码完毕后，仓储人员应立即建立货物卡，确保一垛一卡。

2. 货物卡需根据堆垛货物的品名、型号、规格、数量、单位及进出动态和积存数填写。

3. 货物卡一般有两种处理方式，其简要介绍和优缺点如表7-6所示。

表7-6　货物卡处理方式一览

处理方式	简要介绍	优缺点
管理责任制	即由入库主管集中保存管理	操作严谨，不宜出错；但如果有进出业务而入库主管缺勤时，就难以及时处理
直接操作制	将填制的卡直接挂在货物的垛位上，挂放位置要明显	便于随时与实物核对，有利于货物进出业务的及时进行，可以提高保管人员的工作效率；但有可能出现误操作

第19条　入库货物登账

1. 货物入库后，仓库管理人员应建立实物保管明细账，登记货物入库的详细情况。

2. 仓库管理人员应按货物的品名、型号、规格、单价等分别建立实物保管明细账，此账本采用活页式，按货物的种类和编号顺序排列，在账页上要注明货位号和档案号，以便查对。

3. 实物保管明细账必须严格按照货物的出入库凭证及时登记，并确保填写清楚、准确。记账发生错误时，可画红线更正。

第20条　建立仓库工作档案

1. 仓库建档工作是指对货物入库业务作业全过程的有关资料证件进行整理、核对，建立资料档案。

2. 仓库工作档案的资料主要包括以下四方面。

（1）货物到达仓库前的各种凭证、运输资料。

（2）货物入库验收时的各种凭证、资料。

（3）货物保管期间的各种业务技术资料。

（4）货物出库和托运时的各种业务凭证、资料。

3. 建档工作必须满足以下三项具体要求。

(1) 一物一档。建立货物档案应该是一物（一票）一档。

(2) 统一编号。货物档案应进行统一编号，并在档案上注明货位号。同时，在实物保管明细账上注明档案号，以便查阅。

(3) 妥善保管。货物档案应存放在专用的柜子里，由专人负责保管。

第21条　签单

1. 货物验收入库后，应及时按照“仓库货物验收记录”要求签回单据，以便向供货方或货主表明收到货物的情况。

2. 如果出现货物数量短少等情况，签单也可作为与供货方进行交涉的依据，所以签单必须准确无误。

第6章　附则

第22条　本制度由仓储部制定，其修改权、解释权归仓储部所有。

第23条　本制度经总经理审批后，自颁布之日起执行。

(2) 货物储存管理制度。企业制定货物储存管理制度，可以加强对库存货物的管理，确保货物的合理堆码，定期进行货物的检查维护及环境的清理，确保货物的安全。下面是某企业的货物储存管理制度，供读者参考。

货物储存管理制度

第1章　总则

第1条　目的

为了确保货物储存管理的科学化、合理化、规范化，提高货物的保管质量，特制定本制度。

第2条　适用范围

凡公司有关货物存储保管的事项均应依照本制度处理。

第3条　管理职责

1. 仓储部经理负责监督货物存储管理工作的开展情况。

2. 入库主管负责入库货物的堆码工作。

3. 存储主管负责货物存储的日常管理和维护工作。

第2章　货物堆码

第4条　明确堆垛场地

入库主管需要根据入库货物的类型确定堆码场地。堆码场地一般可分为库房内堆码场地、货棚内堆码场地及露天堆码场地。

第5条 进行垫垛

1. 在货物码垛前，入库管理人员需指导装卸搬运工进行垫垛。

2. 衬垫物主要包括枕木、废钢轨、货板架、木板、帆布、芦席、钢板等。

3. 应确保所使用的衬垫物不会对拟存物品产生不良影响，并具有足够的抗压强度。

第6条 实施堆垛作业

垫垛完之后，入库主管根据货物的品种、性质、包装、体积、重量以及仓库的具体储存要求，确定货物的堆码方法，指导装卸搬运人员进行科学合理的堆码。

1. 堆垛的方法主要包括重叠式、纵横交错式、仰俯相间式、压缝式、通风式、栽柱式、衬垫式、直立式等。

2. 入库人员在堆垛时需遵循以下基本要求，具体如表7－7所示。

表7－7 堆垛的基本要求说明

基本要求	具体说明
分类存放	将不同类别的货物分类存放，甚至分区、分库存放 不同规格、不同批次的货物也要分位、分堆存放 残损货物要与合格货物分开 对于需要分拣的货物，在分拣之后应分位存放，以免混杂
选择适当的搬运活性	根据货物作业的要求，合理选择货物的搬运活性 搬运活性高的存放物品应注意摆放整齐，以免堵塞通道、浪费仓容
面向通道	货垛以及所存放货物的正面应尽可能面向通道，以便查看 所有货物的货垛、货位都应有一面与通道相连，以便工作人员能对货物进行直接作业 所有的货位都与通道相通时，才能保证不围不堵

3. 堆码操作的要求如下。

（1）堆码的操作工人必须严格遵守安全操作规程，合格使用各种装卸搬运设备，同时还须防止超过地坪的安全负荷量。

（2）码垛必须不偏不斜、不歪不倒、牢固坚实，以免倒塌伤人、摔坏货物。

（3）货垛的间距、走道的宽度以及货垛与墙面、梁柱的距离等都要合理、适度。

（4）货垛的行数、层数力求成整数，以便于清点、收发作业。若过秤货物不成整数时，应分层表明重量。

（5）货垛应按一定的规格、尺寸叠放，排列整齐、规范，货物包装标志应一律朝外，便于查找。

（6）堆垛时应注意节省空间位置，适当、合理地安排货位，以提高仓容利用率。

第7条　进行堆垛苫盖

1. 在货物堆码完成之后，入库人员要选择合适的苫盖材料对堆码货物进行苫盖，以达到防尘、防晒、防雨、防风、防自然损耗的目的。

2. 常用的苫盖材料有塑料布、席子、油毡纸、铁皮、苫布等。

3. 常用的苫盖方法有垛形苫盖法、鱼鳞式苫盖法、隔离苫盖法、活动棚架苫盖法、固定棚架苫盖法等。

第8条　记录货物堆放位置

1. 入库主管详细记录货物的存放位置，及时将堆码信息通知存储主管。

2. 货物的存放位置若有变化，存储主管必须及时更改信息，确保货物实际存储位置与电脑系统中的储位一致。

第3章　在库保管

第9条　库房温湿度管理

1. 仓库管理员每天对仓库内的温度和湿度进行检查和记录，确保仓库温湿度控制在合理范围之内。

2. 温湿度异常处理规定如下。

(1) 当仓库温度高过允许的上限或者低于允许的下限时，仓库管理员应及时通知仓储主管，要求其采取措施来调整仓库温度，仓储主管应在24小时内将问题解决。

(2) 当仓库湿度高过允许的上限时，仓库管理员应及时通知仓储主管，要求其采取适当的措施来调整仓库湿度。

第10条　害虫防治措施

1. 库房所有门窗应该是密封的。若必须长时间打开，应安装防虫窗纱。

2. 库房墙壁和地面不应有洞或裂缝。若出现洞或裂缝，应在两天内修好。

3. 仓库周围的树木、沟渠、角落及有可能滋生害虫的地方，每月要喷洒一次杀虫剂。

4. 为了切断害虫的食物源，不能在仓库内和仓库外一米以内进食。

第11条　蚁虫防治工作

1. 库房每星期检查一次。每年在白蚁繁殖期（春季），应对仓库建筑物和四周环境进行全面普查，以防止蚁患滋生。

2. 在检查过程中如发现白蚁或其他虫害时，应根据具体情况采取诱杀、挖剿、毒土处理、熏蒸灭虫等防治措施，防治措施应该是安全而有效的。

第12条　鼠害防治工作

1. 仓库管理员应在库房各个地点放上捕鼠胶，并每天对库房内的捕鼠器和捕鼠胶进行检查。

2. 仓库管理员如发现失去黏性的捕鼠胶，应立即进行处理或更换。

第 13 条　在库检查

1. 仓储管理员应及时查看在库货物，排查霉变、破损、虫蛀、潮湿等状况，检查货物完整、牢固的状况，保证在库货物的质量安全。

2. 排查时除了用感官检查货物质量外，还可以用仪器测定货物的具体状况。

3. 下列四类货物应当加强检查。

（1）性能不稳定的货物。

（2）利用旧包装或包装有异常的货物。

（3）重新入库或从外仓转来的货物。

（4）异常天气情况下入库的货物。

第 4 章　仓储安全管理

第 14 条　消防安全管理

1. 公司所有仓库必须建立健全防火组织和消防制度。

2. 仓库应每月定期检查消防设施的使用实效，并接受安保部的检查和监督。

3. 严禁在仓库内吸烟，严禁酒后值班。

4. 检查易燃、易爆货物是否单独存储、妥善保管。

5. 严禁随意动用仓库消防器材。

第 15 条　仓库防盗管理

1. 仓库管理员离开时必须严格做好交接班工作。

2. 仓库必须保持 24 小时值班，特殊情况下仓库无人时，仓库管理员必须锁好仓库大门。

3. 存储主管每天必须检查仓库门锁有无异常、货物有无丢失。

第 16 条　其他安全隐患管理

1. 仓库管理员下班前须认真检查是否拉闸、断电及排除所有安全隐患。

2. 严禁在仓库内乱接电源或临时搭线。

第 5 章　仓储环境管理

第 17 条　每日清扫

仓库管理员每日都要清扫库房地面，清除垃圾、杂物。

第 18 条　每周清扫

1. 仓库管理员每周需用扫把彻底清扫一次地面和地台板，尤其要注意清理地台板下的杂物。

2. 每周清除一次产品包装上的灰尘。

3. 每周清扫一次库房管道，清除墙角和天花板上的蜘蛛网。

第19条　每月清扫

1. 仓库管理员应每月擦洗一次仓库的门窗及周边管道，并对天花板进行清扫。

2. 仓库管理员应每月清洗一次仓库四周的水渍，以防积水。

3. 每月应清除一次灯罩上的灰尘。

第20条　工具摆放管理

仓库应设有专门的地方来摆放小拖车和清洁工具。

第21条　卫生检查

仓储主管和仓库管理员定期对仓库清洁工作进行检查。

第6章　附则

第22条　本制度由仓储部制定，其修改权、解释权归仓储部所有。

第23条　本制度经总经理审批通过后，自颁布之日起执行。

2. 仓储业务管理工具设计

（1）入库单（见表7-8）。

表7-8　　**入库单**

编号：　　　　　　　　　　　　入库日期：____年____月____日

编号	货物名称	型号	数量			单价	金额	付款方式		备注
			进货量	实点量	量差			转账	现付	

审核人：　　　　　　　　　进货人：　　　　　　　　　仓库管理员：

（2）验收单（见表7－9）。

表7－9　　**验收单**

供货单位：　　验收日期：____年____月____日

货物类别		货物数量		货物金额	
承运单位		供货商		起运地点	
检验情况记录					
验收量	单价	总价	合格量	合格率	出厂合格证明
检验员		日期		进账	
备注					

（3）盘点单（见表7－10）。

表7－10　　**盘点单**

盘点范围：　　盘点日期：____年____月____日

责任人签字	盘点项目			数量					
	品种	入库	出库	账面数量	实际盘点数	差量	批次	票号	出库率
备注									

（4）库存表（见表7－11）。

表7－11 **库存表**

编号: 报告月份：____年____月

品名	规格	单位	上月结存			本月收入			本月发出			本月结存		
			数量	单价	金额	数量	单价	金额	数量	单价	金额	数量	单价	金额

（5）出库单（见表7－12）。

表7－12 **出库单**

客户名称				发货日期			
发货仓库				提货单号			
仓库地址							
品名	货号	单位	单价	数量	金额	包装	备注

仓储主管： 仓库管理员： 提货人：

(6) 退货单（见表7－13）。

表7－13　　　　　　　　　　　退货单

编号：　　　　　　　　　　　　　　　　　　　　　　　　填写日期：

序号	货物编号	品名	单位	退仓数量	实收数量	备注

制表：　　　　　　　　　　　　　　　　　　　　　　　　审核：

任务三　POS 系统应用与操作

任务目标

- 了解 POS 系统的概念、特征和结构
- 掌握 POS 机的操作

任务示例

背景材料：很多企业为了经营发展的需要，购买并使用 POS 机。

任务描述：由于业务的发展，某超市需要增加收银员，提高顾客结账速度。该超市请学生做收银员，提高结账效率。

任务分析

了解 POS 系统的概念、特征和结构；掌握 POS 机的操作技巧。

相关知识

一、POS 技术基础知识

（一）POS 系统概念与组成

1. POS 系统的概念

POS（Point of Sales）系统即销售时点信息系统，是指通过自动读取设备（如收银机）在销售商品时直接读取商品销售信息（如商品名、单价、销售数量、销售时间、销售店铺、购买顾客等），并通过通信网络和计算机系统传送至有关部门进行分析加工以提高经营效率的系统。POS 系统最早应用于零售业，以后逐渐扩展至如金融、旅馆等服务行业，利用 POS 系统的范围也从企业内部扩展到整个供应链。

POS 系统有两种类型：一类是上述我们所说的商业 POS 系统，包含前台 POS 系统和后台 MIS（Management Information System）系统两大基本部分；另一类是指金融 POS，它是由银行设置在商业网点或特约商户的信用卡授权终端和银行计算机系统通过公用数据交换网联机构成的电子转账服务系统。

本书主要介绍商业 POS 系统。前台 POS 系统，主要负责销售点的销售和销售数据的采集，其工作基础为商品条形码和 POS 收银机。后台 MIS 系统即管理信息系统，主要负责超市日常经营业务的管理、超市自身机构及人员的管理等，并为管理者提供决策依据，其技术基础为计算机技术及数据库技术。

前台 POS 系统是为后台 MIS 系统采集数据的，后台 MIS 系统依据前台 POS 实时采集的数据进行计算、分析和汇总，可以控制进货数量、合理周转资金，还可统计各种销售报表，并可对收银员业绩进行考核。因此，前台 POS 系统和后台 MIS 系统是密切相关的，二者缺一不可。

2. POS 系统组成及特点

（1）前台 POS 系统。前台 POS 系统是指通过收银机，在销售商品时直接读取商品销售信息，实现前台销售业务的自动化，对商品交易进行实时服务和管理，并通过通信网络和计算机系统传送至后台，通过后台管理信息系统（MIS）对交易信息进行储存、汇总、统计与分析，获得商品销售的各项信息，为管理者分析经营成果、制订计划提供依据。前台 POS 系统构成如图 7－33 所示。

（2）后台 MIS 系统。后台 MIS 系统包括计算机和相应的管理软件。MIS 系统负责

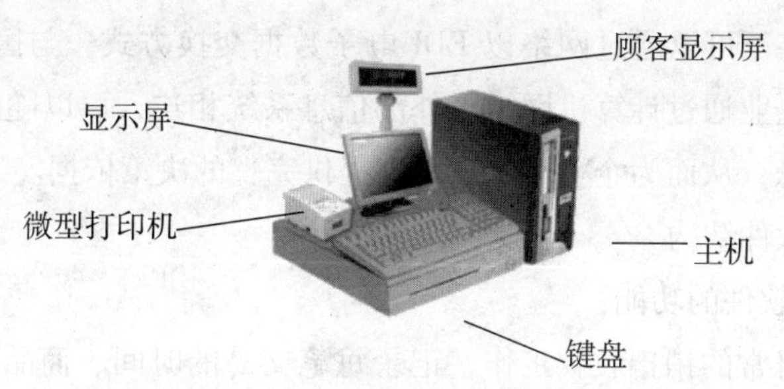

图 7－33　前台 POS 系统构成

全部商品的进、销、存管理以及财务管理、考勤管理等。它可根据商品进货信息对厂商进行管理，又可根据前台 POS 系统提供的销售数据，控制进货数量，优化库存。通过后台计算机系统计算、分析和汇总商品销售的相关信息，为企业管理部门和管理人员的决策提供依据。

（二）POS 系统的结构和运行

1. POS 系统的硬件结构

POS 系统硬件主要包括收款机、扫描器、显示器、打印机、微机和硬件平台等，如图 7－34 所示。

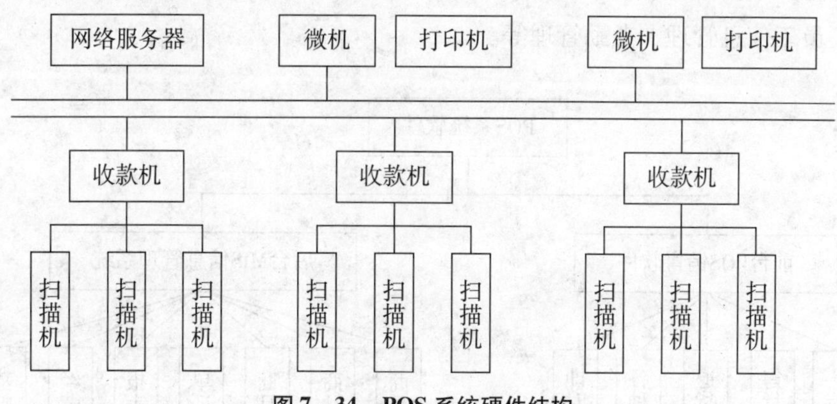

图 7－34　POS 系统硬件结构

前台收款机即 POS 机，可采用具有顾客显示屏和票据打印机、条形码扫描仪的机型。

商业企业规模经营靠的是计算机网络，没有网络企业经营者就无法掌握动态信息，就无法进行有效的控制，更无法做出正确的决策。

在日常经营中，前台收款机在完成交易后需要通过网络将数据传送到后台去处理；顾客使用信用卡在结算支付时，也要经过 POS 机进行刷卡并通过网络与金融银行连通完成转账划账；采购部门通过网络可以很方便地与生产厂商或批发商进行电子订货

(EOS)；业务部门甚至可以通过网络以 EDI 电子数据交换方式，与国内外贸易公司进行贸易活动；商业企业通过计算机网络与外部信息系统相连，可以随时掌握顾客信息、商品信息、物价信息，从而为企业的经营管理提供完整的决策依据。

2. POS 系统的软件结构

（1）前台 POS 软件的功能：

①售货收款。日常的销售收款工作，记录每笔交易的时间、商品、数量、金额等，采用条形码扫描方式进行销售输入操作，如果出现条形码无法识读应辅以手工输入方式完成销售输入操作。

②售货结算。进行收银员交接班时收款的结算或是全天的销售情况。可以计算本次交班时的现金及销售情况，也可以统计收银机全天的销售金额以及各收银员的销售金额。

③退货退款。记录退货时的商品种类、数量和金额等情况。

④各种付款。可以支持各种付款方式，如现金、信用卡、商场储值卡等，满足不同顾客的需求。

⑤及时纠错。在销售过程中出现错误能够立即修正，保证数据的准确性。

（2）后台 MIS 功能。后台 MIS 的主要功能有：商品入库验收、商品销售管理、商品调价管理、单据票证管理、报表打印管理、统计分析功能、销售预测功能、数据维护管理、员工信息管理、考勤管理等。

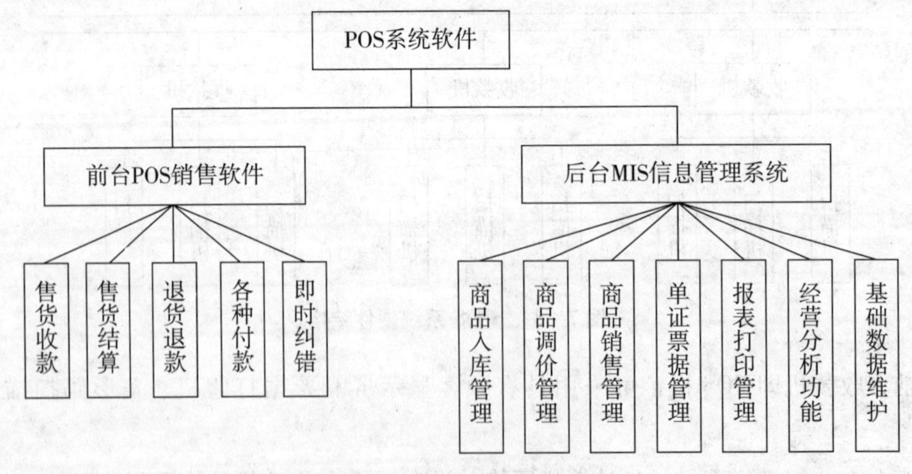

图 7－35　POS 系统软件结构

3. POS 系统的运行步骤

POS 系统基本作业原理是先将商品资料建于电脑数据库中，前台操作时扫描商品上的条形码，得到商品的编号，通过电脑与收银机的网络线，读取电脑数据库中的商品详细信息（商品名称、价格等），同时销售操作完成后，每笔销售记录传回电脑数据库中，作为各种销售统计分析的基础数据。具体运行步骤如下：

（1）条形码识别：收银员使用扫描器读取商品条形码；

（2）消费金额和总价确认：计算顾客购买商品数量及总金额；

（3）信用卡刷卡（现金付款直接到（6）），或用其他银行卡支付；

（4）输入密码；

（5）建立数据传输；

（6）打印凭条：打印出顾客购买清单和付款总金额；

（7）信息回流后台数据库；

（8）信息反馈后，做出相应的调整：通过对销售试点信息进行加工分析来掌握消费者购买信息的共享，对商品品种、陈列和价格等进行调整；

（9）信息管理，制订计划。

二、POS 的应用与效益分析

（一）POS 的应用

POS 系统对商品流转业务的管理主要体现在：通过核算员、收银员在流转的各个环节，将必要的票据登录到 POS 系统中去。所登录的数据主要有商品的单价、数量及金额等相关指标。

对于商品流转各个环节以及与商场管理密切相关的人为活动，如商品部的哪些人具有采购权，哪些人可以和厂家谈判签订合同等，POS 系统不能进行控制和管理。

商品进、销、调、存各环节涉及的主要终端操作人员有：进货环节的商品库核算员、仓库核算员；销售环节的 POS 系统终端收银员；调拨环节的商品部核算员；仓储环节的商品部核算员、仓库核算员。

这些终端操作人员主要分为核算员和收银员，对这两类人员的要求不同。对核算员的要求是要熟悉商品流转业务，有一定的计算机和财务知识。严格执行商场管理规程及操作规程，充分理解商品流转各环节的票据含意；对收银员的要求是责任心强，对收款机操作熟练迅捷，能够处理一些简单的销售业务问题（如收款方式、付款方式、币种识别等）。

在 POS 系统应用过程中，要使 POS 系统发挥其功效，对系统工作的各个流程，工作人员都应熟悉，并按操作规程操作。对于各流程中的工作人员，具体事项如下：

（1）商品编码、定价和登录。工作人员要了解和确定商品编码规范，包括商品店内码、商品条形码；了解和确定商品的进价、售价、调价等定价的方式；了解和确定商品定价单、调价单的单据格式及使用规范，并能进行相关操作。

（2）进货。工作人员要了解和确定商品到货情况及处理流程。一般商品到货分为全部进仓、全部进柜、部分进仓部分进柜三种情况。每种情况又有货单与货同到、货到单未到、单到货未到三种状态；了解和确定验收单、进账单（货到单未到时使用）的单据格式及使用规范，并能进行相关操作。

（3）调拨。工作人员要了解和确定商品部内发生的商品调拨；了解和确定商品部间发生的商品调拨；了解和确定调拨单的单据格式、使用规范，并能进行相关操作。

（4）退货及换货。工作人员要了解和确定商品退货的过程；了解和确定商品换货的过程；了解和确定退货、换货验收单的单据格式和使用规范，并能进行相关操作。

（5）仓储。工作人员要了解和确定商品移仓（支货）的过程；了解和确定商品移仓（退仓）的过程；了解和确定商品的提货及退仓的过程；了解和确定移仓单的单据格式、使用规范，并能进行相关操作。

（6）零售。工作人员要了解和确定商品零售的过程；了解和确定收款单、解款单的单据格式及使用规范，并能进行相关操作。

（7）报损、报溢、报废。工作人员要了解和确定商品的报损、报溢过程；了解和确定商品溢耗损报核单、财产损溢审批单的单据格式及使用规范，并能进行相关操作。

（8）盘点。工作人员要了解和确定商品盘点过程；了解和确定盘点表格式及使用规范，并能进行相关操作。

（9）进货退补价。工作人员要了解和确定进货后，发生退补价时的处理流程；了解和确定进货退补价单的单据格式及使用规范，并能进行相关操作。

此外，还需要相关人员对 POS 系统进行日常维护与异常处理，系统管理员和数据库管理员应定期进行主机系统的数据备份和数据清理工作，以避免有用信息的丢失以及非相关冗余和相关冗余信息占用有效空间。

（二）POS 系统的效益分析

商业 POS 系统的实现可以节约原来用于手写、保管各种单据的人工成本和时间成本；简化操作流程，提高基层员工的工作效率和积极性；提高工作人员的正确性，省略了手工核对的工作量；各级主管从繁重的传统式经营管理中解脱出来，并且有更多的时间从事于管理工作，工作重心逐渐转到管理上来，进一步提高了工作效率；采购人员利用查询和报表，更直接、有效地获得商品情况，了解到商品是否畅销和滞销；销售人员根据商品的销售情况进行分析，以进行下一次的销售计划；财务人员能更加清楚地了解库存情况、账款余额、毛利贡献等财务数据，通过更好地控制成本和费用，提高资金周转率；管理者把握住商品的进销存动态，对企业各种资源的流转进行更好的控制和发展。

以下我们从系统总体和作业流程层面进行效益分析。

1. POS 系统的效果

应用 POS 系统后，我们从作业水平、门店营运水平以及企业经营水平这三个层面对总体的效果进行分析，如表 7－14 所示。

表 7－14　应用 POS 系统的效果

作业水平	收银业务的省力化	商品检查时间缩短
		高峰时间的收银作业变得容易
		输入商品数据的出错率大大降低
		员工培训教育时间缩短
		核算购买金额的时间大大缩短
		店铺内的票据数量减少
		现代管理合理化
	数据收集能力大大提高	信息发生时点收集
		信息的信赖性强化
		数据收集的省略化、迅速化和实时化
门店营运水平	门店作业的合理化	提高收银台的管理水平
		贴商品标签和价格标签简单化
		改变价格标签的作业迅速化和实时化
		销售额和现金额随时把握，检查输入数据作业简便化
	门店营运的效率化	能把握库存水平
		人员配置效率化、作业指南明确化
		销售目标的实现程度变得容易测定，容易实行时间段减价
		销售报告容易做成
		能把握畅销商品和滞销商品的信息
		货架商品陈列、布置合理化
		能发现不良库存品
		对特殊商品进行单品管理成为可能

续 表

企业经营管理水平	提高资本周转率	可提前避免出现缺货现象
		库存水平合理化
		商品周转率提高
	商品计划的效率化	销售促进方法的效果分析
		把握顾客购买动向
		按商品品种进行利益管理
		基于销售水平制订采购计划
		有效的店铺空间管理
		基于时间段的广告促销活动
		分析企业经营管理水平

2. POS 系统对作业流程层面的影响

以上是从整体的角度看待应用 POS 系统的效果，接下来，从工作流程的角度比较和分析 POS 系统导入前后对操作的影响，如表 7－15 所示。

表 7－15　　POS 对作业流程的影响

	导入 POS 系统前	导入后的改进方式
前台收银作业	商品庞大且繁杂，无法掌握，人工录入账目，耗费时间且错误率高，容易发生弊端，收银员训练成本高，现金不易掌握	利用条形码分类管理，用扫描器输入，可降低收银作业错误，节省人工，且当人员流动时，训练新收银员容易，而智能型收款机与后台系统联机，可随时查询，掌握销售状况
销售管理	凭直觉或经验，判断商品销售高峰时段及价格区域，以及畅销品和滞销品；变价、促销、特价有赖人工处理；不易达成顾客购买倾向	前台销售数据传至后台系统，产生各类报表，通过计算机交叉分析，能更精确掌握销售实况
库存管理	难以掌握现有库存量及金额，采购人员依直觉进货和主观进货，造成存货积压而没有觉察	可通过计算机对进货情况一目了然，并可设定安全库存以达成自动采购效应，同时对于盘点或耗损亦可纳入计算机记录，可追踪查询呆滞品
上游商品情报	商品、供应商等各项信息由采购人员掌握，易产生弊端，供应商稽核不易	纳入后台管理，可随时查询送货时效、付款条件和供应商品等

3. 企业应用POS效益指标

企业应用商业POS系统后带来的效益，还可以从具体的效益指标中体现出来。在表7－16中我们列举信息面、管理面和企业内部稽核面上的效益指标进行说明。

表7－16　企业应用POS效益指标

	效益指标	说明
信息面	购买动向分析 消费者层次分析 畅、滞销品分析	针对POS系统所收集数据进行分析，可以获悉消费者的购买动机、目标客户层、畅销品及滞销品等重要信息，以利于管理
管理面	商品的配置 商品陈列的管理 特卖、促销、变价管理 盘点及进货管理	将POS所收集的各项数据作为商品陈列的参考，并可进行商品比率、结构调整，也可作为商品库存与订货的参考
内部稽核面	合理化作业 防止舞弊 简化收银作业 减少人工输入	通过POS系统作业，推动商店作业合理化，建立制度并简化收银作业，防止员工舞弊，避免因人为疏忽而产生弊端

任务处理

1. POS系统前台销售

（1）登录收银界面，如图7－36所示。

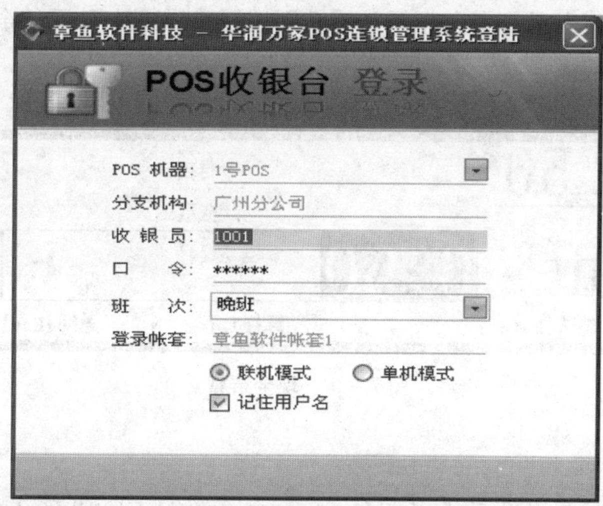

图7－36　收银员登录界面

（2）扫描商品条形码：进入销售界面后，光标会自动出现在左下角的“输入”［Enter］区域内，此时，用“条形码扫描枪”对准商品条形码处扫描，显示器上将显示该商品的有关信息，如图 7－37 所示。重复以上操作，直至完成此笔交易中的所有商品。

2005-11-17 11:49:33 机号：01 店号：01 收银员：0911 郑慧群 网络状态：penny
工作状态：销售 取价方式：前台 出货仓：1 卖场 使用时间：00:01:16
销售单号：01010511170001

序号	商品编码	商品名称	单位	数量	单价	金额	说明	折扣
1	020238	10个原野花萝	盒	1	3.50	3.50		1.00
2	0400906	也酥脆比萨卷	支	1	2.30	2.30		1.00
3	020237	1*10富达餐巾	支	1	3.50	3.50		1.00

商品：1*10富达餐巾
单价：3.50
数量：1
金额：3.50
总金额 9.30
付款 0.00
折扣：1.00 挂单数量：0 总件数量：3
会员卡积分：
状态：正常 数量：1
找零：0.00
输入[Enter]： 会员卡：

图 7－37 扫描商品条形码

（3）点击“结账”，出现结账提示框，如图 7－38 所示。在“人民币”输入框输入顾客付款额，按［Enter］接收，出现找零。确认输入的金额没错，再按［Enter］，钱箱会自动打开。若出现找零金额不为零，则按照找零框中显示的金额退给顾客。关闭钱箱，这笔交易完成，进入下笔交易。

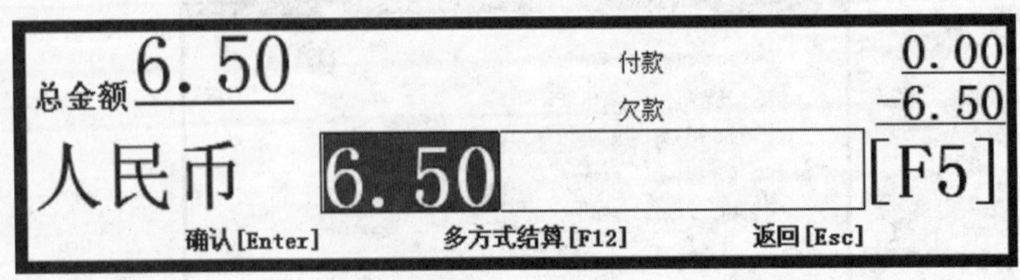

图 7－38 现金结算

2. 后台 MIS 系统

登录后台管理信息系统进入主页面，该后台系统的主要功能包括：采购管理、销售管理、库存管理、资金管理、收银台、报表中心、经营分析、图形分析和基础资料，如图 7－39 所示。以下我们将选取其中的某些功能进行操作。

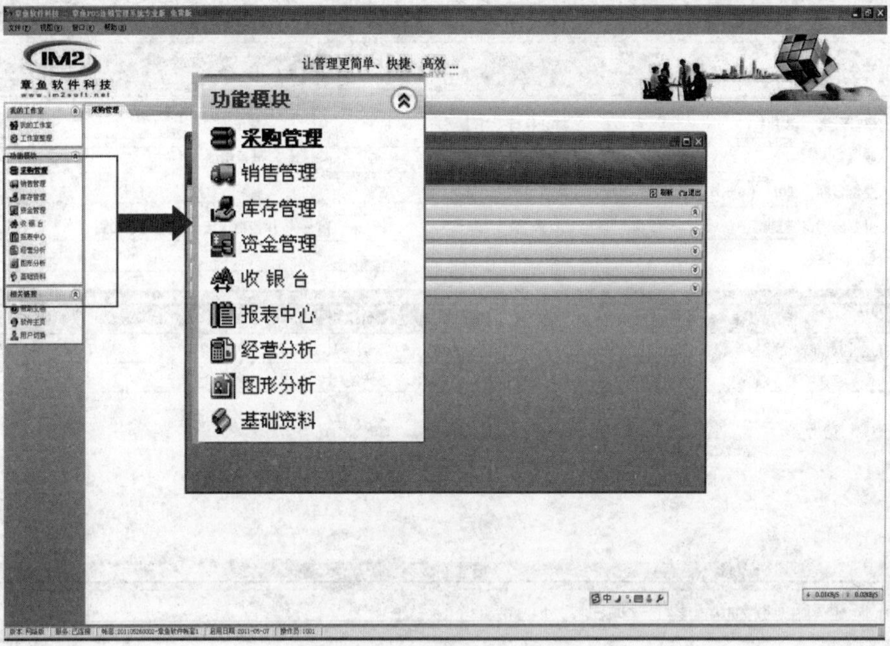

图 7－39　登录后台系统

（1）采购管理。

采购管理主要是基础数据管理、采购业务、货品采购报表等。采购管理部分功能如图 7－40 所示，采购订单的填写如图 7－41 所示。

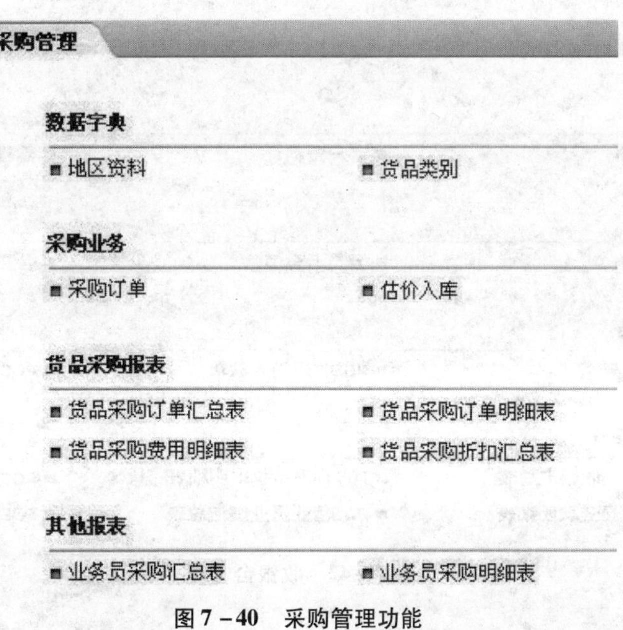

图 7－40　采购管理功能

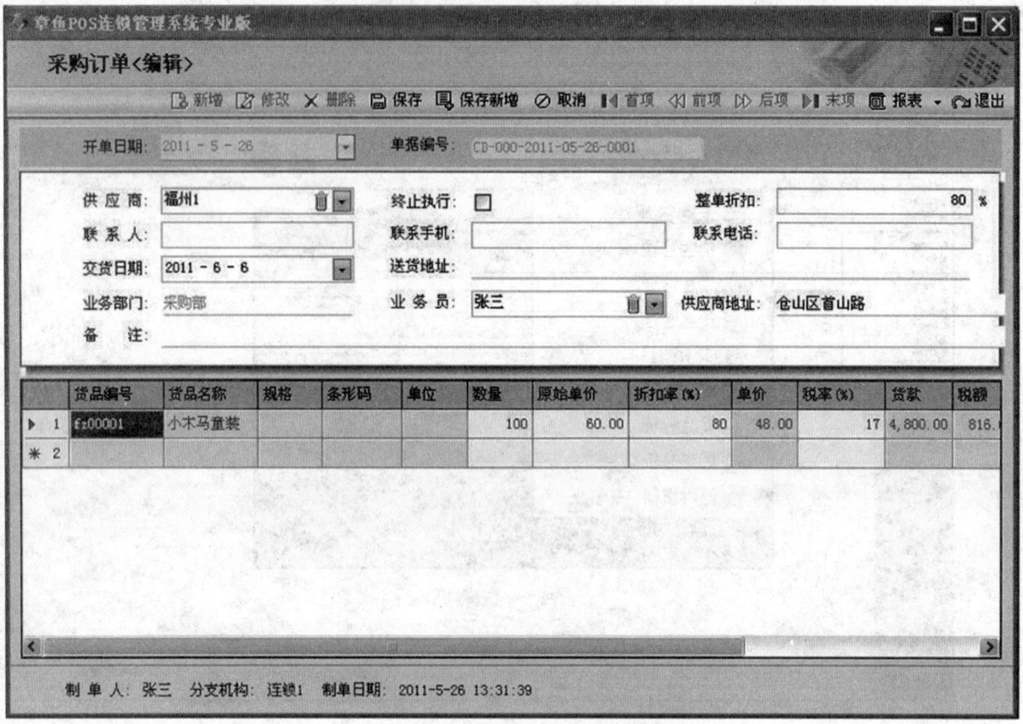

图 7－41　采购订单填写

（2）收银台管理。

主要包含基础数据管理、会员相关管理、收银台业务和收银台报表等，界面如图 7－42 所示，其数据来源于前台 POS 销售数据。

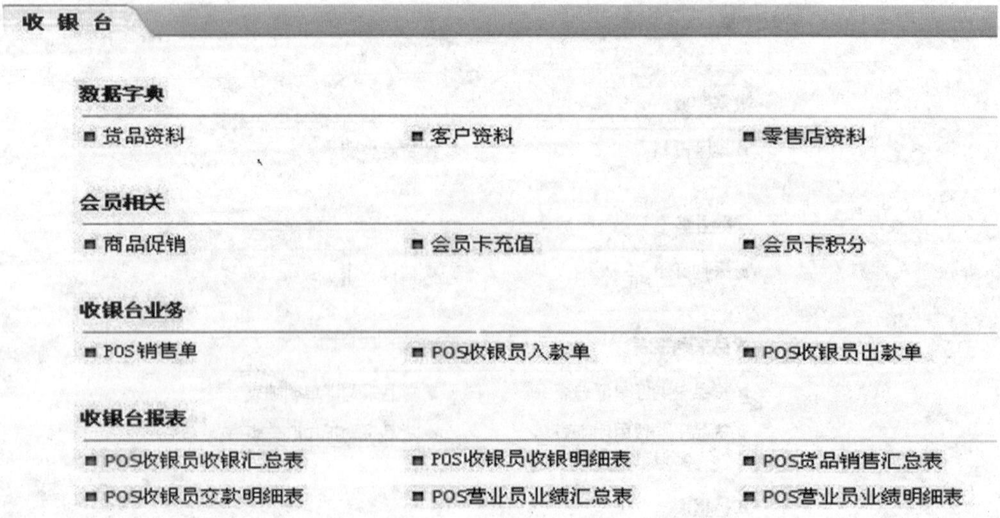

图 7－42　收银台管理

（3）库存管理。

库存管理包含基础数据、库存业务、账面库存报表、实际库存报表等，如图 7－43 所示。

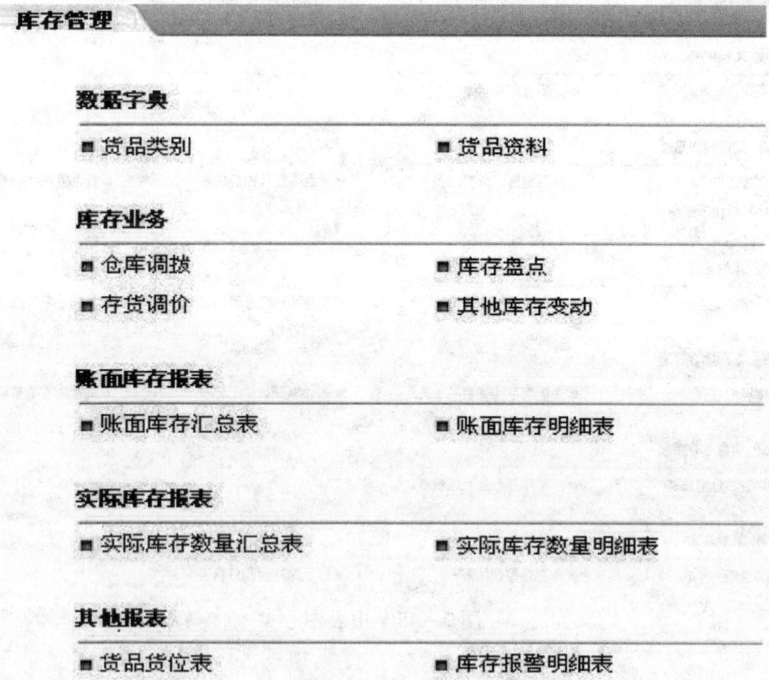

库存管理

数据字典

■ 货品类别　■ 货品资料

库存业务

■ 仓库调拨　■ 库存盘点

■ 存货调价　■ 其他库存变动

账面库存报表

■ 账面库存汇总表　■ 账面库存明细表

实际库存报表

■ 实际库存数量汇总表　■ 实际库存数量明细表

其他报表

■ 货品货位表　■ 库存报警明细表

图 7－43　库存管理

（4）经营分析。

经营分析主要是采购分析和销售分析，如图 7－44 所示。

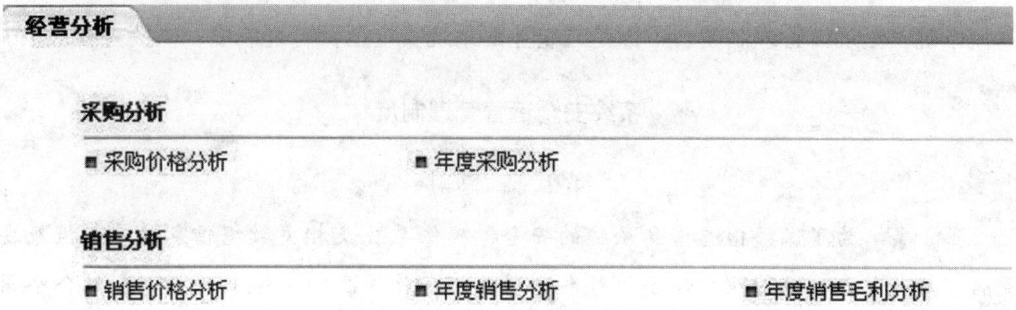

经营分析

采购分析

■ 采购价格分析　■ 年度采购分析

销售分析

■ 销售价格分析　■ 年度销售分析　■ 年度销售毛利分析

图 7－44　经营分析

（5）报表中心。

报表中心汇总了企业运营的所有报表，可以进行报表分析与查询，如图 7－45 所示。

报表中心

采购管理 货品采购报表

- 货品采购订单汇总表
- 货品采购订单明细表
- 货品估价入库汇总表
- 货品估价入库明细表
- 货品采购费用明细表
- 货品采购折扣汇总表
- 货品采购折扣明细表

采购管理 其他报表

- 业务员采购汇总表
- 业务员采购明细表

销售管理 货品销售报表

- 货品销售订单汇总表
- 货品销售订单明细表
- 货品委托代销汇总表
- 货品委托代销明细表
- 货品销售折扣明细表

销售管理 其他报表

- 业务员销售汇总表
- 业务员销售明细表
- 销售毛利汇总表
- 销售毛利明细表

库存管理 账面库存报表

- 账面库存汇总表
- 账面库存明细表
- 账面库存数量汇总表
- 账面库存数量明细表

库存管理 实际库存报表

- 实际库存数量汇总表
- 实际库存数量明细表

库存管理 其他报表

- 货品货位表
- 库存报警明细表
- 账面库存预测分析表

图 7－45 报表中心

知识拓展

1. 系统安全运营管理制度

为满足物流信息系统的安全运营需要，确保数据的完整性和安全性，企业应制定物流系统安全运营管理制度。下面是某企业的系统安全运营管理制度，供读者参考。

系统安全运营管理制度

第 1 章　总则

第 1 条　为了保护物流信息系统的安全，确保系统及相关数据信息的完整性及安全性，规范信息系统管理，合理利用系统资源，有效提高物流运营的效率，结合公司实际情况，特制定本制度。

第 2 条　本制度适用于物流信息系统的运营与管理工作。

第 3 条　物流信息系统的构成如下。

1. 硬件系统：主要包括计算机、必要的通信设施和安全设施等。例如计算机主机、外存、打印机、服务器、通信电缆和通信设施。

2. 软件系统：主要包括操作系统、通信协议和业务处理系统等。

3. 信息资源：主要包括物流信息、相关数据和知识、模型等。

4. 人员：主要包括专业人员、终端使用人员等。

第 2 章　硬件系统安全管理

第 4 条　公司需确立专职工作人员负责物流信息系统所用计算机的硬件维护及管理工作。

第 5 条　公司计算机硬件均需贴上封条，任何人不得私自撕毁封条更换物流信息系统所用计算机的硬件。

第 6 条　物流信息系统终端计算机设备的日常维护工作由各部门负责。计算机设备发生故障或异常情况时，由公司电脑专员统一进行处理，任何人不得私自维修。

第 7 条　公司计算机的使用人员按照作息时间准时开关机，及时处理和更新有关物流信息，禁止用公司计算机做与工作无关的事情。

第 8 条　公司计算机使用人员应保持计算机硬件的清洁，下班之前应退出所有程序后关闭计算机，并切断电源后方可离开。

第 9 条　为避免和预防出现硬盘故障及其他应用软件故障，各计算机负责人必须至少每 15 天对硬盘进行一次查错，至少每 30 天对硬盘进行一次重组。

第 3 章　软件系统安全管理

第 10 条　整个物流信息系统的网络安全工作由物流信息管理部负责，其管理人员每周对系统网络进行一次检测，发现网络安全隐患应及时清除。

第 11 条　各部门在运行过程中发现系统故障时，应统一上报物流信息管理部处理，任何人不得私自采取措施。

第 12 条　物流信息系统的使用人员每天对杀毒软件进行升级，发生病毒感染时应及时切断网络并通知物流信息管理部。

第 13 条　物流信息系统的使用人员操作终端计算机时不得使用一些危险性的命令，严禁使用分区及格式化硬盘等操作。

第 14 条　物流信息系统终端计算机使用人员不得随意在各终端及局域网上安装任何与工作无关的软件程序。

第 4 章　信息资源安全管理

第 15 条　物流信息管理专员每天对信息系统的数据进行检测与更新，保证整个信息系统中信息资源的全面性与时效性。

第 16 条　物流信息系统使用人员每天使用自己的登录密码进入系统，任何人不得将自己的密码告知他人。

第 17 条　物流信息管理专员对进入系统的用户进行身份审核，定义操作权限，并监督用户的各项操作。

第 18 条　为防止资料及数据丢失，物流信息实行双备份制度，即物流信息除在电脑中储存外，还应拷贝到软盘或光盘上，以防因病毒破坏或意外而遗失。

第 19 条　打印物流信息系统资料时，必须经所在部门主管同意后由物流信息管理部统一打印。

第 5 章　附则

第 20 条　本制度由物流信息管理部负责制定和解释。

第 21 条　本制度自颁布之日起生效实施。

2. 物流信息管理工具设计

（1）系统故障记录（见表 7 – 17）。

表 7 – 17　　系统故障记录

编号：　　　　制表人：　　　　制表日期：____年____月____日

发生部门		故障系统名称	
发生时间		处理时间	
故障发生时工作环境			
处理措施			
处理结果			
善后措施			
原因分析			
处理人员			

（2）系统维护记录（见表7－18）。

表7－18　　系统维护记录

编号：　　制表人：　　制表日期：____年____月____日

需求部门		责任人		员工编号	
设备名称		设备编号		维护时间	
出现情况					
维护内容					
备注					
部门主管			执行人		

（3）系统运行效果分析表（见表7-19）。

表7-19　　系统运行效果分析

编号：　　制表人：　　制表日期：____年____月____日

分析内容	本企业状况	
	是	否
1. 库存量是否适当		
2. 是否充分利用了系统信息，使营销、物流形成一系列连贯活动，从而提高了作业效率		
3. 是否缩短了从接受订单到发货的时间		
4. 是否提高了运输效率		
5. 是否提高了装卸作业效率		
6. 是否达到了省力的效果		
7. 是否提高了工作的精确性		
8. 是否提高了作业的准确性		
9. 是否有力地支援了销售活动		
10. 是否降低了物流的总成本		
本企业物流信息系统的优点		
本企业物流信息系统的不足		
改进计划		

检测与实训

一、简答题

1. 什么是商业POS系统？它有哪些特征和作用？

2. 商业POS系统由哪几部分组成？其中后台软件有哪些功能？

二、案例分析

SAP：为海尔量身打造物流管理系统

在互联网络和企业信息化飞速发展的今天，对于分支机构和生产车间遍布全球、每月接到60000个销售订单的海尔集团来说，高效率的现代物流系统就意味着企业内部运作的生命线。为了与国际接轨，建立起高效、迅速的现代物流系统，德国SAP公司为海尔量身定做了基于协同电子商务的现代物流管理系统——mySAP. com。该系统有效地提高了采购效率，降低了供应链的成本。在极大地推动了海尔的电子商务发展的同时，SAP也使得海尔成为中国最大的网上交易产品供应商和电子商务公司。

海尔集团的整个架构是一个庞大的系统集合，其中物流本部负责整个集团原材料的集中采购、原材料和成品的仓储和配送；产品本部负责整个集团的生产，各事业部分别生产不同的产品；商流和海外推广本部分别负责国内和国外的产品销售；资金流本部负责整个集团的财务；规划中心负责整个集团发展战略（包括IT）的规划以及集团项目的审批。

海尔集团围绕订单而进行的采购、设计、制造、销售等一系列工作，最重要的一个流程就是物流。离开物流的支持，企业的采购与制造、销售等行为就会带有一定的盲目性和不可预知性，往往是采购回来的物料因为不知道给谁而马上成为库存，制造出来的产品因为不知道为谁制造的也成了库存，同样，没有订单的销售，说到底就是在处理库存，因为不知道卖给谁，唯一的方法就是降价，打价格战。在这种情况下，SAP为海尔量身打造的海尔物流信息系统诞生了。它的出现使海尔在提高企业核心竞争力上又迈上了一个新台阶。“一流三网”，实现四大目标。实施和完善后的海尔物流管理系统，可以用“一流三网”来概况，这充分体现了现代物流的特征：“一流”是指以订单信息流为中心；“三网”分别是全球供应链资源网络、全球用户资源网络和计算机信息网络。围绕订单信息流这一中心，将海尔遍布全球的分支机构整合之后的物流平台使得供应商和客户、企业内部信息网络这“三网”同时开始执行，同步运行，为订单信息流的增值提供支持。

（资料来源：http：//www. chinawuliu. com. cn/xsyj/200504/25/133743. shtml）

思考题：

1. 结合案例，讨论海尔物流系统信息管理的内容。

2. 结合案例，分析海尔物流信息管理给海尔带来了哪些变化。

三、实训

选择当地的3~4家物流企业进行走访，记录它们的规模和采用的物流管理信息系统；分析现状，找出这些公司采用物流管理信息系统存在的优缺点并对存在的问题提出解决方案，写出一篇不少于3000字的调查报告。

项目八　物流电子商务

项目导读

一个完整的商务交易活动过程包括资金流、商流、物流和信息流。其中，资金的划拨和信息的传递都能在网上进行；商品所有权的转移也可以通过相关的法律规定和技术保障在网上实现；信息商品的物流也可以在网上进行，但大量的实体商品的流动只能通过现代物流系统来解决。因此，作为物流企业来说，为了拓展自己的业务，提高自身的服务效率，也必须开展电子商务。

知识目标

- 掌握电子商务的概念
- 掌握电子商务与物流的关系
- 熟悉电子商务物流模式

能力目标

- 具有能够通过网络进行简单交易的能力
- 具有通过当地企业的调查能分析出该企业所采用的物流模式的能力

引导案例

戴尔公司的电子商务物流系统

戴尔公司是商用桌面 PC 市场的第二大供应商，其销售额每年以 40% 的增长率递增，是该行业平均增长率的两倍。年营业收入达 100 亿美元的业绩，使它位居康柏、IBM、苹果和 NEC 之后的第五位。戴尔公司每天通过网络售出的电脑系统价值逾 1200

万美元，面对骄人的业绩，总裁迈克尔·戴尔简单地说，这归因于物流电子商务化的巧妙运用。

戴尔公司的日销量超过1200万美元，但其销售全是通过国际互联网和企业内部网进行的。在日常的经营中戴尔公司仅保持两个星期的库存（行业的标准是刚超过60天）。在现实企业的经营中，电子商务的实现的确可以使销售过程的中间环节成为多余，并可以构造一条最简短的流通渠道，这条渠道可以由专业的流通企业经营，也可由专业的制造企业经营，还可以由信息网络服务商来经营。制造商从事电子商务的情况比较普遍。

1. 戴尔公司电子商务化物流的八个步骤

（1）订单处理。在这一步，戴尔要接收消费者的订单，消费者可以拨打800免费电话叫通戴尔的网上商店进行网上订货，也可以通过浏览戴尔的网上商店进行初步检查，首先检查项目是否填写齐全，然后检查订单的付款条件，并按付款条件将订单分类。采用信用卡支付方式的订单将被优先满足，其他付款方式则要更长时间得到付款确认，只有确认支付完款项的订单才会立即自动发出零部件的订货并转入生产数据库中，订单也才会立即转到生产部门进行下一步作业。用户订货后，可以对产品的生产过程、发货日期甚至运输公司的发货状况等进行跟踪。根据用户发出订单的数量，用户需要填写单一订单或多重订单状况查询表格，表格中各有两项数据需要填写，一项是戴尔的订单号，二是校验数据，提交后，戴尔将通过因特网将查询结果传送给用户。

（2）预生产。从接收订单到正式开始生产之前，有一段等特零部件到货的时间，这段时间叫做预生产。预生产的时间因消费者所订的系统不同而不同，主要取决于供应商的仓库中是否有现成的零部件。一般地，戴尔要确定一个订货的前置时间，即需要等待零部件并且将订货送到消费者手中的时间，该前置时间在戴尔向消费者确认订货有效时会告诉消费者。订货确认一般通过两种方式，即电话或电子邮件。

（3）配件准备。当订单转到生产部门时，所需的零部件清单也就自动产生，相关人员将零部件备齐传送到装配线上。

（4）配置。组装人员将装配线上传来的零部件组装成计算机，然后进入测试过程。

（5）测试。检测部门对组装好的计算机用特制的测试软件进行测试，通过测试的机器被送到包装间。

（6）装箱。测试完后的计算机被放到包装箱中，同时要将鼠标、键盘、电源线、说明书及其他文档一同装入相应的卡车运送给顾客。

（7）配送准备。一般在生产过程结束的次日完成送货准备，但大订单及需要特殊装运作业的订单可能花的时间要长些。

(8) 发运。将顾客所订货物发出，并按订单上的日期送到指定的地点。戴尔设计了几种不同的送货方式，由顾客订货时选择。一般情况下，订货将在2~5个工作日送到订单上的指定地点，即送货上门，同时提供免费安装和测试服务。

戴尔的物流从确认订货开始。确认订货是以收到货款为标志的，在收到用户的货款之前，物流过程并没有开始，收到货款之后需要2天时间进行生产准备、生产、测试、包装、发运准备等。戴尔在我国的福建厦门设厂，其产品的销售物流委托国内的一家货运公司承担。由于用户分布面广，戴尔向货运公司发出的发货通知可能十分零星和分散，但戴尔承诺在款到后2~5天送货上门，同时，在中国对某些偏远地区的用户每台计算机还加收200~300元的运费。

2. 电子商务化物流对戴尔公司的好处及隐患

电子商务化物流使戴尔公司既可以先拿到用户的预付款，待货运到后货运公司再结算运费（运费还要用户自己支付），戴尔既占压着用户的流动资金，又占压着物流公司的流动资金，按单生产又没有库存风险。戴尔的竞争对手一般保持着几个月的库存，而戴尔的库存只有几天，这些因素使戴尔的年均利润率超过50%。当然，无论什么销售方式，首先必须对用户有好处。戴尔的电子商务型直销方式对用户的价值包括：一是用户的需求不管多么个性化都可以满足；二是戴尔精简的生产、销售、物流过程可以省去一些中间成本，因此戴尔的价格较低；三是用户可以享受到完善的售后服务，包括物流、配送服务，以及其他售后服务。

决定戴尔直销系统成功与否的一个关键是要建立一个覆盖面较大、反应迅速、低成本的物流网络和系统。如果戴尔按照承诺将所有的订货都直接从工厂送货上门，就会带来两个问题：

(1) 物流成本过高，如果用户分布的区域很广，订货量又少，则这种系统因库存降低减少的库存费用是无法弥补因送货不经济导致的运输及其他相关成本上升而增加的费用的，可能在某些重要的销售市场设立区域配送中心是必要的，这样可能会使库存成本上升，但交货期缩短。

(2) 交货期过长。传统的销售渠道是消费者面对现货；在戴尔的销售方式下，用户面对的是期货。此时，消费者看重的是名牌企业，因而有可能等待，但这并不是消费者期望的事情，所以像戴尔这样依赖准确的需求预测，电话订货或网上订货，然后再组织生产和配送的模式，实际上蕴藏着较大的市场、生产及物流风险，不是很容易办到的。

3. 电子商务化物流服务

如果将电子商务的物流需求仅仅理解为门到门运输、免费送货或保证所订的货物都送货的话，那就错了。因为电子商务需要的不是普通的运输和仓储服务，它需要的是物流服务。而物流与仓储运输存在着较大的差别，正是因为传统的储运服务无法全方位地为电子商务服务，才使得电子商务经营者感到物流服务不到位、太落后等。那么电子商务经营者需要的是什么服务呢？答案是，除了传统的物流服务外，电子商务还需要增值性的物流服务。

增值性的物流服务包括以下内容：

（1）增加便利性的服务，即使人变懒的服务。一切能够简化手续、简化操作的服务都是增值性服务。简化是相对于消费者而言的，并不是说服务的内容简化了，而是指为了获得某种服务，以前需要消费者自己做的一些事情，现在由商品或服务提供商以各种方式代替消费者做了，从而使消费者获得这种服务变得简单。消费者获得服务或商品就像用傻瓜照相机一样简单，不仅简单而且更加好用，这当然增加了商品或服务的价值。在提供电子商务的物流服务时，推行一条龙门到门服务、提供完备的操作或作业提示、省力化设计或安装、代办业务、一张面孔接待客户、24 小时营业、自动订货、传递信息和转账（利用 EOS、EDI、EFT）、物流全过程追踪等都是对电子商务销售有用的增值性服务。

（2）加快反应速度的服务，即使流通过程变快的服务。快速反应已经成为物流发展的动力之一。传统的观点和做法将加快反应速度变成单纯对快速运输的一种要求，而现代物流的观点认为，可以通过两条途径使过程变快，一是提高运输基础设施和设备的效率，比如修建高速公路、铁路提速、制定新的交通管理办法、将汽车本身的行驶速度提高等。这是一种速度的保障，但在需求方对速度的要求越来越高的情况下它也变成了一种约束，因此必须想其他的办法来提高速度。所以第二种办法，也是具有重大推广价值的增值性物流服务方案，应该是优化电子商务的流通渠道，以此来养活物流环节、简化物流过程，提高物流系统的快速反应性能。

（3）降低成本的服务，即发掘第三利润源泉的服务。电子商务发展的前期，物流成本居高不下，有些企业可能会因为根本承受不了这种高成本而退出电子商务领域，或者是选择性地将电子商务的物流服务外包出去，这是很自然的事情。发展电子商务，一开始就应该寻找能够降低物流成本的物流方案。企业可以考虑的方案包括：采用第三方物流；电子商务经营者之间或电子商务经营者与普通商务经营者联合，采取物流共同化计划；对于具有一定的销售量的电子商务企业，可以通过采用比较适用但投资比较少的物流技术和设施设备，或推行物流管理技术，如运筹学中的管理技术、单品管理技术、条形码技术和信息技术等，提高物流的效率和效益，降低物流成本。

（4）延伸服务，即将供应链集成在一起的服务。向上可以延伸到市场调查与预测、采购及订单处理；向下可以延伸到配送、物流咨询、物流方案的选择与规划、库存控制决策建议、货款回收与结算、教育与培训、物流系统设计与规范方案的制作等。

戴尔公司给我们开了电子商务化物流的先河，如何实现电子商务化物流是目前企业所面临的问题，而能否提供电子商务化物流增值服务现在已成为衡量一个企业物流是否真正具有竞争力的标准。

（资料来源：http：//www. yuloo. com/wlks/anli/1001/374983. html）

案例思索

1. 何为电子商务？如何理解“电子”与“商务”的关系？
2. 物流系统包括哪些部分？
3. 简述戴尔公司的电子商务化物流的步骤。

任务一　物流电子商务认知

任务目标

- 掌握电子商务与传统商务的不同
- 掌握电子商务与物流的关系
- 了解物流企业目前电子商务的应用现状

任务示例

背景材料： 世界首富比尔·盖茨曾经说过：21 世纪掌握信息不如掌握趋势，掌握趋势不如掌握全球最大的趋势，而21 世纪要么电子商务，要么无商可务。

任务描述： 本任务要求学生登录中海集团物流有限公司（http：//www. csl. cn）、中国远洋物流有限公司（http：//www. cosco－logistics. com）、中铁物流集团（http：//www. ztky. com）、中国物资储运总公司（http：//www. cmst. com. cn）、UPS 中国（http：//www. ups. com. cn）、淘宝物流宝（http：//e56. taobao. com）和锦城物流网（http：//www. jctrans. com），浏览每个网站的网页，将首页添加到收藏夹中，对比分析每家物流公司网站，并填写表 8－1。

表 8－1　物流商务网站对比分析

序号	公司名称	网址	主营业务	网站主要功能	在线业务

任务分析

本任务的主要目的是帮助学生了解物流企业电子商务的应用现状。登录的网站都是目前比较有代表性的物流企业。登录之前，需要先运行 Microsoft Office Word 程序，编制实训报告。每登录一个网站，首先将首页添加到收藏夹中，然后将首页截图，插入到实训报告中。为了提高效率，可以把对比分析的内容用表格的形式来呈现，如表 8－1 所示。每浏览一个网页，就填写相关内容，最后重点从网站具备哪些功能和能开展在线业务的程度方面进行对比，给出一个总体结论。

相关知识

一、电子商务简介

（一）电子商务的定义

电子商务具有广义和狭义之分。广义的电子商务定义为：使用各种电子工具从事商务活动。狭义的电子商务定义为：主要利用 Internet 从事商务或活动。无论是广义的还是狭义的电子商务的概念，电子商务都涵盖了两个方面：一是离不开互联网这个平台，没有了网络，就称不上为电子商务；二是通过互联网完成的是一种商务活动。

狭义上讲，电子商务（Electronic Commerce，EC）是指：通过使用互联网等电子工具（包括电报、电话、广播、电视、传真、计算机、计算机网络、移动通信等）在全球范围内进行的商务贸易活动；是以计算机网络为基础所进行的各种商务活动，包括商品和服务的提供者、广告商、消费者、中介商等有关各方行为的总和。人们一般理解的电子商务是指狭义上的电子商务。

广义上讲，电子商务一词源自于 Electronic Business，就是通过电子手段进行的商业事务活动。通过使用互联网等电子工具，使公司内部、供应商、客户和合作伙伴之间，利用电子业务共享信息，实现企业间业务流程的电子化，配合企业内部的电子化生产管理系统，提高企业的生产、库存、流通和资金等各个环节的效率。

联合国国际贸易程序简化工作组对电子商务的定义是：采用电子形式开展商务活动，它包括在供应商、客户、政府及其他参与方之间通过任何电子工具，如 EDI、Web 技术、电子邮件等共享非结构化商务信息，并管理和完成在商务活动、管理活动和消费活动中的各种交易。

电子商务是利用计算机技术、网络技术和远程通信技术，实现电子化、数字化、网络化和商务化的整个商务过程。

电子商务是以商务活动为主体，以计算机网络为基础，以电子化方式为手段，在法律许可范围内所进行的商务活动交易过程。

电子商务是运用数字信息技术，对企业的各项活动进行持续优化的过程。

（二）传统商务与电子商务的比较（见表 8－2）

表 8－2　　传统商务与电子商务的比较

项目	传统商务	电子商务
信息提供	根据销售商的不同而不同	透明、准确
流通渠道	企业—批发商—零售商—消费者	企业—消费者
交易对象	部分地区	全球
交易时间	规定的营业时间内	24 小时
销售方法	通过各种关系买卖	完全自由购买
营销活动	销售商的单方营销	双向通信、PC、一对一
顾客方便度	受时间与地点的限制	顾客按自己的方式无拘无束的购物
销售地点	需要销售空间（店铺）	虚拟空间

（三）电子商务的关联对象

电子商务的形成与交易离不开以下三方面的关系：

1. 交易平台

第三方电子商务平台（以下简称第三方交易平台）是指在电子商务活动中为交易双方或多方提供交易撮合及相关服务的信息网络系统总和。

2. 平台经营者

第三方交易平台经营者（以下简称平台经营者）是指在工商行政管理部门登记注册并领取营业执照，从事第三方交易平台运营并为交易双方提供服务的自然人、法人和其他组织。

3. 站内经营者

第三方交易平台站内经营者（以下简称站内经营者）是指在电子商务交易平台上从事交易及有关服务活动的自然人、法人和其他组织。

（四）电子商务的概念模型

电子商务的概念模型是对现实世界中电子商务活动的一般抽象描述，它由电子商务实体、电子市场、交易事务和信息流、资金流、物资流等基本要素构成。

在电子商务概念模型中，电子商务实体，又称为电子商务交易主体，是指能够从事电子商务活动的客观对象，它可以是企业、银行、商店、政府机构、科研教育机构和个人等；电子市场是指电子商务交易主体从事商品和服务交换的场所，它由各种各样的商务活动参与者，利用各种通信装置，通过网络连接成一个统一的经济整体；交易事务是指电子商务交易主体之间所从事的具体的商务活动的内容，例如询价、报价、转账支付、广告宣传、商品运输等。

电子商务的任何一笔交易，包含着以下三种基本的“流”，即物资流、资金流和信息流。其中物资流主要是指商品和服务的配送和传输渠道，对于大多数商品和服务来说，物流可能仍然经由传统的经销渠道；然而对有些商品和服务来说，可以直接以网络传输的方式进行配送，如各种电子出版物、信息咨询服务、有价信息等。资金流主要是指资金的转移过程，包括付款、转账、兑换等过程。信息流既包括商品信息的提供、促销营销、技术支持、售后服务等内容，也包括诸如询价单、报价单、付款通知单、转账通知单等商业贸易单证，还包括交易方的支付能力、支付信誉、中介信誉等。对于每个电子商务交易主体来说，它所面对的是一个电子市场，必须通过电子市场来选择交易的内容和对象。因此，电子商务的概念模型可以抽象地描述为每个电子商务交易主体和电子市场之间的交易事务关系，如图 8－1 所示。

（五）电子商务的组成

电子商务的基本组成要素有计算机网络、用户、认证中心、物流配送中心、网上银行等，如图 8－2 所示。

1. 计算机网络

计算机网络包括互联网、内联网、外联网。互联网是电子商务的基础，是全世界

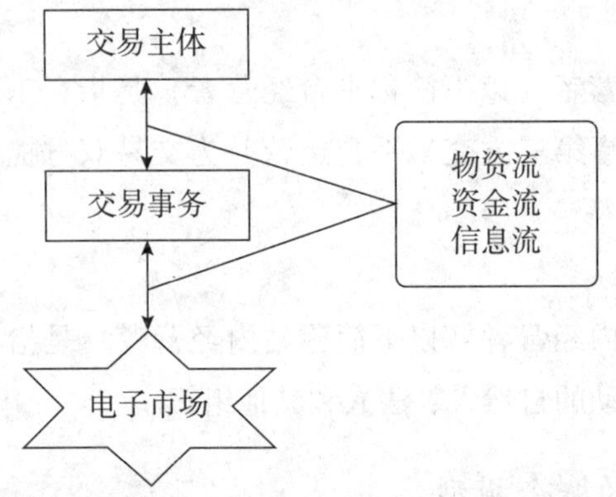

图8-1 电子商务的概念模型

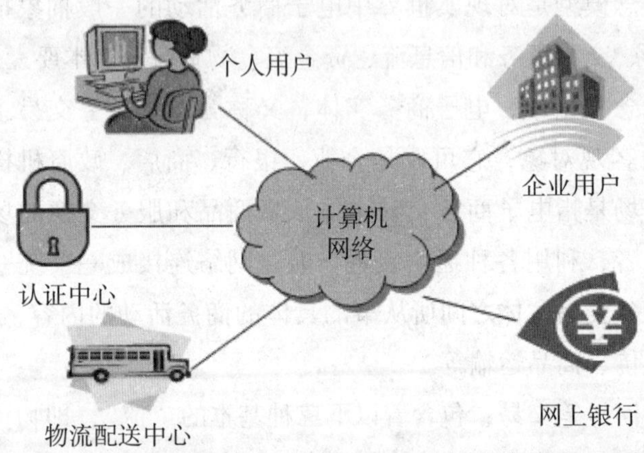

图8-2 电子商务的基本组成

范围内进行商务、业务信息传送的载体；内联网是企业内部商务活动和经营管理的网络平台；外联网是企业与企业自己及企业与客户之间进行商务活动的纽带。

2. 用户

电子商务用户可分为个人用户和企业用户。个人用户使用浏览器、电视机顶盒、个人数字助理、可视电话等接入互联网。为了获取信息、购买商品，还需采用 Java 技术及产品。企业用户建立企业内联网、外联网和企业管理信息系统，对人、财、物、供、销、存进行科学管理。

3. 认证中心（CA）

认证中心是法律承认的权威机构，负责发放和管理电子证书，使网上交易的各方能相互确认身份。电子证书是一个包含证书持有人、个人信息、公开密匙、证书序号、有效期、发证单位的电子签名等内容的数字文件。

4. 物流配送中心

接受商家的送货要求，组织运送无法从网上直接得到的商品，跟踪产品的流向，将商品送到客户的手中。

5. 网上银行

在互联网上实现传统银行的业务，为用户提供24小时的实时服务；与信用卡公司合作，发放电子钱包，提供网上支付手段，为电子商务交易中的用户和商家服务。

二、电子商务发展前景

根据前瞻网《2013—2017年中国电子商务行业市场前瞻与投资战略规划分析报告》数据显示，“十二五”时期，我国电子商务行业发展迅猛，产业规模迅速扩大，电子商务信息、交易和技术等服务企业不断涌现。2010年中国电子商务市场交易额已达4.5万亿元，同比增长22%。2011年我国电子商务交易总额再创新高，达到5.88万亿元，其中中小企业电子商务交易额达到3.21万亿元。

2012年第一季度，中国电子商务市场整体交易规模1.76万亿元，同比增长25.8%，环比下降4.2%。2012年第二季度，我国电子商务市场整体交易规模1.88万亿元，同比增长25.0%，环比增长7.3%。

国家发展改革委2013年5月28日表示，13个部门将出台系列政策措施，从可信交易、移动支付、网络电子发票、商贸流通和物流配送共5个方面支持电子商务发展。产业洞察网发布的《中国电子商务行业调研》报告显示，2011年中国内地电子商务持续快速增长，交易额突破8万亿元，同比增长31.7%。

在可信交易方面，国家工商总局正在会同有关部门，推进电子商务交易主体、客体和交易过程中基础信息的规范管理和服务；质检总局也在着力研究建立电子商务交易产品基础信息的规范化管理制度，建立基于统一产品编码体系的质量公开制度；商务部着力推进信用监测体系的建设。

在移动支付方面，中国人民银行正在针对当前移动支付快速发展的需求，研究制定移动支付发展的具体政策，引导商业银行、各类支付机构实施移动支付的金融行业标准。

在网络电子发票方面，国家税务总局正在进一步研究推进网络电子发票试点，完善电子发票的管理制度和标准规范；财政部研究完善电子快捷档案的管理制度。

在商贸流通领域，商务部会同有关部门进一步完善交易、物流配送、网络拍卖领域的电子商务应用的政策、管理制度和标准规范。

在物流配送方面，国家邮政局正在重点研究建立重点地区快递准时通报机制，健全电子商务配送系列保障措施，同时创新电子商务快递服务机制。

三、电子商务的特征

从电子商务的含义及发展历程可以看出电子商务具有如下基本特征：

1. 普遍性

电子商务作为一种新型的交易方式，将生产企业、流通企业以及消费者和政府带入了一个网络经济、数字化生存的新天地。

2. 方便性

在电子商务环境中，人们不再受地域的限制，客户能以非常简捷的方式完成过去较为繁杂的商业活动。如通过网络银行能够全天候地存取账户资金、查询信息等，同时使企业对客户的服务质量得以大大提高。在电子商务商业活动中，有大量的人脉资源开发和沟通，从业时间灵活，完成公司要求，有钱有闲。

3. 整体性

电子商务能够规范事务处理的工作流程，将人工操作和电子信息处理集成为一个不可分割的整体，这样不仅能提高人力和物力的利用率，也可以提高系统运行的严密性。

4. 安全性

在电子商务中，安全性是一个至关重要的核心问题，它要求网络能提供一种端到端的安全解决方案，如加密机制、签名机制、安全管理、存取控制、防火墙、防病毒保护等，这与传统的商务活动有着很大的不同。

5. 协调性

商业活动本身是一种协调过程，它需要客户与公司内部、生产商、批发商、零售商间的协调。在电子商务环境中，它更要求银行、配送中心、通信部门、技术服务等多个部门的通力协作，电子商务的全过程往往是一气呵成的。

6. 集成性

电子商务以计算机网络为主线，对商务活动的各种功能进行了高度的集成，同时也对参加商务活动的商务主体各方进行了高度的集成，高度的集成性使电子商务进一步提高了效率。

四、电子商务的功能

电子商务可提供网上交易和管理等全过程的服务。因此，它具有广告宣传、咨询洽谈、网上订购、网上支付、电子账户、服务传递、意见征询、交易管理等各项功能。

1. 广告宣传

电子商务可凭借企业的 Web 服务器和客户的浏览，在 Internet 上发布各类商业信息。客户可借助网上的检索工具（Search）迅速地找到所需商品信息，而商家可利用网上主页（Home Page）和电子邮件（E－mail）在全球范围内作广告宣传。与以往的各类广告相比，网上的广告成本最为低廉，而给顾客的信息量却最为丰富。

2. 咨询洽谈

电子商务可借助非实时的电子邮件（E－mail），新闻组（News Group）和实时的讨论组（Chat）来了解市场和商品信息、洽谈交易事务，如有进一步的需求，还可用网上的白板会议（Whiteboard Conference）来交流即时的图形信息。网上的咨询和洽谈能超越人们面对面洽谈的限制、提供多种方便的异地交谈形式。

3. 网上订购

电子商务可借助 Web 中的邮件交互传送实现网上订购。网上订购通常都是在产品介绍的页面上提供十分友好的订购提示信息和订购交互格式框。当客户填完订购单后，通常系统会回复确认信息单来保证订购信息的收悉。订购信息也可采用加密的方式使客户和商家的商业信息不会泄露。

4. 网上支付

电子商务要成为一个完整的过程，网上支付是重要的环节。客户和商家之间可采用信用卡账号实施支付，在网上直接采用电子支付手段可省略交易中很多人员的开销。但是，网上支付需要更为可靠的信息传输安全性控制以防止欺骗、窃听、冒用等非法行为。

5. 电子账户

网上的支付必须要有电子金融来支持，即银行或信用卡公司及保险公司等金融单位要为金融服务提供网上操作的服务，而电子账户管理是其基本的组成部分。信用卡号或银行账号都是电子账户的一种标志，其可信度需配以必要技术措施来保证，如数字凭证、数字签名、加密等手段的应用提供了电子账户操作的安全性。

6. 服务传递

对于已付了款的客户应将其订购的货物尽快地传递到他们的手中，而有些货物在本地，有些货物在异地，电子邮件将能在网络中进行物流的调配。最适合在网上直接传递的货物是信息产品，如软件、电子读物、信息服务等，它们能直接从电子仓库中被发到用户端。

7. 意见征询

电子商务能十分方便地采用网页上的“选择”、“填空”等格式文件来收集用户对销售服务的反馈意见。这样使企业的市场运营能形成一个封闭的回路。客户的反馈意见不仅能提高售后服务的水平，更能使企业获得改进产品、发现市场的商业机会。

8. 交易管理

整个交易的管理将涉及人、财、物多个方面，企业和企业、企业和客户及企业内部等各方面的协调和管理。因此，交易管理是涉及商务活动全过程的管理。电子商务的发展，将会提供一个良好的交易管理的网络环境及多种多样的应用服务系统。这样，能保障电子商务获得更广泛的应用。

五、电子商务的分类

按照商业活动的运行方式，电子商务可以分为完全电子商务和非完全电子商务。

按照商务活动的内容，电子商务主要包括间接电子商务（有形货物的电子订货和付款，仍然需要利用传统渠道，如邮政服务和商业快递车送货）和直接电子商务（无形货物和服务，如某些计算机软件、娱乐产品的联机订购、付款和交付，或者是全球规模的信息服务）。

按照开展电子交易的范围，电子商务可以分为区域化电子商务、远程国内电子商务、全球电子商务。

按照使用网络的类型，电子商务可以分为基于专门增值网络（EDI）的电子商务、基于互联网的电子商务、基于Intranet的电子商务。

按照交易对象，电子商务可以分为企业对企业的电子商务（B2B），企业对消费者的电子商务（B2C），企业对政府的电子商务（B2G），消费者对政府的电子商务（C2G），消费者对消费者的电子商务（C2C），企业、消费者、代理商三者相互转化的电子商务（ABC），以消费者为中心的全新商业模式（C2B2S），以供需方为目标的新型电子商务（P2D）。

1. C2B2S

C2B2S = Customer to Business - Share

C2B2S模式是C2B模式的进一步延伸，该模式很好地解决了C2B模式中客户发布需求产品初期无法聚集庞大的客户群体而致使与邀约的商家交易失败。全国首家采用该模式的平台：晴天乐客。

2. B2B

B2B = Business to Business

商家（泛指企业）对商家的电子商务，即企业与企业之间通过互联网进行产品、服务及信息的交换。通俗的说法是指进行电子商务交易的供需双方都是商家（或企业、公司），它们使用了Internet的技术或各种商务网络平台，完成商务交易的过程。这些过程包括：发布供求信息，订货及确认订货，支付过程，票据的签发、传送和接收，确定配送方案并监控配送过程等。

3. B2C

B2C = Business to Customer

B2C模式是中国最早产生的电子商务模式，以8848网上商城正式运营为标志，如今的 B2C 电子商务网站非常的多，比较大型的有天猫商城、京东商城等。

4. C2C

C2C = Consumer to Consumer

C2C 同 B2B、B2C 一样，都是电子商务的几种模式之一。不同的是，C2C 是用户对用户的模式，C2C 商务平台就是通过为买卖双方提供一个在线交易平台，使卖方可以主动提供商品上网拍卖，而买方可以自行选择商品进行竞价。

5. B2M

B2M = Business to Manager

B2M 是相对于 B2B、B2C、C2C 的电子商务模式而言的一种全新的电子商务模式。这种电子商务相对于以上三种有着本质的不同，其根本的区别在于目标客户群的性质不同，前三者的目标客户群都是作为一种消费者的身份出现，而 B2M 所针对的客户群是该企业或者该产品的销售者或者为其工作者，而不是最终消费者。

6. B2G（B2A）

B2G = Business to Government

B2G 模式是企业与政府管理部门之间的电子商务，如政府采购、海关报税的平台、国税局和地税局报税的平台等。

7. M2C

M2C = Manufacturers to Consumer

M2C 是针对于 B2M 的电子商务模式而出现的延伸概念。B2M 环节中，企业通过网络平台发布该企业的产品或者服务，职业经理人通过网络获取该企业的产品或者服务信息，并且为该企业提供产品销售或者提供企业服务，企业通过经理人的服务达到销售产品或者获得服务的目的。

8. O2O

O2O = Online to Offline

O2O 是新兴的一种电子商务模式，即将线下商务的机会与互联网结合在了一起，让互联网成为线下交易的前台。这样线下服务就可以用线上来揽客，消费者可以用线上来筛选服务，还有成交可以在线结算，很快达到规模。该模式最重要的特点是：推广效果可查，每笔交易可跟踪。

9. C2B

C2B = Customer to Business

C2B 是电子商务模式的一种，即消费者对企业。最先由美国流行起来的消费者对企业（C2B）模式也许是一个值得关注的尝试。C2B 模式的核心是通过聚合分散分布但数量庞大的用户形成一个强大的采购集团，以此来改变 B2C 模式中用户一对一出价的弱势地位，使之享受到以大批发商的价格买单件商品的利益。

10. P2D

P2D = Provide to Demand

P2D 是一种全新的、涵盖范围更广泛的电子商务模式，强调的是供应方和需求方的多重身份，即在特定的电子商务平台中，每个参与个体的供应面和需求面都能得到充分满足，充分体现特定环境下的供给端报酬递增和需求端报酬递增。

11. B2B2C

B2B2C = Business to Business to Customers

所谓 B2B2C 是一种新的网络通信销售方式。第一个 B 指广义的卖方（即成品、半成品、材料提供商等）；第二个 B 指交易平台，即提供卖方与买方的联系平台，同时提供优质的附加服务；C 即指买方。卖方不仅仅是公司，也可以包括个人，即一种逻辑上的买卖关系中的卖方。

12. B2T

B2T = Business to Team

国际通称 B2T 是继 B2B、B2C、C2C 后的又一电子商务模式，即为一个团队向商家采购。团购 B2T，本来是“团体采购”的含义，而今，网络的普及让团购成为很多中国人参与的消费革命。网络成为一种新的消费方式。所谓网络团购，就是互不认识的消费者，借助互联网的“网聚人的力量”来聚集资金，加大与商家的谈判能力，以求得最优的价格。尽管网络团购的出现只有短短两年多的时间，却已经成为在网民中流行的一种新消费方式。据了解，网络团购的主力军是年龄在 25 ~ 35 岁的年轻群体，在北京、上海、深圳等大城市十分普遍。

六、电子商务的构成要素

1. 四要素

商城、消费者、产品、物流。

2. 要素之间关系

（1）买卖：淘宝 C 店或商城为消费者提供质优价廉的商品，吸引消费者购买的同时促使更多商家的入驻。

（2）合作：与物流公司建立合作关系，为消费者的购买行为提供最终保障，这是电商运营的硬性条件之一。

（3）服务：电商三要素之一的物流主要是为消费者提供购买服务，从而实现再一次的交易。

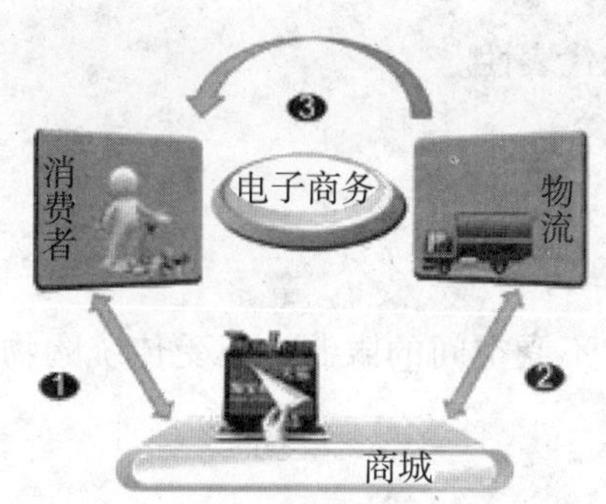

图 8－3　电子商务构成要素之间的关系

七、电子商务发展阶段及特点

（一）发展阶段

1. 第一阶段：电子邮件阶段

这个阶段可以认为是从 20 世纪 70 年代开始，平均的通信量以每年几倍的速度增长。

2. 第二阶段：信息发布阶段

从 1995 年起，以 Web 技术为代表的信息发布系统，爆炸式地成长起来，成为 Internet 的主要应用。中小企业应把握好从“粗放型”到“精准型”营销时代的电子商务。

3. 第三阶段：EC（Electronic Commerce），即电子商务阶段

EC 在美国也才刚刚开始，之所以把 EC 列为一个划时代的东西，是因为 Internet 的最终主要商业用途，就是电子商务。反过来也可以说，若干年后的商业信息，主要是通过 Internet 传递。Internet 即将成为我们这个商业信息社会的神经系统。1997 年年底在加拿大温哥华举行的第五次亚太经合组织非正式首脑会议（APEC）上美国总统克林顿提出敦促各国共同促进电子商务发展的议案，引起了全球首脑的关注，IBM、HP 和 Sun 等国际著名的信息技术厂商已经宣布 1998 年为电子商务年。

4. 第四阶段：全程电子商务阶段

随着 SaaS（Software as a Service）软件服务模式的出现，软件纷纷登录互联网，延长了电子商务链条，形成了当下最新的“全程电子商务”概念模式。

5. 第五阶段：智慧阶段

2011 年，互联网信息碎片化以及云计算技术越发成熟，主动互联网营销模式出现，i－Commerce（individual Commerce）顺势而出，电子商务摆脱传统销售模式生搬上互联网的现状，以主动、互动、用户关怀等多角度与用户进行深层次沟通。其中以 IZP

科技集团提出的ICE最具有代表性。

（二）发展特点

1. 更广阔的环境

人们不受时间的限制，不受空间的限制，不受传统购物的诸多限制，可以随时随地在网上交易。

2. 更广阔的市场

在网上这个世界将会变得很小，一个商家可以面对全球的消费者，而一个消费者可以在全球的任何一家商家购物。

3. 更快速的流通和低廉的价格

电子商务减少了商品流通的中间环节，节省了大量的开支，从而也大大降低了商品流通和交易的成本。

4. 更符合时代的要求

如今人们越来越追求时尚、讲究个性，注重购物的环境，网上购物更能体现个性化的购物过程。

八、电子商务的运营模式

（一）综合商城

第一种：综合商城。

商城，谓之城，自然城中会有许多店。综合商城就如我们平时进入天河城、正佳等现实生活中的大商城一样。商城一楼可能是一级品牌，二楼是女士服饰，三楼男士服饰，四楼运动装饰，五楼手机数码，六楼特价……将N个品牌专卖店装进去，这就是商城。如淘宝商城也是这个形式，它有庞大的购物群体，有稳定的网站平台，有完备的支付体系、诚信安全体系（尽管仍然有很多不足），促进了卖家进驻卖东西，买家进去买东西。如同传统商城一样，淘宝自己是不卖东西的，是提供了完备的销售配套。而线上的商城，在人气足够，产品丰富，物流便捷的情况下，其成本优势、24小时的不夜城、无区域限制、更丰富的产品等优势，体现着网上综合商城即将获得交易市场的一个角色。

第二种：专一整合型。

（二）百货商店

商店，谓之店，说明卖家只有一个；百货，即是满足日常消费需求的丰富产品线。

这种商店是自有仓库，以备更快的物流配送和客户服务。

（三）垂直商店

垂直商店，服务于某些特定的人群或某种特定的需求，提供有关这个领域需求的全面及更专业的服务。

（四）复合品牌店

佐丹奴是一个传统的服装品牌，自己有 N 家直属、加盟店。正佳商城开了，佐丹奴进驻，网上的淘宝商城开了，线上的佐丹奴也进去了。哪怕是所有的商城都倒掉，佐丹奴也有自己的独立形象店，这就是传统的品牌。当佐丹奴发现线上的消费者和线下的消费者是不同群体的时候，他们大胆地运用价格歧视，以其完善的仓储调配管理，通过网络的销售降低了商品店面陈列成本，分摊了库存成本，优化了现金流通及货品流通的运作。

随着电子商务的成熟，将有越来越多的传统品牌商加入电商战场，以抢占新市场，拓充新渠道，优化产品与渠道资源为目标。

国美也是属于复合型网店，只是整合的力度还不够，整个物流、现金、人才运营系统不很成熟。

（五）轻型品牌店

PPG 与 VANCL 的案例已传遍大街小巷，尽管存在着诸多争议，但新事物总是在争议中产生的。这里加入梦芭莎有两个原因：第一，YES PPG 已被众多媒体棒打，尽管已经倒闭，但其首创的商业模式依然值得提及，后起之秀的 VANCL，已经成功转型为综合商城；第二，梦芭莎是先从 DM 投递 + 网络 + CALL Centre，然后再做线下形象品牌店，据说月销售额达 700 万元，是值得关注的一个代表。

（六）衔接通道型

M2E 是英文“Manufacturers to E – commerce”（厂商与电子商务）的缩写，是驾驭在电子商务上的一种新型行业，是一个以节省厂商销售成本和帮助中小企业的供应链资源整合的运作模式。2007 年美国电商峰会上由知名经济学家提出，在国内代表企业有广州点动信息科技有限公司。

（七）服务型网店

易美是一家网上冲印公司，比如，小王结婚了，跟老婆去了欧洲度蜜月，拍了好多相片，可是，还没回到家，亲戚朋友们都拿到了小王通过易美网上冲印好的相片，相片有的是嵌在骨瓷杯上，有的按自己的意愿装订了漂亮的相框，正放在爸爸妈妈的房里。

“亦得代购，购遍全球”，亦得可以帮你到全世界各地去购买你想要的产品，并以收取适量的服务费赢利。

服务型的网店越来越多，都是为了满足人们不同的个性需求，甚至是帮你排队买电影票都有人交易。

（八）导购引擎型

导购引擎型典型电子商务网站是爱比网。比友们可以通过这里分享到比友的产品体验点评，比友们也热衷于将自己用过的产品体验告诉给更多的比友。

作为 B2C 的上游商，给商家们带去客户。服务业必须站在消费者的角度，这才是王道。爱比网力争成为电商有效的流量采购平台，并以降低高品质 B2C 商家们的营销成本。

（九）ABC 模式

ABC 模式是新型电子商务模式的一种，被誉为继 B2B 模式、B2C 模式、淘宝 C2C 模式、N2C 模式之后电子商务界的第五大模式，是由代理商（Agents）、商家（Business）和消费者（Consumer）共同搭建的集生产、经营、消费为一体的电子商务平台。

（十）团购模式

团购（Group Purchase）就是团体线上购物，指认识或不认识的消费者联合起来，加大与商家的谈判筹码，会取得最优价格的一种购物方式。根据薄利多销的原则，商家可以给出低于零售价格的团购折扣和单独购买得不到的优质服务。团购作为一种新兴的电子商务模式，通过消费者自行组团、专业团购网、商家组织团购等形式，提升用户与商家的议价能力，并极大程度地获得商品让利，引起消费者及业内厂商甚至是资本市场关注。团购的商品价格更为优惠，尽管团购还不是主流消费模式，但它所具有的爆炸力已逐渐显露出来。团购的主要方式是网络团购。

（十一）线上线下

线上订购、线下消费是 O2O 的主要模式，是指消费者在线上订购商品，再到线下实体店进行消费的购物模式。这种商务模式能够吸引更多热衷于实体店购物的消费者，传统网购的以次充好、图片与实物不符等虚假信息的缺点在这里都将彻底消失。传统的 O2O 核心是在线支付，是将 O2O 经过改良，把在线支付变成线下体验后再付款，消除消费者对网购诸多方面不信任的心理。消费者可以在网上的众多商家提供的商品里面挑选最合适的商品，亲自体验购物过程，不仅放心有保障，而且也是一种快乐的享受过程。

（十二）其他模式

商务活动时刻运作在我们每个人的生存空间，因此，电子商务的范围涉及人们的生活、工作、学习及消费等广泛领域，其服务和管理也涉及政府、工商、金融及用户等诸多方面。Internet 逐渐渗透到每个人的生活中，而各种业务在网络上的相继展开，也在不断推动电子商务这一新兴领域的昌盛和繁荣。电子商务可应用于小到家庭理财、个人购物，大至企业经营、国际贸易等诸方面。具体地说，其内容大致可以分为三个方面：企业间的商务活动、企业内的业务运作以及个人网上服务。

九、电子商务建站模式

第一种是在基于平台的网上商城开店，适合于二手或闲置物品；第二种是进驻大型网上商城，像实体店铺进驻商场一样；第三种是独立网店，可根据喜好选择自己喜欢的店铺风格，可自行设定商品分类及商品管理规则，可自行添加各种支付方式，可按照自己的要求给予用户最好的网上购物体验。

功能支持是三种模式中最全面的，服务支持也是最专业的，但费用是最低的。支持这种模式的主流软件有一些是免费的，只收主机托管（空间、带宽及域名支持等）费用就可开起专业的网店。

十、电子商务与 ERP 系统

（一）背景

随着产业结构的调整，企业信息化的推进，中小企业已经拥有或正逐步建立属于自己的网上商城系统和 ERP 系统。目前，国内中小企业在电子商务和 ERP 系统建设中进销存软件仍存在诸多问题，比如：商城系统与 ERP 系统分裂，没有统一规划和设计；两个系统下的采购数据、销售数据和财务数据不能够进行整合，整体数据欠缺一致性和完整性；软件、硬件无法充分共享，造成资源浪费等。

（二）重要性

对于企业来说，电子商务和 ERP 系统就像战场上的前线与后方，两者关系密切、息息相关。比如，企业内部通过网上商城获取用户订单后，能够立刻将订单信息传递至内部的 ERP 系统，用以采购、计算、财务、进销存软件等各部门之间组织协调，核算库存、资金和销售。倘若前端商城系统与后台 ERP 系统脱节，就会导致信息流和数据相对封闭、独立，无法流通、整合，电子商务平台获得的订单信息、市场信息无法传递至后台 ERP 系统，前后台信息完全脱节。

这样的后果便是企业的信息流、资金流、物流不能够有机统一，数据的一致性、完整性和准确性在进销存软件不能得到保证，中小企业内部之间重复着冗余的工作，不能对用户需求作出迅速及时的响应，工作效率下降、运营成本上升，有百害而无一利。所以，企业的电子商务网上商城和 ERP 系统的整合对接迫不及待、不容忽视。

（三）如何整合

进销存软件通过 ERP 系统与电子商务平台整合对接，可以降低运营成本、提高工作效率，并且对企业整体来说都具有很强的竞争力。纵观市面上的产品，366EC 的网店账务协同系统——管家婆全程通就可以实现，全程通是针对双核网店系统与管家婆进销存软件用户研发的“中转链”，可实现网店系统与管家婆辉煌系列等 20 款软件进行商品信息、会员信息、仓库和库存、订单等内容的同步管理，达到统一管理配置、简化用户操作，从而提高工作效率，为企业创造价值的目标。

两者之间的整合还包括：

（1）商品信息：管家婆软件已有商品信息不再需要重新手动录入到双核网店。在全程通，上传商品变得很简单，点击上传商品，商品一秒搬家，瞬间“复制”到网店前台。

（2）会员信息：全程通可实现管家婆软件会员信息同步导入双核网店进行管理，将进销存软件会员纳入电子商务管理，网上购物更能黏着老客户。

（3）库存信息：全程通“一键同步”商品库存，将出售中的商品变化的库存信息统一起来，以不变应万变，改变管家婆软件与双核网店商品“各自为政”的库存状态，实现真正的商品信息同步。

（4）订单信息：全程通专门设计订单同步下载和提醒功能，在会员下订单后一分钟内通知其到管家婆软件进行订单过账，同步处理订单，万无一失。

十一、电子商务与网络营销的区别

电子商务、网络营销是当代信息社会中数据处理技术、电子技术及网络技术综合应用于商贸领域中的产物，或者说它是当代高新信息手段与商贸实务和营销策略相互融合的结果。电子信息和网络化环境彻底震撼和改变了传统商贸业务及实务操作赖以生存的基础，引发了信息社会中商贸实务和营销策略研究领域中一场深刻而激动人心的革命。在此背景下，探讨网络营销与电子商务之间的关系对于促进二者的发展，有一定的积极作用。

（一）概念

电子商务，就是利用电子（主要还是网络）为手段从事的商业商务活动，这是广义的电子商务概念。而大家通常所指的电子商务，是狭义的网络销售和网络购物的概念，即通过网络完成支付和下单的商业过程。

电子商务是一种商业模式，是从业态形式来定义的，它是和传统的商务形式相对应的一个概念。从商业角度来看，电子商务包含所谓的 B2C、B2B，出现了 B2B2C、O2O 等更多的电子商务新模式。一个商业模式的项目，一般包括营销、财务结算、仓储物流、人力资源行政等模块。

网络营销是从运营管理角度来定义，侧重的是如何把产品或者服务卖出去。电子商务是从商业模式来定义，关注的是项目全供应链的系统问题。两者所看待问题的角度不同，侧重点也不同。

（二）相同点

1. 借助的工具是一样的

网络营销是以互联网为营销环境，传递营销信息，而电子商务是在因特网等网络上进行的，通过网络完成核心业务，改善售后服务，缩短周期，以有限的资源获得更大的收益。二者均需借助于互联网，产生的网络基础都是互联网络的崛起。

2. 网络营销与电子商务都具有无形化的特点

（1）书写电子化，传递数据化。营销双方无论身在何处，都可在世界各地进行交流、订货、交易，实现快速准确、双向式数据的信息交流。

（2）经营规模不受场地限制。网络可使经营者在“网络店铺”中摆放任意多的商品，而且可以方便地在全世界范围内采购、销售形形色色的商品。

（3）支付手段高度电子化。现已使用的形式主要有信用卡、电子现金、智能卡等。

3. 网络营销与电子商务都能实现低成本

（1）距离越远，在网络上进行信息传递的成本相对于信件、电话、传真而言就越低。此外，时间的缩短与减少重复的数据录入也降低了信息成本。

（2）没有库存压力。互联网使买卖双方及时沟通供需信息，使无库存生产和无库存销售成为可能，从而使库存成本接近零或降为零。

（3）很低的作业成本。网络具有极好的促销能力，其“货架上”的商品同时又有广告宣传的作用，经营者不需要再负担促销广告费用，而且，可以利用服务器，将多媒体化的商品信息动态存储起来，既可以主动散发，又可以随时接受需求者查询。

4. 网络营销与电子商务都能改观企业内部的运作方式

由于 Internet 大大缩小了时间和空间的距离，企业内部部门和员工之间的沟通模式将有很大变化。在内部工作和业务流程的控制方面，企业将会主动地大量采用网络营销或电子商务模式进行交流。无论该项业务涉及的员工或经理是否在同一物理位置或网络上，业务的处理都将会同样顺利进行。

5. 二者的交易效率都很高

由于互联网将贸易中的商业报文标准化，使商业报文能在世界各地瞬间完成传递与计算机自动处理，将原料采购、产品生产、需求与销售、银行汇兑、保险、货物托运及申报等过程无须人员干预而在最短的时间内完成。

（三）不同点

1. 概念不同

网络营销，是指借助于联机网络、电脑通信和数字交互式媒体来实现营销目标的一种市场营销方式，有效地促成个人和组织交易活动的实现。而电子商务是指系统化地利用电子工具，高效率、低成本地从事以商品交换为中心的各种活动的全过程。

2. 实现的目的有所不同

网络营销是企业为实现其营销目标的一种市场营销方式，而电子商务实现的是企业与企业之间、企业与消费者之间的各类商贸活动。网络营销的目的除了商贸活动，还在于能够加强与客户的关系，形成良好的口碑，拥有稳固的顾客资源。

3. 是否有交易行为发生是网络营销与电子商务的主要分界线

网络营销是企业整体营销战略的一个组成部分，无论传统企业还是互联网企业都需要网络营销，但网络营销本身并不是一个完整的商业交易过程。IBM 公司认为电子商务是采用数字化电子方式进行商务数据交换和开展商务业务活动，比较强调交易的基础。尽管 IBM 公司等对电子商务的定义侧重各有千秋，但最基础的一点就是交易方式的电子化或称为电子交易。可见，为最终产生网上交易所进行的推广活动属于网络营销的范畴；而仅当一个企业的网上经营活动发展到可以实现电子化交易和程度，就认为是进入了电子商务阶段。

4. 发展的环境有所不同

互联网的市场营销环境与企业的现实环境共同构成了企业网络营销活动的二元环境。而电子商务发展的环境则要苛刻得多，包括安定的社会政治环境、法律环境、市场经济环境、安全认证体系、协同作业体系、网络运行环境、人文环境和国际环境。

（四）联系

（1）从 Internet 的商业应用类型上讲，电子商务覆盖了网络营销。网络营销不仅仅是营销部门的市场经营活动方面的业务，它还需要其他相关业务部门如采购部门、生产部门、财务部门、人力资源部门、质量监督管理部门和产品开发部门与设计部门等的配合。因此，局限在营销部门的 Internet 的商业应用已经不能适应 Internet 对企业整个经营管理模式和业务流程管理控制方面的挑战。电子商务是从企业全局出发，根据市场需求来对企业业务进行系统的重新设计和构造，以适应网络经济时代数字化管理和数字化经营的需要。

（2）网络营销作为促成商品交换的企业经营管理手段，是企业电子商务活动中最基本的重要的 Internet 上的商业活动。国际数据公司（IDC）的系统研究分析指出，电子商务的应用可分为这样几个层次和类型。第一个层次是面向市场的以市场交易为中心的活动，它包括促成交易实现的各种商务活动和网上展示、网上公关、网上洽谈等活动，其中网络营销是其中最主要的网上商务活动；同时还包括实现交易的电子贸易活动，它主要是利用 EDI、Internet 实现交易前的信息沟通、交易中的网上支付和交易后的售后服务等；三者的交融部分就是网上商贸，它将网上商务活动和电子贸易活动融合在一起，因此有时将网上商务活动和电子贸易统称为电子商贸活动。第二个层次是指如何利用 Internet 来重组企业内部经营管理活动，与企业开展的电子商贸活动保持协调一致。最典型的是供应链管理，它从市场需求出发利用网络将企业的销、产、供、研等活动串在一起，实现企业网络化、数字化管理，最大限度适应网络时代市场需求的变化。

十二、移动电子商务

移动电子商务就是利用手机、PDA 及掌上电脑等无线终端进行的 B2B、B2C 或 C2C 的电子商务。它将因特网、移动通信技术、短距离通信技术及其他信息处理技术完美的结合，使人们可以在任何时间、任何地点进行各种商贸活动，实现随时随地、线上线下的购物与交易、在线电子支付以及各种交易活动、商务活动、金融活动和相关的综合服务活动等。

移动电子商务是在无线传输技术高度发达的情况下产生的，比如经常提到的 3G 技术，技术移动电子商务的载体。除此之外，Wifi 和 Wapi 技术，也是无线电子商务的选项之一。及时利用手机快速召开电话会议的移动电话会议解决方案，借助 3G/Wifi 网络体验全新概念的移动会议，在举行会议的同时随时利用手机来管理会议，最大限度地提高工作效率。

十三、电子商务相关岗位

（一）技术类

（1）电子商务平台设计（代表性岗位：网站策划/编辑人员）：主要从事电子商务平台规划、网络编程、电子商务平台安全设计等工作。

（2）电子商务网站设计（代表性岗位：网站设计/开发人员）：主要从事电子商务网页设计、数据库建设、程序设计、站点管理与技术维护等工作。

（3）电子商务平台美术设计（代表性岗位：网站美工人员）：主要从事平台颜色处理、文字处理、图像处理、视频处理等工作。

（二）商务类

（1）企业网络营销业务（代表性岗位：网络营销人员）：主要是利用网站为企业开拓网上业务、网络品牌管理、客户服务等工作。

（2）网上国际贸易（代表性岗位：外贸电子商务人员）：利用网络平台开发国际市场，进行国际贸易。

（3）新型网络服务商的内容服务（代表性岗位：网站运营人员/主管）：频道规划、信息管理、频道推广、客户管理等。

（4）电子商务支持系统的推广（代表性岗位：网站推广人员）：负责销售电子商务系统和提供电子商务支持服务、客户管理等。

（5）电子商务创业：借助电子商务这个平台，利用虚拟市场提供产品和服务，又可以直接为虚拟市场提供服务。

（三）综合管理类

（1）电子商务平台综合管理（代表性岗位：电子商务项目经理）：这类人才要求既对计算机、网络和社会经济都有深刻的认识，而且又具备项目管理能力。

（2）企业电子商务综合管理（代表性岗位：电子商务部门经理）：主要从事企业电子商务整体规划、建设、运营和管理等工作。

通过以上显示，电子商务行业对人才的综合性提出了很高的要求。比如，技术型人才，包含了程序设计、网络技术、网站设计、美术设计、安全、系统规划等知识，又要求了解商务流程、顾客心理和客户服务等。技术型人才要求有扎实的计算机根底，但考虑到最终设计的系统是为解决企业的管理和业务服务，又需要分析企业的客户需求，所以该类人才还应该对企业的流程、管理需求以及消费者心理有一定了解，而这将成为电子商务人才的特色所在。商务型人才在传统商业活动中都有雏形，不同之处在于他们是网络虚拟市场的使用者和服务者，一方面要求他们是管理和营销的高手，同时也熟悉网络虚拟市场下新的经济规律；另一方面也要求他们必须掌握网络和电子商务平台的基本操作。综合管理人才则难以直接从学校培养，而是市场磨炼的产物。

十四、物流在电子商务中的地位

（一）物流是电子商务的重要组成部分

电子商务概念的提出首先是在美国。美国的物流管理技术自 1915 年发展至今已有 90 多年的历史，通过利用各种机械化、自动化工具及计算机和网络通信设备，早已日臻完善。同时，美国作为一个发达国家，其技术创新的本源是需求，即所谓的需求拉动技术创新。作为电子商务前身的电子数据交换技术（EDI）的产生是为了简化烦琐、耗时的订单等的处理过程，以加快物流的速度，提高物资的利用率。电子商务的提出最终是为了解决信息流、商流和资金流处理上的烦琐对现代化物流过程的延缓，进一步提高现代化的物流速度。

可见，美国在定义电子商务概念之初，就有强大的现代化物流作为支持，只须将电子商务与其进行对接即可，而并非电子商务过程不需要物流的电子化。我国作为一个发展中国家，物流业起步晚、水平低，在引进电子商务时，并不具备能够支持电子商务活动的现代化物流水平，所以，在引入时，一定要注意配备相应的支持技术——现代化的物流模式，否则电子商务活动难以推广。

有些专家在定义电子商务时，就注意将国外的定义与中国的现状相结合，扩大了美国原始电子商务定义的范围，提出了包括物流电子化过程的电子商务概念：

（1）电子商务是实施整个贸易活动的电子化；

（2）电子商务是一组电子工具在商务活动中的应用；

（3）电子商务是电子化的购物市场；

（4）电子商务是从售前到售后支持的各个环节实现电子化、自动化。

在这类电子商务定义中，电子化的对象是整个交易过程，不仅包括信息流、商流、资金流，而且包括物流；电子化的工具也不仅仅指计算机和网络通信技术，还包括叉车、自动导向车、机械手臂等自动化工具。

从根本上来说，物流电子化应是电子商务概念的组成部分，缺少了现代化的物流过程，电子商务过程就不完整。

（二）物流是实现电子商务的保证

电子商务的一般流程如图 8－4 所示。图中的“发货、仓储、运输、加工、配送、收货”表明物流是实现电子商务的重要环节和基本保证。

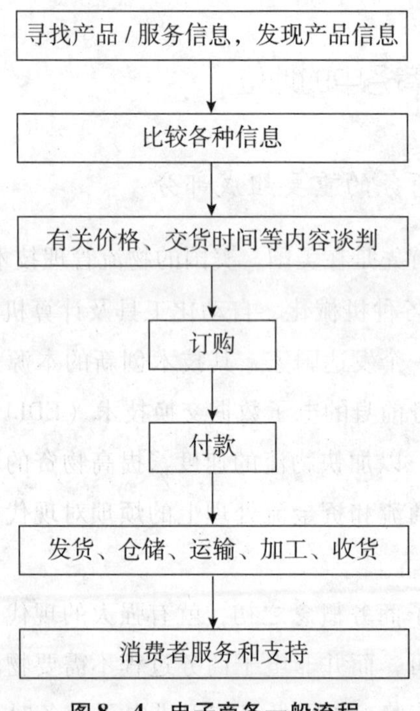

图 8－4　电子商务一般流程

1. 物流保障生产

无论在传统的贸易方式下，还是在电子商务下，生产都是商品流通之本，而生产的顺利进行需要各类物流活动支持。生产的全过程从原材料的采购开始，便要求有相应的供应物流活动，将所采购的材料到位，否则，生产就难以进行；在生产的各工艺流程之间，也需要原材料、半成品的物流过程，即所谓的生产物流，以实现生产的流动性；部分余料、可重复利用的物资的回收，就需要所谓的回收物流；废弃物的处理则需要废弃物物流。可见，整个生产过程实际上就是系列化的物流活动。

合理化、现代化的物流，通过降低费用从而降低成本、优化库存结构、减少资金占压、缩短生产周期，保障了现代化生产的高效进行。相反，缺少了现代化的物流，生产将难以顺利进行，无论电子商务是多么便捷的贸易形式，仍将是无米之炊。

2. 物流服务于商流

在商流活动中，商品所有权在购销合同签订的那一刻起，便由供方转移到需方，而商品实体并没有因此而移动。在传统的交易过程中，除了非实物交割的期货交易，一般的商流都必须伴随相应的物流活动，即按照需方（购方）的需求将商品实体由供方（卖方）以适当的方式、途径向需方（购方）转移。而在电子商务下，消费者通过上网点击购物，完成了商品所有权的交割过程，即商流过程。但电子商务的活动并未结束，只有商品和服务真正转移到消费者手中，商务活动才告以终结。

在整个电子商务的交易过程中，物流实际上是以商流的后续者和服务者的姿态出现的。没有现代化的物流，如何轻松的商流活动都毫无意义。

3. 物流是实现“以顾客为中心”理念的根本保证

电子商务的出现，在最大程度上方便了最终消费者，他们不必再跑到拥挤的商业街，一家又一家地挑选自己所需的商品，只要坐在家里，在 Internet 上搜索、查看、挑选，就可以完成他们的购物过程。但试想，他们所购的商品迟迟不能送到，抑或商家所送并非自己所购，那消费者还会选择网上购物吗？

物流是电子商务中实现“以顾客为中心”理念的最终保证，缺少了现代化的物流技术，电子商务给消费者带来的购物便捷等于零，消费者必然会转向他们认为更为安全的传统购物方式，网上购物就没有存在的必要。

从以上的论述中可见，物流是电子商务重要的组成部分。我们必须摒弃原有的重信息流、商流和资金流的电子化，而忽视物流电子化的观念，大力发展现代化物流，以进一步推广电子商务。

十五、电子商务下的物流特点

电子商务时代的来临，给全球物流带来了新的发展，使物流具备了一系列新特点。

1. 信息化

电子商务时代，物流信息化是电子商务的必然要求。物流信息化表现为物流信息的商品化、物流信息收集的数据库化和代码化、物流信息处理的电子化和计算机化、物流信息传递的标准化和实时化、物流信息存储的数字化等。因此，条形码技术（Bar Code）、数据库技术（Database）、电子订货系统（Electronic Ordering System，EOS）、电子数据交换（Electronic Data Interchange，EDI）、快速反应（Quick Response，QR）及有效的客户反映（Effective Customer Response，ECR）、企业资源计划（Enterprise Resource Planning，ERP）等技术与观念在我国的物流中将会得到普遍的应用。信息化是一切的基础，没有物流的信息化，任何先进的技术设备都不可能应用于物流领域，信息技术及计算机技术在物流中的应用将会彻底改变世界物流的面貌。

2. 自动化

自动化的基础是信息化，自动化的核心是机电一体化，自动化的外在表现是无人化，自动化的效果是省力化，另外还可以扩大物流作业能力、提高劳动生产率、减少物流作业的差错等。物流自动化的设施非常多，如条形码/语音/射频自动识别系统、自动分拣系统、自动存取系统、自动导向车、货物自动跟踪系统等。这些设施在发达国家已普遍用于物流作业流程中，而在我国由于物流业起步晚，发展水平低，自动化技术的普及还需要相当长的时间。

3. 网络化

物流领域网络化的基础也是信息化，这里指的网络化有两层含义：一是物流配送系统的计算机通信网络，包括物流配送中心与供应商或制造商的联系要通过计算机网络，另外与下游客户之间的联系也要通过计算机网络通信，比如，物流配送中心向供应商提出订单这个过程，就可以使用计算机通信方式，借助于增值网（Value Added Network，VAN）上的电子订货系统（EOS）和电子数据交换技术（EDI）来自动实现，物流配送中心通过计算机网络收集下游客户的订货的过程也可以自动完成；二是组织的网络化，即所谓的企业内部网（Intranet）。比如，台湾的电脑业在20世纪90年代创造出了“全球运筹式产销模式”，这种模式的基本点是按照客户订单组织生产，生产采取分散形式，即将全世界的电脑资源都利用起来，采取外包的形式将一台电脑的所有零部件、元器件、芯片外包给世界各地的制造商去生产，然后通过全球的物流网络将这些零部件、元器件和芯片发往同一个物流配送中心进行组装，由该物流配送中心将组装的电脑迅速发给订户。这一过程需要有高效的物流网络支持，当然物流网络的基础是信息、电脑网络。

物流的网络化是物流信息化的必然，是电子商务下物流活动的主要特征之一。当今世界Internet等全球网络资源的可用性及网络技术的普及为物流的网络化提供了良好的外部环境，物流网络化不可阻挡。

4. 智能化

这是物流自动化、信息化的一种高层次应用，物流作业过程大量的运筹和决策，如库存水平的确定、运输（搬运）路径的选择、自动导向车的运行轨迹和作业控制、自动分拣机的运行、物流配送中心经营管理的决策支持等问题都需要借助于大量的知识才能解决。在物流自动化的进程中，物流智能化是不可回避的技术难题。好在专家系统、机器人等相关技术在国际上已经有比较成熟的研究成果。为了提高物流现代化的水平，物流的智能化已成为电子商务下物流发展的一个新趋势。

5. 柔性化

柔性化本来是为实现“以顾客为中心”理念而在生产领域提出的，但要真正做到柔性化，即真正地能根据消费者需求的变化来灵活调节生产工艺，没有配套的柔性化的物流系统是不可能达到目的的。20世纪90年代，国际生产领域纷纷推出弹性制造系统（Flexible Manufacturing System，FMS）、计算机集成制造系统（Computer Integrated Manufacturing System，CIMS）、制造资源系统（Manufacturing Requirement Planning，MRP）、企业资源计划（ERP）以及供应链管理的概念和技术，这些概念和技术的实质是要将生产、流通进行集成，根据需求端的需求组织生产，安排物流活动。因此，柔性化的物流正是适应生产、流通与消费的需求而发展起来的一种新型物流模式。这就要求物流配送中心要根据消费需求“多品种、小批量、多批次、短周期”的特色，灵活组织和实施物流作业。

另外，物流设施、商品包装的标准化，物流的社会化、共同化也都是电子商务下物流模式的新特点。

十六、电子商务与物流配送

（一）物流配送的模式

物流配送模式是指构成配送活动的诸要素的组合形态以及其运动的标准形式，它是根据经济发展需要并根据配送对象的性质、特点、工艺流程而相对固定的配送规律。

中国企业按照组织方式主要有自营配送、第三方配送、共同配送三种。

1. 自营型配送

自营型配送模式是当前生产流通或综合性企业（集团）所广泛采用的一种配送模式。企业（集团）通过独立组建配送中心，实现内部各部门、厂、店的物品供应的配送，虽然这种配送模式中由于糅合了传统的“自给自足”的“小农意识”，形成了新型的“大而全”、“小而全”，从而造成了社会资源的浪费，但是，就目前来看，在满足企业（集团）内部生产材料供应、产品外销、零售场店供货和区域外市场拓展等企业自身需求方面发挥了重要作用。当前，较为典型的企业（集团）内自营配送模式，就是连锁企业的配送。大大小小的连锁公司或集团基本上都是通过组建自己的配送中心，来完成对内部各场、店的统一采购、统一配送和统一结算的。

2. 第三方配送

第三方配送是指由物流劳务的供方、需方之外的第三方去完成物流服务的物流运作方式。第三方就是指提供物流交易双方的部分或全部物流功能的外部服务提供者，是物流专业化的一种形式。企业不拥有自己的任何物流实体，将商品采购、储存和配送都交由第三方完成。

3. 共同配送

共同配送（Common Delivery）也称共享第三方物流服务，指多个客户联合起来共同由一个第三方物流服务公司来提供配送服务。它是在配送中心的统一计划、统一调度下展开的。共同配送是由多个企业联合组织实施的配送活动，其本质是通过作业活动的规模化降低作业成本，提高物流资源的利用效率。共同配送是指企业采取多种方式，实现横向联合、集约协调、求同存异以及效益共享。

（二）电子商务物流配送的特征

与传统的物流配送相比，电子商务物流配送具有以下特征：

1. 虚拟性

电子商务物流配送的虚拟性来源于网络的虚拟性。通过借助现代计算机技术，配送活动已由过去的实体空间拓展到了虚拟网络空间，实体作业节点可以虚拟信息节点的形式表现出来；实体配送活动的各项职能和功能可在计算机上进行仿真模拟，通过虚拟配送，找到实体配送中存在的不合理现象，从而进行组合优化，最终实现实体配送过程达到效率最高、费用最少、距离最短、时间最少的目标。

2. 实时性

虚拟性的特性不仅能够有助于辅助决策，让决策者获得高效的决策信息支持，还可以实现对配送过程实时管理。配送要素数字化、代码化之后，突破了时空制约，配送业务运营商与客户均可通过共享信息平台获取相应配送信息，从而最大限度地减少各方之间的信息不对称，有效地缩小了配送活动过程中的运作不确定性与环节间的衔接不确定性，打破了以往配送途中的“失控”状态，做到全程的“监控配送”。

3. 个性化

个性化配送是电子商务物流配送的重要特性之一。作为“末端运输”的配送服务，所面对的市场需求是“多品种、少批量、多批次、短周期”的，小规模的频繁配送将导致配送企业的成本增加，这就必须寻求新的利润增长点，而个性化配送正是这样一个开采不尽的“利润源泉”。电子商务物流配送的个性化体现为“配”的个性化和“送”的个性化。“配”的个性化主要指通过配送企业在流通节点（配送中心）根据客户的指令对配送对象进行个性化流通加工，从而增加产品的附加价值；“送”的个性化主要是指依据客户要求的配送习惯、喜好的配送方式等为每一位客户制定量体裁衣式的配送方案。

4. 增值性

除了传统的分拣、备货、配货、加工、包装、送货等作业以外，电子商务物流配送的功能还向上游延伸到市场调研与预测、采购及订单处理，向下延伸到物流咨询、物流方案的选择和规划，库存控制决策，物流教育与培训等附加功能，从而为客户提供具有更多增值性的物流服务。

(三) 电子商务物流配送模式的优势

相对于传统的物流配送模式而言，电子商务物流配送模式具有以下优势：

1. 高效配送

在传统的物流配送企业内，为了实现对众多客户大量资源的合理配送，需要大面积的仓库来用于存货，并且由于空间的限制，存货的数量和种类受到了很大的限制。而在电子商务系统中，配送体系的信息化集成可以使虚拟企业将散置在各地分属不同所有者的仓库通过网络系统连接起来，使之成为“集成仓库”，在统一调配和协调管理之下，服务半径和货物集散空间得以放大。这样，货物配置的速度、规模和效率都大大提高，使得货物的高效配送得以实现。

2. 适时控制

传统的物流配送过程是由多个业务流程组成的，各个业务流程之间依靠人来衔接和协调，这就难免受到人为因素的影响，问题的发现和故障的处理都会存在时滞现象。而电子商务物流配送模式借助于网络系统可以实现配送过程的适时监控和适时决策，配送信息的处理、货物流转的状态、问题环节的查找、指令下达的速度等都是传统的物流配送无法比拟的，配送系统的自动化程序化处理、配送过程的动态化控制、指令的瞬间到达都使得配送的适时控制得以实现。

3. 简化

传统物流配送的整个环节由于涉及主体的众多及关系处理的人工化，所以极为烦琐。在电子商务物流配送模式下，物流配送中心可以使这些过程借助网络实现简单化和智能化。比如，计算机系统管理可以使整个物流配送管理过程变得简单和易于操作；网络平台上的营业推广可以使用户购物和交易过程变得效率更高、费用更低；物流信息的易得性和有效传播使得用户找寻和决策的速度加快、过程简化。很多过去需要较多人工处理、耗费较多时间的活动都因为网络系统的智能化而得以简化，这种简化使得物流配送工作的效率大大提高。

十七、电子商务下的配送中心

(一) 配送中心的定义及类型

物流配送中心是流通部门连接生产和消费，使时间和场所产生效益的部门，提高物流配送的运作效率是降低流通成本的关键所在。物流配送又是一项复杂的科学系统工程，涉及生产、批发、电子商务、配送和消费者的整体结构，运作类型也形形色色。考察传统物流配送中的运作类型，对设计新型物流配送中心的模式具有重要的借鉴作用。

物流配送中心按运营主体的不同，大致有四种类型：

1. 以制造商为主体的配送中心

这种配送中心里的商品100%是由自己生产制造，用以降低流通费用、提高售后服务质量和及时地将预先配齐的成组元器件运送到规定的加工和装配工位。从商品制造到生产出来后条形码和包装的配合等多方面都较易控制，所以按照现代化、自动化的配送中心设计比较客易，但不具备社会化的要求。

2. 以批发商为主体的配送中心

商品从制造者到消费者手中之间的传统流通有一个环节叫批发。一般是按部门或商品类别的不同，把每个制造厂的商品集中起来，然后以单一品种或搭配向消费地的零售商进行配送。这种配送中心的商品来自各个制造商，它所进行的一项重要的活动是对商品进行汇总和再销售，而它的全部进货和出货都是社会配送的，社会化程度高。

3. 以零售业为主体的配进中心

零售商发展到一定规模后，就可以考虑建立自己的配送中心，为专业商品零售店、超级市场、百货商店、建材商场、粮油食品商店、宾馆饭店等服务。社会化程度介于前两者之间。

4. 以仓储运输业者为主体的配送中心

这种配送中心最强的是运输配送能力，地理位置优越，如港湾、铁路和公路枢纽，可迅速将到达的货物配送给用户。它提供仓储储位给制造商或供应商，而配送中心的货物仍属于制造商或供应商所有，配送中心只是提供仓储管理和运输配送服务。这种配送中心的现代化程度往往较高。

（二）电子商务下新型配送中心的特征

配送中心的设立主要是为了实现物流中的配送行为，因此配送中心是位于物流节点上，专门从事货物配送活动的经营组织或经营实体。

根据国内外物流配送业的发展情况，在电子商务时代，信息化、现代化、社会化的新型物流配送中心可归纳为以下几个特征：

1. 物流配送反应速度快

电子商务下，新型物流配送服务提供者对上游、下游的物流配送需求的反应速度越来越快，前置时间越来越短，配送时间越来越短，物流配送速度越来越快，商品周转次数越来越多。

2. 物流配送功能集成化

新型物流配送着重于将物流与供应链的其他环节进行集成，包括物流渠道与商流渠道的集成、物流渠道之间的集成、物流功能的集成、物流环节与制造环节的集成等。

3. 物流配送服务系列化

电子商务下，新型物流配送强调物流配送服务功能的恰当定位与完善化、系列化，除了传统的储存、运输、包装、流通加工等服务外，还在外延上扩展至市场调查与预测、采购及订单处理，向下延伸至物流配送咨询、物流配送方案的选择与规划、库存控制策略建议、货款回收与结算、教育培训等增值服务；在内涵上提高了以上服务对决策的支持作用。

4. 物流配送作业规范化

电子商务下的新型物流配送强调功能作业流程、作业、运作的标准化和程序化，使复杂的作业变成简单的易于推广与考核的运作。

5. 物流配送目标系统化

新型物流配送从系统角度统筹规划一个公司整体的各种物流配送活动，处理好物流配送活动与商流活动及公司目标之间、物流配送活动与物流配送活动之间的关系，不求单个活动的最优化，但求整体活动的最优化。

6. 物流配送手段现代化

电子商务下的新型物流配送采用先进的技术、设备与管理为销售提供服务，生产、流通、销售规模越大，范围越广，物流配送技术、设备及管理越现代化。

7. 物流配送组织网络化

为了保证对产品促销提供快速、全方位的物流支持，新型物流配送要有完善、健全的物流配送网络体系，网络上点与点之间的物流配送活动保持系统性、一致性，可以保证整个物流配送网络有最优的库存总水平及库存分布，运输与配送快捷、机动，既能铺开又能收拢。分散的物流配送单体只有形成网络才能满足现代生产与流通的需要。

8. 物流配送经营市场化

新型物流配送的具体经营采用市场机制，无论是企业自己组织物流配送，还是委托社会化物流配送企业承担物流配送任务，都以“服务—成本”的最佳配合为目标。

9. 物流配送流程自动化

物流配送流程自动化是指运送规格标准化，仓储货物及货箱排列、装卸、报运等按照自动化标准作业，商品按照最佳路线配送等。

10. 物流配送管理法制化

宏观上，要有健全的法规、制度和规则；微观上，新型物流配送企业要依法办事，按章行事。

（三）电子商务下新型配送中心应具备的条件

1. 高水平的企业管理

新型物流配送中心作为一种全新的流通模式和运作结构，其管理水平要求达到科学化和现代化。只有采用合理的科学管理制度、现代化的管理方法和手段，才能确保物流配送中心基本功能和作用的发挥，从而保障相关企业和用户整体效益的实现。管理科学的发展为流通管理的现代化、科学化提供了条件，促进了流通产业的有序发展和企业内部管理的完善。同时，还要加强对市场的监管和调控力度，使之有序化和规范化。总之，一切以市场为导向，以管理为保障，以服务为中心，加快科技进步是新型物流配送中心的根本出路。

2. 新型物流配送中心对人员的要求

新型物流配送中心能否充分发挥其各项功能和作用，完成其应承担的任务，人才配置是关键。为此，新型物流配送中心的人才配置要求必须配备数量合理、具有一定专业知识和较强组织能力、结构合理的决策人员、管理人员、技术人员和操作人员，以确保新型物流配送中心的高效运转。

3. 新型物流配送中心对装备配置的要求

新型物流配送中心面对着成千上万的供应厂商和消费者以及瞬息万变的市场，承担着为众多用户的商品配送和及时满足他们不同需要的任务，这就要求必须配备现代化装备和应用管理系统，具备必要的物质条件，尤其是要重视计算机网络的运用。同时采用现代化的配送设施和配送网络，将会逐渐形成社会化大流通的格局。

具体来说，新型物流配送中心需要配置以下设备装置：

（1）硬件系统

仓储设备：料架、栈板、电动堆高机、拣发台车、装卸省力设备、流通加工设备；

配运设备：厢式大小货车、手推车、通信设备；

咨询设备：网路连线设备、计算机系统设备、电子标签拣货设备、通信设备；

仓储设施：仓库库房及辅助设施。

（2）软件系统

仓管系统：优秀的仓管管理和操作人员、仓储流程规划、储存安全管理、存货管理。

配运系统：优秀的配运人员、配送路径规划、配送安全管理、服务态度。

资讯系统：进货管理系统、储位管理系统、补货管理系统、出发检取系统、车辆排程系统、流通加工管理系统、签单核单系统、物流计费系统、EIQ、MIS、EIS、EDI-VAN、Internet、信息系统规划等。

任务处理

（1）运行 Microsoft office Word 程序，编制实训报告。实训报告的基本内容包括实训目的、实训条件、实训过程与结果等。

（2）登录中海集团物流有限公司（http：//www. csl. cn）首页，如图 8－5 所示。在首页中，点击菜单“收藏”，选择“添加到收藏夹”，将该网页添加到收藏夹。然后屏幕截图，将首页插入到实训报告中。接下来再浏览首页，该网页分两个区域，中间区域为网站提供的主要信息。逐一点击并浏览“企业概况”、“公司新闻”、“行业经验”、“服务网络”、“信息系统”、“解决方案”、“物流信息”等网页。点击首页下面的三个图标——“网上订舱”、“货物跟踪”、“仓储配送”和右上角的“内部 OA”，需要登录名和密码方能进入，说明这四个为在线业务。浏览过程中注意将所需对比信息填入实训报告的表中。

图 8－5　中海集团物流有限公司首页

（3）方法同（2），分别登录中国远洋物流有限公司（http：//www. cosco－logistics. com）、中铁物流集团（http：//www. ztky. com）、中国物资储运总公司（http：//www. cmst. com. cn）、UPS 中国（http：//www. ups. com. cn）、淘宝物流宝（http：//e56. taobao. com）和锦城物流网（http：//www. jctrans. com）等网站，将首页添加到收藏夹中，然后屏幕截图，将首页插入实训报告中，接下来再浏览各页面，将相关信息填入实训报告的表中，对比分析每家物流公司网站。

（4）完成实训报告，将报告发送到老师指定的邮箱中。

任务二　物流电子商务应用

任务目标

利用网络平台开展在线业务

任务示例

背景材料：锦程物流网是目前国内知名的物流 B2B 电子商务网站。

任务描述：利用锦程物流网提供的平台宣传物流公司基本情况与业务优势，查询业务信息并开展在线业务。

任务分析

作为一家物流公司除了能在网站上查询物流信息外，还可以免费在该平台注册成为会员，利用其提供的交易平台查询及时货盘信息，发布公司信息，开展在线交易。登录该网站首页后，首先需要进行会员注册，然后可以进入交易平台提供的物流公司后台管理平台——“企业办公室”发布信息、查询信息和开展业务等。

相关知识

锦程物流网成立于 2003 年，是国内最著名的物流综合门户网站，根据世界权威检测网站 Alexa. com 的访问量排名统计，锦程物流网在国内物流行业网站中连续五年排名第一。

锦程物流网成立以来，始终致力于以电子商务和网络公共平台为依托，以网络营销推广、网络交易、网络结算、网络物流金融、信誉体系等多元化网络服务为手段，整合国内外物流行业资源和贸易客户资源，打造贸易商面向物流提供商的网络物流集中采购渠道、物流提供商面向贸易商的网络营销渠道、物流提供商之间的同行网络采购合作渠道，打造全球最有影响力的物流行业传媒。

锦程物流网连续两年独揽由中国物流行业协会颁发的“最佳物流 BtoB 网站”、“中国物流最佳媒体”殊荣；连续三年独揽由《电子商务世界》评选出的“中国行业电子商务网站 TOP100”称号，连续两年荣获由《互联网周刊》评选出的“中国商业网站

100 强”称号，成为物流行业唯一上榜的网站。

每天均有上万个以上的物流供需双方企业发布供应、运价、招标、代理等重要信息，日均商机发布量达数十万条。诸多供应商在这里完成了交易的前期工作，并获得了来自采购者的长期采购订单。

锦程物流网的内容主要分为交易平台、资讯中心、物流人社区三大板块。

交易平台为所有物流商和贸易商提供了专业的网上交易平台，为了方便客户间的交易，设置了海运、空运、陆运、商检报关、仓储、快递六大行业频道，通过信息发布和交流让更多的物流供需双方轻松找到对方，是名副其实的“永不落幕的物流交易市场”。

资讯中心包括新闻、学院、人物、网评、专题、工具、展会、法规、数据、期刊、排行、人才、论坛等频道，为物流供需双方客户提供实时、专业、丰富的资讯信息，被誉为“物流行业的新浪”，是国内物流行业最大的信息库。

中国物流人论坛始终致力于为物流与贸易的从业者提供一个沟通的纽带与桥梁，为所有物流人和贸易人提供一个交流、互动与学习的平台。由论坛、博客、物流圈三大部分组成，其中论坛分为物流论坛、贸易论坛、信誉论坛、休闲论坛及社区服务五个组成部分。在强大的平台的支持之下，锦程物流网已经成功地把物流引入了互联网时代，开启了物流网上运作的新篇章。

任务处理

（1）登录锦程物流网，免费注册会员，以选择“企业会员注册”为例，填写注册信息，如图 8 -6 ~ 图 8 -9 所示。

图 8 -6　锦程物流网注册会员首页

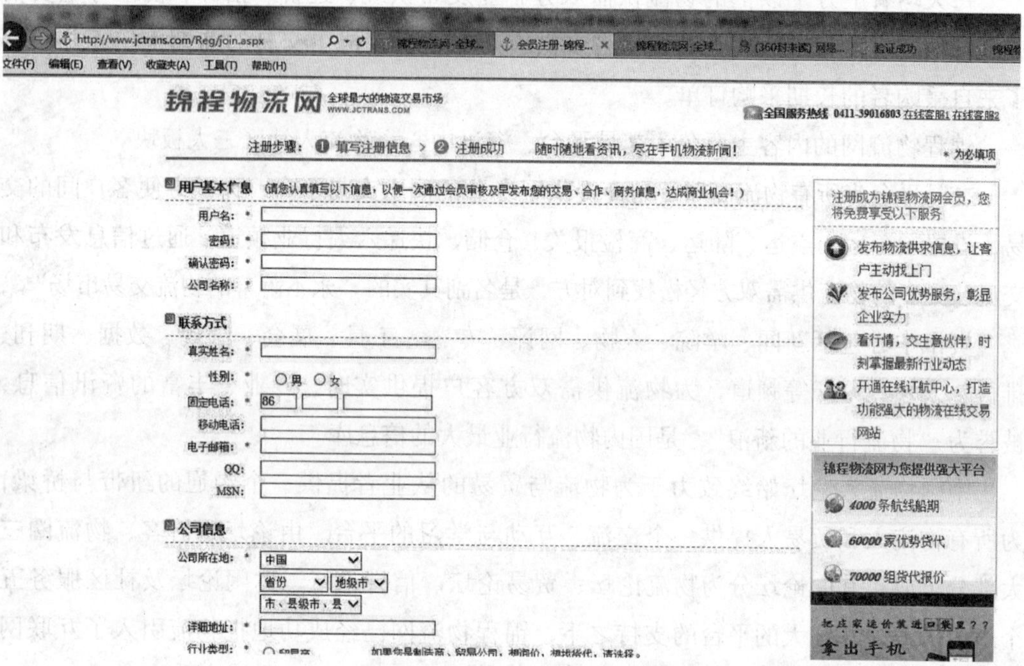

图 8－7　填写注册信息

图 8－8　验证邮箱

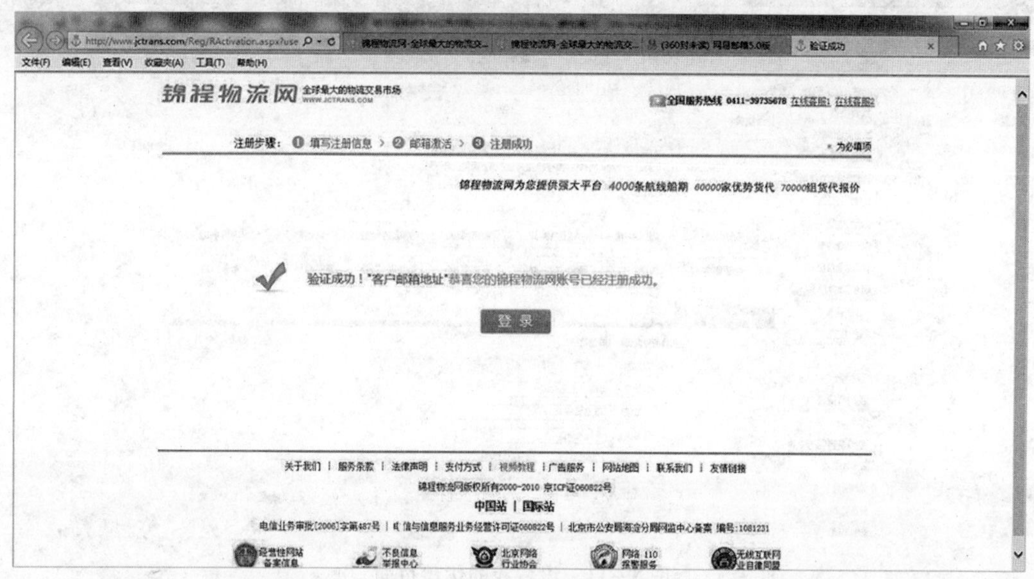

图 8-9 注册成功

（2）注册成功后，用自己的用户名和密码登录，登录成功后，进入“企业办公室”，可以进一步充实信息，如图 8-10 所示。

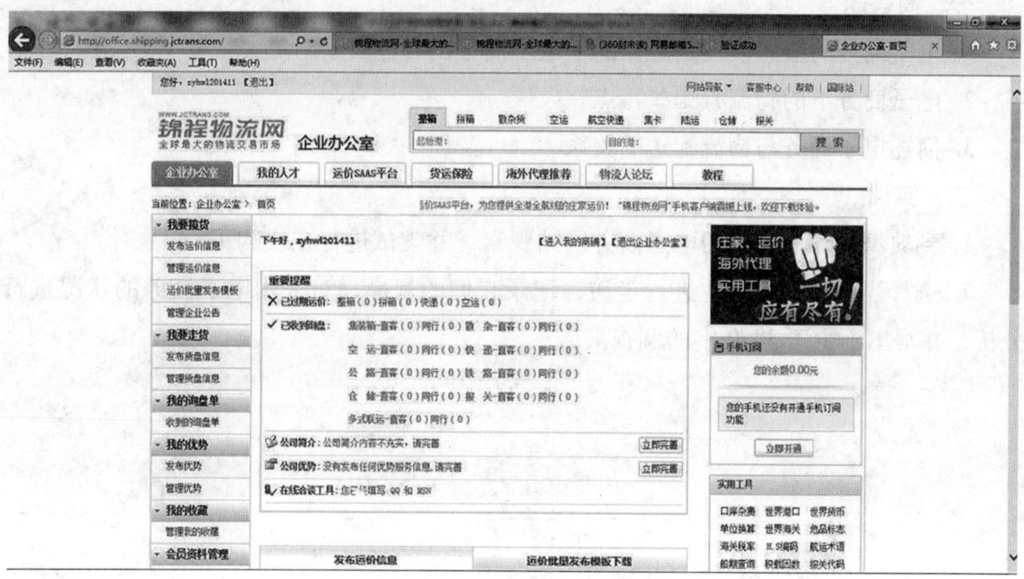

图 8-10 企业办公室页面

（3）进入“我的优势”发布优势，进行“设置我的优势”操作，如图 8-11 所示。

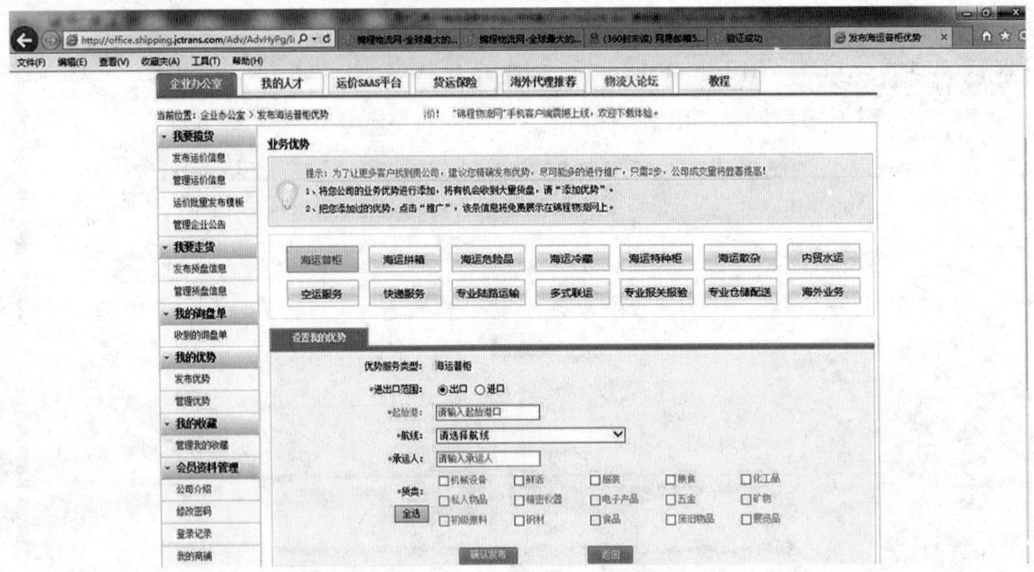

图 8－11　设置我的优势页面

检测与实训

一、简答题

1. 电子商务的概念模型是怎样的？电子商务由哪些要素组成？

2. 电子商务下的物流有哪些特点？

3. 简述电子商务与物流配送的关系。

二、实训

1. 到典型的你所熟悉的电子商务网站观察，并尝试进行在线购买。

2. 选择当地的几家企业进行走访，记录它们的规模，对采用电子商务的状况进行分析，并写出不少于3000字的调查报告。

参考文献

［1］王淑荣．物流信息技术［M］．北京：机械工业出版社，2012.

［2］李育蔚．物流精细化管理全案［M］．北京：人民邮电出版社，2014.

［3］尚福久，马晓波，金科．物流信息技术实训［M］．北京：清华大学出版社，2011.

［4］李忠国．物流信息技术［M］．2 版．北京：化学工业出版社，2014.

［5］翁丽贞．物流信息技术［M］．北京：化学工业出版社，2011.

［6］陈文．物流信息技术［M］．北京：北京理工大学出版社，2011.

［7］刘潇潇．物流信息技术应用［M］．北京：中国人民大学出版社，2013.

［8］邓永胜．物流信息技术［M］．北京：电子工业出版社，2013.

［9］黄莉．物流信息与物联网技术［M］．北京：清华大学出版社，2013.

［10］米志强．物流信息技术与应用［M］．北京：电子工业出版社，2012.

［11］张劲珊．物流信息技术与应用［M］．北京：清华大学出版社，2013.

［12］朱长征．物流信息技术［M］．北京：清华大学出版社，2014.

［13］刘德武．物流信息技术应用［M］．北京：人民交通出版社，2012.

［14］吴健．电子商务与现代物流［M］．北京：北京大学出版社，2014.

［15］郑利亚．物流信息技术［M］．北京：中国劳动社会保障出版社，2013.

［16］中国物流与采购联合会．http：//www. chinawuliu. com. cn.

［17］物流天下．http：//www. 56885. net/.

［18］中国物讯网．http：//www. 56156. com/.

［19］中国物流业网．http：//56. qx100. com/.

［20］电子商务网．www. lusin. cn.

［21］环球物流网．www. global56. com.

［22］中国物流联合网．http：//www. yn56. com.

［23］中国物流网．http：//www. china－logisticsnet. com.

［24］中国物流与采购网．http：//www. cflp. org. cn/.

［25］全国物流信息管理标准化技术委员会．http：//www. tc267. org. cn/.

［26］中国应急物流网．http：//www. cnel. cn.

附录1 物流常用高频英语词汇

基本概念术语

1. 物品 article
2. 物流 logistics
3. 物流活动 logistics activity
4. 物流作业 logistics operation
5. 物流模数 logistics modulus
6. 物流技术 logistics technology
7. 物流成本 logistics cost
8. 物流管理 logistics management
9. 物流中心 logistics center
10. 物流网络 logistics network
11. 物流信息 logistics information
12. 物流企业 logistics enterprise
13. 物流单证 logistics documents
14. 物流联盟 logistics alliance
15. 供应物流 supply logistics
16. 生产物流 production logistics
17. 销售物流 distribution logistics
18. 回收物流 returned logistics
19. 废弃物物流 waste material logistics
20. 绿色物流 environmental logistics
21. 企业物流 internal logistics
22. 社会物流 external logistics
23. 军事物流 military logistics
24. 国际物流 international logistics
25. 第三方物流 third - part logistics (TPL)
26. 定制物流 customized logistics
27. 虚拟物流 virtual logistics
28. 增值物流服务 value - added logistics service
29. 供应链 supply chain
30. 条形码 bar code
31. 电子数据交换 electronic data interchange (EDI)
32. 有形消耗 tangible loss
33. 无形消耗 intangible loss

物流管理术语

1. 物流战略 logistics strategy
2. 物流战略管理 logistics strategy management
3. 仓库管理 warehouse management
4. 仓库布局 warehouse layout
5. 库存控制 inventory control
6. 经济订货批量 economic order quantity (EOQ)
7. 定量订货方式 fixed - quantity system (FQS)
8. 定期订货方式 fixed - interval system (FIS)
9. ABC 分类管理 ABC classification

物流作业术语

1. 运输 transportation
2. 联合运输 combined transport
3. 直达运输 through transport
4. 中转运输 transfer transport
5. 甩挂运输 drop and pull transport
6. 集装运输 containerized transport
7. 集装箱运输 container transport
8. 门到门 door – to – door
9. 整箱货 full container load（FCL）
10. 拼箱货 less than container load（LCL）
11. 储存 storing
12. 保管 storage
13. 物品储存 article reserves
14. 库存 inventory
15. 经常库存 cycle stock
16. 安全库存 safety stick
17. 库存周期 inventory cycle time
18. 前置期（或提前期）lead time
19. 订货处理周期 order cycle time
20. 货垛 goods stack
21. 堆码 stacking
22. 搬运 handing/carrying
23. 装卸 loading and unloading
24. 单元装卸 unit loading and unloading
25. 包装 package/packaging
26. 销售包装 sales package
27. 定牌包装 packing of nominated brand
28. 中性包装 neutral packing
29. 运输包装 transport package
30. 托盘包装 palletizing
31. 集装化 containerization
32. 散装化 containerization
33. 直接换装 cross docking
34. 配送 distribution
35. 共同配送 joint distribution
36. 配送中心 distribution center
37. 分拣 sorting
38. 拣选 order picking
39. 集货 goods collection
40. 组配 assembly
41. 流通加工 distribution processing
42. 冷链 cold chain
43. 检验 inspection

物流技术装备及设施术语

1. 仓库 warehouse
2. 库房 storehouse
3. 自动化仓库 automatic warehouse
4. 立体仓库 stereoscopic warehouse
5. 虚拟仓库 virtual warehouse
6. 保税仓库 boned warehouse
7. 出口监管仓库 export supervised warehouse
8. 海关监管货物 cargo under customer's supervision
9. 冷藏区 chill space
10. 冷冻区 freeze space
11. 控湿储存区 humidity controlled space
12. 温度可控区 temperature controlled space
13. 收货区 receiving space
14. 发货区 shipping space
15. 料棚 goods shed
16. 货场 goods yard
17. 货架 goods shelf
18. 托盘 pallet
19. 叉车 fork lift truck

20. 输送机 conveyor
21. 自动导引车 automatic guided vehicle (AGV)
22. 箱式车 box car
23. 集装箱 container
24. 换算箱 twenty - feet equivalent unit (TEU)
25. 特种货物集装箱 specific cargo container
26. 全集装箱船 full container ship
27. 铁路集装箱场 railway container yard
28. 公路集装箱中转站 inland container depot
29. 集装箱货运站 container freight station (CFS)
30. 集装箱码头 container terminal
31. 国际铁路联运 international through railway transport
32. 国际多式联运 international multimodal transport
33. 大陆桥运输 land bridge transport
34. 班轮运输 liner transport
35. 租船运输 shipping by chartering
36. 船务代理 shipping agency
37. 国际货运代理 international freight forwarding agent
38. 理货 tally
39. 国际货物运输保险 international transportation cargo insurance
40. 报关 customs declaration
41. 报关行 customs broker
42. 进出口商品检验 commodity inspection

附录2　物流信息技术相关词汇

电子邮件 Electronic Mail

专家系统 Expert System

电话会议 Teleconference Technique

电子数据交换 EDI

行政信息系统 EIS

计算机辅助软件系统 CASE

面向对象的编程技术 OOT

客户服务器 Client/Server

数据库管理信息系统 DBMS

广域网 Large Area Net

局域网 Local Area Net

可视技术 Imagine Technique

互联网 Internet

电子商务 Electronic Business

决策支持系统 DSS

地理信息系统 GIS

全球定位系统 GPS

射频技术 RF

WWW 技术 Word Wide Web Technologies

外联网/内联网 Extranet/Intranet

条形码扫描技术 Bar Code Scanning Technique

计算机辅助合作网 Computer - added Net

卫星技术 SC

增值网络 Value - added Net

企业虚拟工作间 Corporate Virtual Workspace

图形处理技术 Image Processing

并行系统 Parallel System

神经网络 Neural Net

信息高速公路 Information Super Way

工作流自动化 Work Flow Automation

多媒体技术 MT

材料需求计划 MRP

企业资源计划 ERP

及时供应系统 JIT

高级及时供应系统 JIT2

分销资源计划 DPR

跨组织信息系统 IOIS

智能运输系统 ITS

供应链管理信息系统 SCMIS